Racial Profiling in Deutschland?

Europäische Hochschulschriften

European University Studies

Publications Universitaires Européennes

Reihe II	**Rechtswissenschaft**
Series II	Law
Série II	Droit

Band/ Volume **6026**

Veronika Maria Apfl

Racial Profiling in Deutschland?
Eine Untersuchung zu § 22 Absatz 1a
Bundespolizeigesetz aus der Perspektive
der Gleichheitsdogmatik und
Kognitionswissenschaft

Bibliografische Information der Deutschen Nationalbibliothek
Die Deutsche Nationalbibliothek verzeichnet diese Publikation in der Deutschen
Nationalbibliografie; detaillierte bibliografische Daten sind im Internet über
http://dnb.d-nb.de abrufbar.

Zugl.: Regensburg, Univ., Diss., 2017

D355
ISSN 0531-7312
ISBN 978-3-631-76455-8 (Print)
E-ISBN 978-3-631-76474-9 (E-PDF)
E-ISBN 978-3-631-76475-6 (EPUB)
E-ISBN 978-3-631-76476-3 (MOBI)
DOI 10.3726/b14534

© Peter Lang GmbH
Internationaler Verlag der Wissenschaften
Berlin 2018
Alle Rechte vorbehalten.
Peter Lang – Berlin · Bern · Bruxelles · New York · Oxford · Warszawa · Wien

Das Werk einschließlich aller seiner Teile ist urheberrechtlich geschützt.
Jede Verwertung außerhalb der engen Grenzen des Urheberrechtsgesetzes ist
ohne Zustimmung des Verlages unzulässig und strafbar.
Das gilt insbesondere für Vervielfältigungen, Übersetzungen, Mikroverfilmungen
und die Einspeicherung und Verarbeitung in elektronischen Systemen.

Diese Publikation wurde begutachtet.

www.peterlang.com

Vorwort

Die vorliegende Arbeit wurde im Wintersemester 2016 von der Fakultät für Rechtswissenschaft der Universität Regensburg angenommen. Sie entstand zum großen Teil während meiner Zeit als wissenschaftliche Mitarbeiterin am Lehrstuhl für Öffentliches Recht und Politik. An ihrem Gelingen haben viele Menschen Anteil. Mein besonderer Dank gilt meinem Doktorvater Herrn Professor Dr. Alexander Graser, der mich nicht nur stets unterstützt und gefördert hat, sondern auch meinen Forschungsaufenthalt an der UC Berkeley in Kalifornien ermöglicht hat.

Danken möchte ich auch Herrn Professor Dr. Thorsten Kingreen für die rasche Erstellung des Zweitgutachtens.

Ein großes Dankeschön geht an meine Kollegen am Lehrstuhl, die mir über Jahre Hinweg zur akademischen Familie und Freunden wurden, stets mit offenem Ohr und einem guten Rat parat.

Entscheidend geprägt wurde diese Arbeit durch Dr. Maximilian Dombert, Dr. Moritz Müller-Leibenger und Dr. Miriam Roth, die die Zeit in Berkeley zu einer unvergesslichen gemacht haben. Ihnen sei gedankt für die oftmals hitzigen Diskussionen und die zahlreichen Denkanstöße, die mir eine wertvolle Hilfe waren.

Meiner Familie danke ich für ihr immerwährendes Verständnis und die jahrelange Unterstützung, die den Weg für die Erstellung dieser Arbeit geebnet hat. Mein innigster Dank geht an Paola Leiva Itturalde. Ihr ist diese Arbeit gewidmet.

Puebla, im Januar 2018   Veronika Maria Apfl

Inhaltsverzeichnis

1. Kapitel: Einleitung 11
   I. Problemaufriss 11
   II. Gang der Untersuchung 12

2. Kapitel: Racial Profiling: Begrifflichkeit und
   Entwicklung des Begriffs 13
   I. Abgrenzung weite und enge Definition
      von Racial Profiling 15
   II. Entwicklung und Verbreitung von Racial Profiling als
       Ermittlungsmethode 17

3. Kapitel: Racial Profiling aus sozialpsychologischer
   und kognitionswissenschaftlicher Sicht 21
   I. Hintergrund: Diskussion in den USA 21
   II. Implicit bias Forschung 23
      1. Unterbewusste Einstellungen 24
      2. Implizite Stereotype und Vorurteile 25
   III. Heuristiken 34
      1. Repräsentativität 35
      2. Verfügbarkeit 36
      3. Anpassung und Verankerung 37
   IV. System I und System II – Zwei-Prozesse-Theorie 37
   V. Kognitionswissenschaftliche Studien und Racial Profiling 39
      1. Wahrnehmungsbeispiele 39
      2. Shooter-Bias-Experiment 41
      3. Gesteigerte Aufmerksamkeit gegenüber ethnischen
         Minderheiten 47

VI. Rückschlüsse bezogen auf die Racial-Profiling-Thematik 50
  1. Steuerbarkeit von Implicit Bias 51
  2. Casuistry und ex-post Rationalisierung 53

4. Kapitel: Racial Profiling in Deutschland 55
I. Rasterfahndung 2.0 55
  1. Vorgeschichte zur präventiven Rasterfahndung 55
  2. Racial-Profiling-Aspekte der Rasterfahndung 57
II. Die verdachts- und ereignisunabhängigen Personenkontrollen der Bundespolizei nach § 22 Abs. 1 a BPolG 58
  1. Problemaufriss 58
  2. Entstehung und Hintergründe des § 22 Abs. 1a BPolG 60
  3. Systematik und inhaltliche Bestimmungen der Norm 64
  4. Kognitionswissenschaft, Implicit Bias und § 22 Abs. 1 a BPolG 75

5. Kapitel: Verfassungsmäßigkeit der Verdachts- und ereignisunabhängigen Personenkontrollen – Art. 3 GG 85
I. Wege vor das Bundesverfassungsgericht 86
II. Vereinbarkeit des § 22 Abs. 1a BPolG mit Art. 3 GG 89
  1. Über Art. 3 Abs. 3 GG 89
  2. Benachteiligung „wegen" eines Merkmals aus Art. 3 Abs. 3 GG 90
  3. Benachteiligung „wegen" Rasse i.S.v. Art. 3 Abs. 3 GG im Fall der verdachtsunabhängigen Kontrollen nach § 22 Abs. 1a BPolG? 95
  4. Mittelbare Diskriminierung 101
  5. Art. 3 Abs. 1 GG 109
  6. Überholte Herangehensweise an das Thema Antidiskriminierungsrecht 117
  7. Verfassungswidrigkeit durch strukturelles Vollzugsdefizit 122
  8. Zwischenergebnis 125

III. Rechtfertigung 126
   1. Grundsätzliche Rechtfertigbarkeit von
      Benachteiligungen im Zusammenhang mit einem
      Merkmal aus Art. 3 Abs. 3 GG - „Rasse" 127
   2. Rechtfertigung einer mittelbaren Diskriminierung
      wegen ethnischer Herkunft gemessen am Maßstab
      von Art. 3 Abs. 1 GG 128
   3. Rechtfertigung der Benachteiligung im Fall des
      § 22 Abs. 1a BPolG 132
IV. Ergebnis 146

6. Kapitel: Lösungsansätze der Problematik um § 22 Abs. 1 a BPolG 149

I. Zusammenfassung der Situation um die Kontrollen des
   § 22 Abs. 1a BPolG 149
II. Lösungsansätze 150
   1. Einfachgesetzliches Verbot von *Racial Profiling* 150
   2. Die Implicit Bias Herangehensweise und ihre Vorteile 152
   3. Lösungsversuche in den USA und ihre Übertragbarkeit
      auf Deutschland 154
   4. Beweislastumkehr 160

7. Kapitel: Zusammenfassung und Fazit 167

I. Zusammenfassung 167
II. Schlussbetrachtung 170

Literaturverzeichnis 173

1. Kapitel: Einleitung

I. Problemaufriss

Die Fälle, in denen Schwarze bei Polizeikontrollen in den Vereinigten Staaten getötet werden, häufen sich. Regelmäßig berichten die Nachrichten von Polizeigewalt – oftmals mit tödlichem Ausgang – gegenüber Afroamerikanern. Dabei ist das Stichwort des *Racial Profiling* omnipräsent.

In Deutschland verhält sich die Situation anders; Tote bei Polizeikontrollen gab es bisher noch keine zu verzeichnen. Der Begriff des *Racial Profiling* fällt jedoch auch hierzulande seit einigen Jahren häufiger. Als es in der Silvesternacht 2015/2016 in Köln zu Übergriffen kam, die überwiegend Menschen mit Migrationshintergrund aus Nordafrika zugeschrieben wurden, wurde neben ausländerpolitischen Themen auch diskutiert, wie die Polizei effektiveren Schutz hätte leisten können. Im folgenden Jahr änderte die Kölner Polizei daher ihre Strategie und führte Medienberichten zu Folge vorwiegend Kontrollen gegenüber Menschen durch, die ihrem Äußeren nach dem Stereotyp eines Nordafrikaners entsprachen.[1] Die Vorfälle aus dem Vorjahr wiederholten sich nicht, stattdessen entbrannte jedoch eine Debatte über die Legitimität des polizeilichen Vorgehens. Der Vergleich mit den Vereinigten Staaten zeigt, dass die in Deutschland geführte Diskussion noch ganz am Anfang steht, jedoch in den nächsten Jahren aufgrund der demographischen Veränderung, insbesondere durch die Flüchtlingswelle der vergangen Jahre, notwendig weitergeführt werden muss und an gesellschaftlicher Bedeutung gewinnen wird.

Menschrechtsorganisationen werfen der deutschen Polizei schon seit Jahren vor, sich des *Racial Profiling* im Rahmen von verdachts- und ereignisunabhängigen Personenkontrollen im Grenzgebiet zu bedienen und dabei systematisch ausländisch aussehende Personen diskriminieren. Die verdachtsunabhängigen Kontrollen nach § 22 Abs. a BPolG eignen sich

---

1 *Bubrowski*, Die Polizei und das Racial Profiling, FAZ 03.01.2017, abrufbar unterhttp://www.faz.net/aktuell/politik/inland/silvester-in-koeln-die-polizei-und-das-racial-profiling-14602677.html.

aufgrund ihrer Rahmenbedingungen gut um daran die Problematik des *Racial Profiling* in Deutschland genauer zu untersuchen.

Die Arbeit hinterfragt, inwieweit Parallelen zwischen den Sachverhalten in den Vereinigten Staaten und in Deutschland bestehen. Im Zentrum steht die Frage, ob in Deutschland *Racial Profiling* praktiziert wird, wie die Situation verfassungsrechtlich zu bewerten ist und wie das Spannungsverhältnis zwischen effektiver Polizeiarbeit und sinnvollem Diskriminierungsschutz zu lösen ist.

II. Gang der Untersuchung

Zunächst (2. Kapitel) werden der Begriff des *Racial Profiling* und die Entstehungsgeschichte des Begriffes in den Vereinigten Staaten dargestellt. Im dritten Kapitel wird *Racial Profiling* aus sozialpsychologischer und kognitionswissenschaftlicher Sicht erläutert. Im Vordergrund stehen dabei die Forschungsergebnisse zum Thema *Implicit Racial Bias*. Im vierten Kapitel wird sodann die Lage in Deutschland erörtert und es werden Lebenssachverhalte herausgearbeitet, die besonders anfällig für *Racial Profiling* sind. Hier liegt der Fokus auf den verdachts- und ereignisunabhängigen Personenkontrollen nach § 22 Abs. 1a BPolG. Im nächsten Kapitel (5. Kapitel) wird die Norm auf ihren Einklang mit der Verfassung, insbesondere auf einen Verstoß gegen Art. 3 Abs. 3 und Art. 3 Abs. 1 GG, überprüft. Schwerpunkt ist sowohl die Frage, wann eine Diskriminierung „wegen" der Rasse vorliegt, als auch die Möglichkeit einer Rechtfertigung einer solchen Diskriminierung. Das sechste Kapitel beschäftigt sich mit der Frage, wie zukünftig mit dem Thema *Racial Profiling* umgegangen werden soll und diskutiert mögliche Lösungsvorschläge.

2. Kapitel: Racial Profiling: Begrifflichkeit und Entwicklung des Begriffs

Im Grundsatz versteht man unter *Racial Profiling* jedes polizeiliche Handeln auf Basis der „Rasse" oder ethnischen Zugehörigkeit einer Person anstelle von Verhalten oder anderen Merkmalen.[2]

Die Begriffe der „Rasse" und der ethnischen Herkunft zeigen in großen Teilen Überschneidungen. Der Begriff der ethnischen Herkunft oder ethnischen Zugehörigkeit ist jedoch insoweit vorzugswürdig, als er nicht nur wesentlich weniger konfliktgeladen als der Begriff der „Rasse", sondern zugleich auch weiter ist. Die ethnische Zugehörigkeit einer Person setzt sich aus vielerlei Faktoren zusammen, darunter können die Herkunft, Religion, die Zugehörigkeit zu einem gewissen Volksstamm, Sprache und Aussehen fallen.[3] In den hier relevanten Fällen kommt es jedoch üblicherweise lediglich auf letzteres an, so dass für den Fall der polizeilichen Maßnahmen in Zusammenhang mit *Racial Profiling* die ethnische Herkunft im Sinne der Hautfarbe und anderer für eine bestimmte Volksgruppe charakteristischer phänotypischer Merkmale zu verstehen ist.

Der Begriff des *Racial Profiling* hat seinen Ursprung in der US-amerikanischen Kriminalistik. In diesem Bereich ist das *Profiling* seit Jahren eine anerkannte Methode bei der Suche nach Straftätern, seit es in den Vereinigten Staaten zum ersten Mal in Zusammenhang mit Flugzeugentführungen in den 1960er Jahren, und dann später bei Serienmorden, eingesetzt wurde.[4] Beim *Criminal Profiling* sollen dabei durch die Analyse verschiedener Facetten des Verbrechens Charakteristika des Täters gewonnen werden, um den Kreis der

---

2 *Geisinger*, Rethinking Profiling: A Cognitive Model of Bias and Its Legal Implications, Oregon Law Review, Vol. 86, S. 657; *Harris*, Profiles in Injustice, S. 11; *Risse/Zeckhauser*, Racial Profiling, KSG Working Paper Series , 2003, RWP03-021, S. 136.
3 *Fuchs*, in: Bamberger/Roth, BeckOK AGG, § 1 Rn. 8, Stand 16.12.2014.
4 *Kaufmann*, Ethnic Profiling and Counter-terrorism, S. 14 f; *Gross,* in: Social Conscious in Legal Decision Making, S. 29.

Verdächtigen einzugrenzen.⁵ Hintergrund für den Einsatz von *Profiling* als kriminalistische Methode ist, dass dadurch polizeiliche Ressourcen geschont werden, da durch die Eingrenzung auf einen kleinen Kreis von verdächtigen Personen auch weniger Ermittler notwendig sind.⁶

Während jedoch beim klassischen *Criminal Profiling* der Täter eines bereits begangenen konkreten Verbrechens anhand des erstellten Profils gefasst werden soll, handelt es sich beim *Racial Profiling* um eine *präventive* Maßnahme.⁷ Auf Grund des Merkmals der ethnischen Zugehörigkeit, soll eine höhere Wahrscheinlichkeit bestehen, dass Personen die dieser ethnischen Gruppe angehören, eine bestimmte bisher unentdeckte Straftat begehen.⁸ Dies ist ein entscheidender Unterschied zwischen *Criminal Profiling* und *Racial Profiling*.

Abzugrenzen ist das *Racial Profiling* auch vom bloßen Gebrauch ethnischer Merkmale bei der Beschreibung eines Verdächtigen.⁹ Im Fall eines solchen *deskriptiven* Verdächtigenprofils, etwa „weiß, männlich, zwischen 30 und 35 Jahren, bekleidet mit dunkelblauer Jeans, Lederjacke und weißen Turnschuhen" wird das Merkmal „weiß" in Zusammenhang mit einer bereits geschehenen Tat gebraucht und beruht meist auf einer Zeugenbeschreibung eines Verdächtigen oder anderen konkreten Anhaltspunkten wie etwa einer Videoaufzeichnung.¹⁰Natürlich besteht jedoch auch im Rahmen von Verdächtigenprofilen die Gefahr, dass diese zu pauschalisiert formuliert werden (zum Beispiel „männlich, dunkelhäutig, zwischen 20 und 40 Jahren"), und dadurch ein starker Fokus auf Personen dieser ethnischen Gruppe entsteht. Dem Grunde nach stellt ein deskriptives Verdächtigenprofil jedoch keinen

---

5 *Heumann/Cassak*, Good Cop, Bad Cop, S. 15; *Kaufmann*, Ethnic Profiling and Counter-terrorism, S. 16; *Gross,* in: Social Concious in Legal Decision Making, S. 29; *Pampel*, Racial Profiling, S. 7.
6 *Moeckli*, Human rights and non-discrimination in the 'War on terror', S. 197.
7 *Martin/Glaser*, in: Debates on US Immigration, S. 497; *Kaufmann*, Ethnic Profiling and Counter-terrorism, S. 16; *Glaser*, Suspect Race, S. 45.
8 *Glaser*, Suspect Race, S. 44.
9 *Martin/Glaser, in: Debates on US Immigration, S. 497.
10 *Moeckli*, Human rights and non-discrimination in the 'War on terror', S. 211.

Fall des *Racial Profiling* dar, da es kein generalisierendes Urteil über eine ethnische Gruppe beinhaltet.[11]

I. Abgrenzung weite und enge Definition von Racial Profiling

Weiter lässt sich der Begriff des *Racial Profiling* sowohl eng, als auch weit definieren. Nach der engen Definition handelt es sich nur dann um *Racial Profiling*, wenn die ethnische Zugehörigkeit der *alleinige* Grund für die polizeiliche Maßnahme ist. Nach der weiten Definition liegt auch dann *Racial Profiling* vor, wenn *mehrere Faktoren* ausschlaggebend sind, jedoch *einer davon* die ethnische Zugehörigkeit ist.[12] Diese anderen Faktoren sind dabei häufig Kleidung, Alter, Aufenthaltsort oder Uhrzeit.

Vorzugswürdig ist das weite Verständnis, sonst besteht die Gefahr, dass durch das Deklarieren einer allein durch die ethnische Herkunft einer Person veranlassten Maßnahme als einziger Fall von *Racial Profiling* die Problematik schlichtweg „wegdefiniert" wird,[13] d.h. die Situation, dass die Abstammung „nur" einer von mehreren Faktoren ist, verharmlost wird.[14] Sieht man *Racial Profiling* nur als gegeben, wenn der einzige Grund die „Rasse" des Betroffenen ist, ist es ein Leichtes zu behaupten, dass ein solches Problem des *Racial Profiling* in einer Behörde gewiss nicht existiere oder dass *Racial Profiling* selbstverständlich abgelehnt werde. Daran dürfte richtig sein, dass eine Maßnahme allein auf Basis der ethnischen Herkunft eine Seltenheit sein wird. Zudem erscheint es quasi unmöglich, dies im Nachhinein zu beweisen.

Schlussendlich überzeugt die weite Auslegung des Racial Profiling Begriffs jedoch vor allem auf Grund eines Arguments, dass sich aus der Zusammenschau mit Erkenntnissen aus dem Bereich der Verhaltensforschung

---

11 *Thomsen*, The Art of the Unseen: Three Challenges for Racial Profiling, Journal of Ethics, 2011, Vol. 15, S. 97.
12 *Gross/Barnes*, Roadwork: Racial Profiling and Drug Interdiction on the Highway, Michigan Law Review, 2002, Vol. 101, Nr. 3, S. 100; *Pap*, Ethnicity and race-based profiling in counter-terrorism and border control, 2008, S. 9; *Pampel*, Racial Profiling, S. 7 spricht hier auch von „hard" und „soft" profiling.
13 *Glaser*, Suspect Race, Position 475.
14 *Martin/Glaser*, in: Debates on US Immigration, S. 497.

ergibt. Die meisten unserer Entscheidungsprozesse, insbesondere solche, denen Stereotype zu Grunde liegen, laufen unterbewusst ab.[15] Meist ist es uns gar nicht möglich, nachträglich exakt nachzuvollziehen, warum wir uns für oder gegen eine bestimmte Handlung entschieden haben. So auch im Fall einer polizeilichen Maßnahme: Zwar können wir meist einen vermeintlich ausschlaggebenden Grund nennen, der tatsächliche Grund für eine Entscheidung bzw. der exakte Gedankenablauf bleiben jedoch in unserem Unterbewusstsein verborgen. Unter Berücksichtigung dieses Aspekts kann nur die weite Definition des *Racial Profiling* tatsächlich sinnvoll sein, da wir niemals in der Lage sein werden, exakt Rechenschaft darüber abzulegen, wie wir zu einer Entscheidung gelangt sind und welche Rolle die ethnische Herkunft einer Person dabei gespielt hat.[16]

In Deutschland braucht der Begriff des *Racial Profiling* jedoch auch nicht exakt definiert werden, weil er noch kein Rechtsbegriff ist. In den USA gibt es in den verschiedenen Staaten Regelungen, die explizit *Racial Profiling* verbieten, daher ist es dort erheblich wichtiger zu bestimmen, ob ein bestimmtes Vorgehen den Tatbestand des *Racial Profiling* erfüllt. In Deutschland existieren solche Regelungen bisher jedoch nicht, so dass sich die Diskussion auf Art. 3 Abs. 3 GG verlagert und sich dort die Frage stellt, ob eine Ungleichbehandlung vorliegt und ob eine solche nicht gegebenenfalls gerechtfertigt ist.

Zusammenfassend beschreibt der Begriff des *Racial Profiling* den Fall, dass Personen auf Grund ihrer ethnischen Zugehörigkeit einer präventiven polizeilichen Maßnahme ausgesetzt werden. Die ethnische Zugehörigkeit muss dabei nicht der alleinige Grund sein, vielmehr reicht es aus, wenn sie als einer der Faktoren identifiziert werden kann. Ausgenommen vom Begriff des *Racial Profilings* sind Fälle, in denen repressiv Maßnahmen auf Grund einer Täterbeschreibung erfolgen, die Angaben zur Ethnie beinhaltet.

---

15 *Geisinger*, Rethinking Profiling: A Cognitive Model of Bias and Its Legal Implications, Oregon Law Review, 2007, Vol. 86, S. 664.
16 So auch *Ramirez/Hoopes/Quinlan*, Defining Racial Profiling in a Post-September 11 World, American Criminal Law Review, 2003, Vol. 40, S. 1204; *Pap*, Ethnicity and Race-Based Profiling in Counter-Terrorism and Border Control, 2008, S. 9.

II. Entwicklung und Verbreitung von Racial Profiling als Ermittlungsmethode

Der Begriff des *Racial Profiling* stammt ursprünglich aus den USA und kam zum ersten Mal in den 1990er Jahren auf.[17] Umgangssprachlich wird die Thematik in den USA unter dem Stichwort *„Driving While Black"* diskutiert und bezieht sich auf eine Polizeipraxis, bei der in überproportionaler Art und Weise dunkelhäutige oder Fahrer mit lateinamerikanischem Aussehen bei Verkehrskontrollen angehalten werden.[18] Bei dem Ausdruck *„Driving While Black"* handelt es sich um eine satirische Anspielung auf den amerikanischen Begriff für die Trunkenheitsfahrt *„Driving While Drunk"*.

Kritisiert wird an dieser Praxis vor allem, dass vermeintliche Bagatellverkehrsverstöße, etwa das unverhältnismäßig lange Anhalten an einem Stoppschild,[19] als Grund angegeben werden, um ein Anhalten des Fahrers zu rechtfertigen, während der tatsächliche Grund jedoch die Hautfarbe des Verkehrsteilnehmers sei. Hat der Fahrer erst einmal angehalten, folgt meist eine Durchsuchung des Fahrzeugs oder der sich im Fahrzeug befindenden Personen.[20]

Einen frühen ersten Fall des *Racial Profiling* stellt das sogenannte *„Drug-Courier-Profil"* dar.[21] In den 1980er Jahren sah sich die amerikanische Polizei mit einer rapiden Verbreitung von illegalen Drogen konfrontiert. Üblicherweise wurden die Drogen von außerhalb der USA, meist Zentral- und Südamerika, per Flugzeug nach Florida gebracht und von dort aus verbreitet. Die zuständigen Behörden erarbeiteten daraufhin ein Profil des typischen Drogenkuriers. Diejenigen, die die Kriterien des Profils erfüllten, wurden am Flughafen angehalten, befragt und gelegentlich durchsucht.[22]

---

17 *Heumann/Cassak*, Good Cop, Bad Cop, S. 2 ff.
18 *De Schutter/Ringelheim*, Ethnic Profiling: A Rising Challenge for European Human Rights Law, The Modern Law Review, 2008, Vol. 71, S. 360 f; *Harris*, Profiles in Injustice, S. 129; *Fredrickson/Siljander*, S. xi.
19 Whren vs. United States (1996), hier wurde der farbige Fahrer eines Trucks von der Polizei angehalten, weil er für eine *„abnormally long time"* an einem Stoppschild wartete und dann mit „unreasonable speed" rechts abbog und an einer roten Ampel anhielt.
20 *Fredrickson/Siljander*, Racial Profiling, S. 45.
21 Ausführlich hierzu *Harris*, Profiles in Injustice, S. 19 ff.
22 *Harris*, Profiles in Injustice, S. 20.

Letztlich wurde das „*Drug-Courier-Profil*" von den Flughäfen auf die *Interstate* Straßen ausgedehnt. Zunächst enthielt das Profil keine Anhaltspunkte wie ethnische Herkunft oder „Rasse" enthielt, sondern zielte vielmehr darauf ab vor allem Personen zu kontrollieren, die beispielsweise auffällig wenig Gepäck bei sich hatten, *One-Way-Tickets* bar bezahlt hatten, Mietautos fuhren, lange Strecken zurücklegten und nur wenige unregelmäßige Stopps machten.[23] Auch das Tragen von auffälligem Goldschmuck oder Dreadlocks bei Männern wurde als typisch für Drogenkuriere gesehen.[24] Erst nach und nach kam die ethnische Zugehörigkeit ins Spiel. Die Kriterien waren zwar zum großen Teil neutral in Bezug auf die ethnische Zugehörigkeit, es wurde jedoch schnell klar, dass einige der Kriterien, wie z.B. Dreadlocks oder schwerer Goldschmuck, lediglich stellvertretend für eine bestimmte Ethnie stehen.[25] Kontrolliert werden sollten auch Fahrer, die nicht zu ihrem Fahrzeug „passten".[26] In der Praxis waren dies meist Latinos oder Afroamerikaner in teuren Autos.[27]

Scharf kritisiert wurden auch die *Stop-and-Frisk-Fälle* der New Yorker Polizei in den 1990er Jahren.[28] Motiviert durch die hohe Kriminalitätsrate in New York City führte der damalige Bürgermeister Giuliani eine „Null Toleranz" – Politik, auch gegenüber kleineren Vergehen, ein. Er berief sich dabei auf die sogenannte „*Broken-Window-Theorie*", nach der auch schon kleinere Delikte wie Vandalismus, daher das Beispiel des zerbrochenen Fensters, das nicht repariert wird, zur gesellschaftlichen Verwahrlosung und dadurch zu mehr Kriminalität führen können.[29] Daraufhin führte die New Yorker Polizei als neue Methode eine Vielzahl von Personenkontrollen in den Straßen New Yorks durch, bei denen hauptsächlich Latinos und Afroamerikaner kurz angehalten und auf Waffen und verbotene Gegenstände untersucht wurden.[30] Diese Maßnahmen sollten dazu führen, dass es für

---

23 Ausführlich dazu *Withrow*, Racial Profiling S. 19 ff.
24 *Fredrickson/Siljander*, Racial Profiling, S. 21.
25 *Withrow*, Racial Profiling, S. 19.
26 *Withrow*, Racial Profiling, S. 21.
27 *Fredrickson/Siljander*, Racial Profiling, S. 37.
28 Ausführlich hierzu *Harris*, Profiles in Injustice, S. 23 ff.
29 *Harris*, Profiles in Injustice, S. 25.
30 *Fagan/Davies*, Street Stops and Broken Windows: Terry, Race and Disorder in New York City, Fordham Urban Law Journal, 2000, Vol. 28, S. 462 ff.

Kriminelle ein erhöhtes Risiko mit sich bringt, Waffen bei sich zu führen, und so insgesamt die Kriminalität mit Schusswaffen eingedämmt würde.[31]

Eine weitere Untergruppe des *Racial Profiling* stellt das sogenannte „*Terrorist Profiling*" dar, umgangssprachlich in Anlehnung an „*Driving While Black*" auch als „*Flying While Arab*" bezeichnet, das sich seit den Anschlägen auf die USA 2001 entwickelt hat.[32] Ziel dieser Art des *Profiling* ist es, potentielle Terroristen zu identifizieren, bevor es zu einem Anschlag kommt. Ausgehend von der Hypothese, dass terroristische Anschläge oft aus fundamentalistisch islamistischen Motiven verübt werden, sind in diesem Fall speziell Personen mit arabischem Aussehen oder muslimisch geprägtem Kleidungsstil betroffen. Nach den Anschlägen in London, bei denen drei von vieren der Attentäter Muslime südasiatischer Abstammung waren, und den Anschlägen im September 2001 in den USA, bei denen alle 19 Selbstmordattentäter arabische Muslime waren,[33] übernahmen zahlreiche Staaten diese Art des Profiling im Kampf gegen den internationalen Terrorismus.

In Deutschland wurde zur Suche nach sogenannten Schläfern, d.h. Personen, die zu terroristischen Handlungen bereit sind, sich jedoch lange um ein gesetzeskonformes und unauffälliges Verhalten bemühen, die Rasterfahndung zum Einsatz gebracht, die zuvor in den 70er Jahren bei der Suche nach Mitgliedern der RAF genutzt wurde[34] - allerdings mit einem erheblichen Unterschied: Nun wurde die Rasterfahndung erstmals als *präventive* Maßnahme eingesetzt, während sie zuvor als Hilfsmittel zur Suche nach bereits bekannten Straftätern diente.[35] Das erstellte Terroristenprofil enthielt dabei die folgenden Charakteristika: männlich, 18–40 Jahre, Student, muslimische Konfession, in einem Land mit vorwiegend muslimischer

---

31 *Harris*, Profiles in Injustice, S. 25.
32 Vgl. *Harcourt*, Muslim Profiles Post 9/11: Is Racial Profiling an Effective Counterterrorist Measure and Does it violate the Right to be Free of Discrimination?, University of Chicago, Public Law Working Paper, No. 288; vgl. auch *Pap*, Ethnicity and Race-Based Profiling in Counter-Terrorism and Border Control, S. 18; *Heumann/Cassak*, Good Cop, Bad Cop, S. 164 ff.; *del Carmen*, Racial Profiling in America, S. 92 ff.
33 National Commission on Terrorist Attacks upon the United States, S. 160 ff., S. 225, S. 231, abrufbar unter: http://www.9-11commission.gov/report/911Report.pdf.
34 BVerfG, Beschluss v. 04.04.2006, E 115, 320 Abs. 2, Nr. 7 = DÖV 2006, S. 967.
35 BVerfG, Beschluss v. 04.04.2006, E 115, 320 Abs. 5 = DÖV 2006, S. 967.

Bevölkerung geboren.[36] Letztlich wurde dieses Vorgehen jedoch nach einer Entscheidung des Bundesverfassungsgerichts, welche die Rasterfahndung für unvereinbar mit den Recht auf informationelle Selbstbestimmung aus Art. 2 Abs. 1 i.V. m. Art. 1 Abs. 1 GG erklärte, eingestellt.[37]

Auch im Vereinigten Königreich ist seit 2001 eine Veränderung in Richtung Racial Profiling festzustellen. In den ersten beiden Monaten nach den Bombenanschlägen in London im Juli 2005 hat sich die Zahl der asiatischen und dunkelhäutigen Menschen, die auf Grundlage der Section 44 des *Terrorism Act* kontrolliert wurden, verzwölffacht, bei hellhäutigen europäisch aussehenden Menschen dagegen nur verfünffacht.[38] Die Rechtsgrundlage ermächtigt die Polizei dazu, zur Verhinderung von terroristischen Anschlägen Personen in Fahrzeugen oder auf der Straße zu kontrollieren.

---

36 BVerfG, Beschluss v. 04.04.2006, E 115, 320 Abs. 2 = DÖV 2006, S. 967.
37 BVerfG, Beschluss v. 04.04.2006, E 115, 320 = DÖV 2006, S. 967.
38 *Dodd*, in Guardian, 24. 12.2005, abrufbar unter: http://www.theguardian.com/uk/2005/dec/24/terrorism.race; *Moeckli*, Human rights and non-discrimination in the 'War on terror', S. 205.

3. Kapitel: Racial Profiling aus sozialpsychologischer und kognitionswissenschaftlicher Sicht

I. Hintergrund: Diskussion in den USA

In der amerikanischen Literatur wird die Thematik des *Racial Profiling* nicht nur aus juristischer, sondern vor allem auch aus kognitionswissenschaftlicher Perspektive diskutiert.

Die *rechtliche* Fragestellung bei der *Racial Profiling* Diskussion in den USA lautet meist, ob im Rahmen des vierten Zusatzartikels die Hautfarbe einer Person für den erforderlichen begründeten Verdacht bei Kontrollen und Folgemaßnahmen eine Rolle spielen kann.[39] Der vierten Zusatzartikel der amerikanischen Verfassung schützt den Bürger vor ungerechtfertigten Durchsuchungen und Beschlagnahmungen. Darunter fallen auch die sog. „*Stop-and-Frisk-Fälle*", wie das Anhalten von Fahrzeugen.[40]

Die *kognitionswissenschaftliche* Forschung im Bereich *Racial Profiling* beschäftigt sich dagegen mit der Frage, wie der gedankliche Prozess abläuft, dass der betreffende Beamte überhaupt von einem begründeten Verdacht ausgeht.

Ausgehend davon, dass in den wenigsten Fällen offener Rassismus die Grundlage für eine polizeiliche Maßnahme sein wird und in den letzten 40 Jahren rassistische Überzeugungen in der amerikanischen Gesellschaft

---

39 *Thompson*, Stopping the Usual Suspects: Race and the Fourth Amendment, New York University Law Review, 1999, Vol. 74, S. 956 ff.; zur 4th Amendement Problematik in Verbindung mit Cognitive Bias ausführlich *L. Song Richardson*, Police Efficiency and the Fourth Amendement, Indiana Law Journal, 2012, Vol. 87, S. 144ff; *L. Song Richardson*, Arrest Efficiency and the Fourth Amendement, Minnesota Law Review, 2011, Vol. 95, S. 2035 ff.
40 Mit vielen Beispielen *Rudovsky*, Law Enforcement by Stereotypes and Serendipity: Racial Profiling and Stops and Searches without Cause, U Penn Journal of Constitutional Law, 2001, S. 296 ff.; *Fallik/Novak*, The Decision to Search: Is Race or Ethnicity Important?, Journal of Contemporary Criminal Justice, 2012, Vol. 28 Nr. 2, S. 146 ff.

messbar zurückgegangen sind,[41] erforscht die Kognitionswissenschaft, wie es dennoch zu überproportional vielen nachteilig wirkenden Verhaltensweisen gegenüber Minderheiten kommen kann.[42] Die Kognitionswissenschaft beschäftigt sich also mit der Frage, wie es sein kann, dass menschliches Verhalten systematisch von unseren bewussten Grundsätzen und Überzeugungen abweicht.[43] Sie kommt zu dem Ergebnis, dass, um diskriminierendes menschliches Verhalten vorherzusehen oder nachvollziehen zu können, es vor allem auf unsere unterbewussten Gedankenabläufe ankommt.

Die Kognitionswissenschaft benutzt zur Unterscheidung der verschiedenen Ebenen unserer Gedankenabläufe die Begriffe *„implizit"* und *„explizit"*. Implizite Abläufe sind dabei Automatismen, die im Unterbewusstsein ablaufen.[44] Explizite Abläufe sind dagegen solche Abläufe, die bewusst erfolgen und durch Introspektive wahrnehmbar sind.[45]

Die juristische Literatur geht bisher fast ausschließlich von der Annahme aus, dass sich Menschen auf Grund eines bewussten Entschlusses dafür entscheiden, in diskriminierender Art und Weise zu handeln.[46] Dies zeigt zum Beispiel auch die leidenschaftliche Diskussion über die Einführung des Allgemeinen Gleichbehandlungsgesetztes (AGG) in Deutschland. Hier führten dessen Gegner an, dass es sich um einen kaum tragbaren Eingriff in die Privatautonomie handle, da im privaten Bereich die Entscheidungsfreiheit des Einzelnen erheblich eingeschränkt werde.[47]

---

41 *Wittenbrink/Judd/Park*, Journal of Personality and Social Psychology, 1997, Vol. 72, No.2, S. 262; *Beattie*, Our racist heart, S. 57; *Knowles/Ditto*, Preference, Principle, and Political Casuistry, in: Ideology, Psychology, and the Law, S. 362; *Glaser*, Suspect Race, Position 1840.
42 *Geisinger*, Rethinking Profiling: A Cognitive Model of Bias and Its Legal Implications, Oregon Law Review, 2007, Vol. 86, S. 657.
43 *Alfinito Vieira/Graser*, Taming the Biased Black Box?, Oxford Journal of Legal Studies, 2015, S. 9.
44 *Kang/Dasgupta/Yogeeswaran/Blasi*, Are Ideal Litigators White?, Journal of Empirical Legal Studies, 2010, Vol. 7, Nr. 4, S. 887.
45 *Greenwald/Banaji*, Implicit Social Cognition: Attitudes, Self-Esteem, and Stereotypes, Psychological Review, 1995, Vol. 102, Nr. 1, S. 4.
46 *Geisinger*, Rethinking Profiling: A Cognitive Model of Bias and Its Legal Implications, Oregon Law Review, 2007, Vol. 86, S S. 665.
47 *Adomeit*, NJW 2002, S. 1622.

Möglicherweise könnte jedoch durch die vergleichsweise neuen Erkenntnisse aus der Kognitonswissenschaft eine grundlegende Umstrukturierung des Antidiskriminierungsrechts notwendig sein.[48] Unter dem Stichwort *„Behavioral Realism"* wird nun auch unter juristischen, vor allem amerikanischen Wissenschaftlern die Frage diskutiert, wie die Erkenntnisse aus der Kognitonswissenschaft sinnvoll in juristische Dogmatik inkorporiert werden können.[49] Der nachfolgende Teil soll daher einen Überblick über die wichtigsten Erkenntnisse aus dem Bereich der Sozialpsychologie und Kognitionswissenschaft geben, die einen Zusammenhang zur Thematik des *Racial Profiling* aufweisen.

II. Implicit bias Forschung

In der Sozialpsychologie und Verhaltensforschung hat in den letzten Jahren ein erheblicher Wandel stattgefunden. Während bis zum letzten Drittel des 20. Jahrhunderts noch die vorherrschende Theorie war, dass menschliches Verhalten durch bewusste gedankliche Kontrolle geprägt wird, geht man nun davon aus, dass das sich menschliche Unterbewusstsein sich viel stärker in unseren Handlungen wiederspiegelt.[50] Daraus hat sich ein eigenes Forschungsfeld, die Wissenschaft von der impliziten sozialen Kognition (engl.: *Implicit Social Cognition*), entwickelt, das von der Grundlage ausgeht, dass Spuren von bereits Erlebtem unser Handeln beeinflussen, ohne dass sich der Betroffene an das Geschehene bewusst erinnert.[51] Als Beispiel hierfür dient etwa das Abfragen von Wörtern anhand von Wortfragmenten oder Anfangsbuchstaben. Die Wahrscheinlichkeit, dass die Testperson eine korrekte Antwort gibt ist beträchtlich höher, wenn diese das entsprechende

---

48 *Alfinito Vieira/Graser*, Taming the Biased Black Box?, Oxford Journal of Legal Studies, 2015, S. 8.
49 Hierzu ausführlich das Symposium on Behavioral Realism, California Law Review, 2006, Vol. 94. Nr.4.
50 Einen Überblick über die Entwicklung der Implicit Social Cognition Forschung geben *Payne/Gawronski*, in: Greenwald/*Krieger*, Implicit Bias: Scientific Foundations, California Law Review, 2006, Vol. 94, Nr. 4, S. 945.
51 *Greenwald/Banaji*, Implicit Social Cognition: Attitudes, Self-Esteem, and Stereotypes, Psychological Review, 1995, Vol. 102, No. 1, S. 4f.

Wort vorher beiläufig gehört hat, obwohl sie nicht dazu in der Lage ist, sich an die Wörter zu erinnern oder sie auf einer Liste wiederzuerkennen.[52] Eine Vielzahl von gedanklichen Prozessen läuft außerhalb unserer bewussten Wahrnehmung ab, darunter sogenannte implizite Erinnerungen, implizite Wahrnehmungen, implizite Einstellungen, implizite Stereotype, implizites Selbstvertrauen und implizite Selbstwahrnehmung.[53] *Kang* zieht im Hinblick auf diese unbewussten Vorgänge einen Vergleich zu einem Computerbetriebssystem, das unsichtbar im Hintergrund läuft, während im Vordergrund andere Anwendungen laufen.[54] Ein Bereich, in dem die Auswirkungen des unterbewussten Prozesses auf unser Verhalten besonders stark sind, ist der des *Implicit Bias*.[55] Dieser basiert auf unterbewussten Einstellungen (engl.: *Implicit Attitudes*) oder unterbewussten Stereotypen (engl.: *Implicit Stereotypes*). Eine scharfe Trennung zwischen den Begriffen ist schwer möglich, da die Übergänge in der Realität weitgehend fließend sind. Die nachfolgenden Beispiele sollen eine mögliche Unterscheidung näher darstellen.

1. Unterbewusste Einstellungen

Sogenannte *unterbewusste Einstellungen* bezeichnen evaluative Einstellungen, d.h. die Tendenz, eine Person oder Sache zu mögen oder nicht zu mögen.[56] Diese entscheiden darüber, ob wir uns gegenüber jemandem oder einer Sache wohlwollend oder abweisend verhalten.[57] Während explizite

---

52 *Greenwald/Banaji*, Implicit Social Cognition: Attitudes, Self-Esteem, and Stereotypes, Psychological Review, 1995, Vol. 102, No. 1, S. 5.
53 *Greenwald/Krieger*, Implicit Bias: Scientific Foundations, California Law Review, 2006, Vol. 94, Nr. 4, S. 947.
54 *Kang/Dasgupta/Yogeeswaran/Blasi*, Are Ideal Litigators White?, Journal of Empirical Legal Studies, 2010, Vol. 7, Nr. 4, S. 889.
55 *Kang/Dasgupta/Yogeeswaran/Blasi*, Are Ideal Litigators White?, Journal of Empirical Legal Studies, 2010, Vol. 7, Nr. 4, S. 888.
56 *Greenwald/Banaji*, Implicit Social Cognition: Attitudes, Self-Esteem, and Stereotypes, Psychological Review, 1995, Vol. 102, Nr.1, S. 7; *Lane/Kang/Banaji*, Implicit Social Cognition, Annual Review of Law and Social Science, 2007, Vol. 3, S. 429; *Greenwald/Krieger*, , Implicit Bias: Scientific Foundations, California Law Review, 2006, Vol. 94, Nr. 4, S. 948.
57 *Greenwald/Krieger*, Implicit Bias: Scientific Foundations, California Law Review, 2006, Vol. 94, Nr. 4, S. 948.

Einstellungen jene sind, die wir etwa bei der Beantwortung eines klassischen Fragebogens zur Meinungserhebung angeben, handelt es sich bei impliziten Einstellungen um solche, die uns selbst häufig nicht bewusst sind.

2. Implizite Stereotype und Vorurteile

Zugleich konnten die Forscher jedoch auch feststellen, dass neben *unterbewussten Einstellungen* auch *unterbewusste Stereotype* feststellbar sind.

Auch hier lässt sich das Phänomen am besten anhand eines Beispiels illustrieren. In einem Experiment ließ *Goldberg* weibliche Testpersonen einen Aufsatz beurteilen.[58] Dabei gab er den Namen des Autors an, der erkennen lies, ob es sich beim Verfasser um einen Mann oder eine Frau handelte. Das Ergebnis des Experiments war, dass die Aufsätze von männlichen Autoren als kompetenter eingestuft wurden, als die vermeintlich von Autorinnen stammenden Texte. Obwohl das Geschlecht des Verfassers oder der Verfasserin nicht im zentralen Fokus der Testpersonen stand, sondern nur unbewusst durch den Namen wahrgenommen wurde, beeinflusste es im Ergebnis doch die Einschätzung der Testpersonen.

Deutlich werden diese impliziten Stereotypen auch in der nachfolgenden Studie im Zusammenhang mit *unterbewusster Erinnerung*[59]: Am ersten Tag eines kognitionswissenschaftlichen Tests mussten die Teilnehmer eine Reihe von Namen laut vorlesen. Darunter waren Namen berühmter sowie unbekannter Personen. Am zweiten Tag mussten die Teilnehmer darüber entscheiden, ob die Namen auf einer anderen langen Liste zu berühmten Persönlichkeiten gehörten. Die Hälfte der nichtberühmten Namen setze sich aus nichtberühmten Namen der Liste von Tag 1 zusammen. Ergebnis war, dass am zweiten Tag mehr von den wiederholten nichtberühmten Namen als berühmt eingestuft wurden als von den nichtberühmten Namen, die die Teilnehmer am zweiten Tag zum ersten Mal hörten. Die „falschen Berühmtheiten" stellen einen „*Implicit-Memory-Effekt*" dar. Oft erinnerten sich die Testpersonen nicht daran, den Namen schon an Tag 1 gehört zu haben. Das vage Gefühl von Bekanntheit der Namen führte jedoch dazu, dass sie

---

58 *Banaji/Greenwald*, Implicit Stereotyping and Prejudice, The Psychology of Prejudice: The Ontario Sypmposium, 1994, Vol. 7, S. 59.
59 Ausführlich hierzu *Greenwald/Krieger*, Implicit Bias: Scientific Foundations, California Law Review, 2006, Vol. 94, Nr. 4, S. 949.

dieses einer vermeintlichen Berühmtheit der zum Namen gehörigen Person zuschrieben. Bei Namen, an die sie sich explizit erinnerten, verstanden die Teilnehmer, warum ihnen der Name bekannt vorkam und konnten diese folglich richtig einordnen.

Ergebnis des Experiments war aber auch, dass der „falsche-Berühmtheiten-Effekt" bei männlichen Namen deutlich stärker als bei weiblichen Namen auftrat. Dieses Ergebnis erklärten die Wissenschaftler mit dem Vorliegen eines *unterbewussten Stereotyps*, wonach die Eigenschaft männlich eher mit Erfolg assoziiert wird als weiblich.[60] Dieses Experiment verdeutlicht zusätzlich, dass vor allem in Situationen der Unsicherheit – zum Beispiel bei verschwommener Erinnerung – auf stereotypisches Denken zurückgegriffen wird.[61]

a) Begrifflichkeit

Ein Stereotyp, losgelöst von der Frage, ob dieses implizit oder explizit besteht, ist ein gesellschaftlich etablierter Glaube daran, dass bestimmte Personen einer sozialen Gruppe Träger bestimmter charakteristischer Eigenschaften sind.[62] Grundsätzlich können Stereotype sowohl positive als auch negative Assoziationen beinhalten.[63] Ebenso können Stereotype der Wahrheit entsprechen oder schlicht falsch sein. Stereotypisches Denken ist kategorisierendes Denken im sozialen Kontext. Eine geläufige stereotypische Assoziation stellt etwa die Annahme dar, dass Frauen sprachlich begabter seien als Männer, oder umgekehrt, Männer naturwissenschaftlich begabter als Frauen.[64]

Abzugrenzen von Stereotypen sind Vorurteile. Anders als Stereotype, die grundsätzlich wertneutral sind, sind Vorurteile negativ belastet und haben

---

60 *Greenwald/Krieger*, Implicit Bias: Scientific Foundations, California Law Review, 2006 Vol. 94, Nr. 4, S. 950.
61 *Banaji/Hardin/Rothman*, Implicit Stereotyping in Personal Judgement, Journal of Personality and Social Psychology, 1993, Vol. 65, Nr. 2, S. 279.
62 *Greenwald/Banaji* Implicit Social Cognition: Attitudes, Self-Esteem, and Stereotypes, Psychological Review, 1995, Vol. 102, Nr. 1, S. 14.
63 *Watzenberg*, Der homo oeconomicus und sein Vorurteile, S. 90.
64 *Watzenberg*, Der homo oeconomicus und seine Vorurteile, S. 91.

diskriminierenden Charakter.⁶⁵ Jedoch lässt sich dies oft in der Realität nicht klar trennen.

Obwohl das Denken in Stereotypen gesellschaftlich häufig als verwerflich gilt, erscheint ein solches Schubladendenken aus kognitiver Sicht durchaus von Vorteil, da es beim Verarbeiten von Informationen hilft und so eine schnelle Entscheidungsfindung fördert.⁶⁶ Stereotype machen es uns möglich, uns einen Eindruck von einer anderen Person zu bilden, ohne besondere gedankliche Anstrengung darauf zu verwenden.⁶⁷ Die gesparte mentale Kapazität können wir dann sinnvoll für anstrengende gedankliche Prozesse verwenden, die unsere volle Aufmerksamkeit erfordern.⁶⁸ Ohne das Denken in vereinfachenden Kategorien sind selbst die einfachsten Aufgaben des alltäglichen Lebens schwer zu meistern. Eine Studie aus den 1980er Jahren an einem Schlaganfallpatienten zeigt die Wichtigkeit dieses kategorisierenden Denkmusters besonders gut.⁶⁹ Durch einen Schlaganfall hatte der Patient keinen weiteren Schaden erlitten als den, dass er nicht mehr gedanklich kategorisieren konnte. Dies zeigte sich etwa darin, dass wenn man ihm Bilder von zwei verschiedenen Zügen zeigte, er keine Verbindung zwischen den beiden herstellen konnte.

Selbst einfachste Alltagsaufgaben, wie den Tisch zu decken wurden für den Mann auf Grund der fehlenden Fähigkeit zu kategorisieren

---

65 *Locke/Johnston*, in: Understanding Prejudice, Racism and Social Conflict, S. 108; *Watzenberg*, Der homo oeconomicus und sein Vorurteile, S. 91; *Blair*, The Malleability of Automatic Stereotypes and Prejudice, Personality and Social Psychology Review, 2002, Vol. 6, Nr. 3, S. 244.
66 *Blair*, The Malleability of Automatic Stereotype and Prejudice, Personality and Social Psychology Review, 2002, Vol. 6, No. 3, S. 242; *Locke/Johnston*, Stereotyping and Prejudice: A Social Cognitive Approach, in: Understanding Prejudice, Racism and Social Confilict, S. 110.
67 *Locke/Johnston*, Stereotyping and Prejudice: A Social Cognitive Approach, in: Understanding Prejudice, Racism and Social Conflict, S. 110.
68 *Locke/Johnston*, Stereotyping and Prejudice: A Social Cognitive Approach, in: Understanding Prejudice, Racism and Social Conflict, S. 110.
69 *McCarthy/Warrington*, Visual associative agnosia: a clinico-anatomical study of a single case, Journal of Neurology, Neurosurgery and Psychology, 1986, Vol. 49, S. 1233 ff.

unmöglich.[70] Kategorisierungen und Stereotype ermöglichen es uns, mit nur unvollständigen Informationen und ohne große gedankliche Anstrengung das Verhalten anderer Menschen vorherzusagen. Sie sorgen dafür, dass wir den weiß gekleideten Mann im Krankenhaus als Arzt erkennen oder Vorkehrungen treffen, wenn uns ein kräftiger, ungepflegter, wütend aussehender Mann in einer dunklen Gasse entgegenkommt.[71]

Vor allem in Stresssituationen müssen wir extrem verkürzt denken und mit unvollständigen Informationen zu einer Entscheidung kommen. Jedoch können auch körperliche Anstrengung oder Müdigkeit dazu führen, dass wir verstärkt zu kategorisierendem Denken greifen. In diesem Zusammenhang zeigen Experimente daher auch, dass die innere Uhr eines Menschen Aufschluss darüber gibt, in welchem Umfang er oder sie auf stereotypische Denkmuster zurückgreift.[72] Sogenannte Morgenmenschen greifen demnach häufiger nachmittags und am Abend zu Stereotypen, Abendmenschen eher am Morgen.[73] Dies lässt sich am Beispiel des Morgenmenschen damit begründen, dass dieser sich abends mental weniger fit fühlt als zu einem späteren Zeitpunkt am Tag und daher unbewusst zu schematischen Denkmustern greift.

b) Entstehung und Verbreitung von Stereotypen und Vorurteilen

Stereotype und Vorurteile ziehen sich durch alle gesellschaftlichen Schichten und sind allgegenwärtig. Wir erwerben diese in vielfältigen Lernprozessen.[74] Stereotype und Vorurteile können dabei zum einen durch Sozialisationseinflüsse als bereits vorhandene Wissensbestände weitergegeben werden, in dem sie beispielsweise indirekt oder direkt durch Eltern, Gleichaltrige

---

70 *McCarthy/Warrington*, Visual associative agnosia: a clinico-anatomical study of a single case, Journal of Neurology, Neurosurgery and Psychology, 1986, Vol. 49, S. 1234.
71 *Martin/Glaser*, in: Debates on US Immigration, S. 494.
72 V. *Bodenhausen*, Stereotypes as Judgment Heuristics: Evidence of Circadian Variations in Discrimination, Psychological Science, 1990, Vol. 1, Nr. 5, S. 319ff.
73 V. *Bodenhausen*, Stereotypes as Judgment Heuristics: Evidence of Circadian Variations in Discrimination, Psychological Science, 1990, Vol. 1, Nr. 5, S. 320.
74 *Degner/Meiser/Rothermund*, in: Diskriminierung und Toleranz, S. 77; *Locke/Johnston*, in: Understanding Prejudice, Racism and Social Conflict, S. 111.

oder Medien an uns herangetragen werden.[75] Möglich ist jedoch auch, dass Vorurteile und Stereotype durch den direkten Kontakt zu Mitgliedern einer sozialen Gruppe entstehen.[76] Im letzteren Fall besteht eine erhöhte Gefahr für eine sogenannte *Korrespondenzverzerrung*: Wir tendieren dazu, von beobachtetem Verhalten auf grundlegende Eigenschaften einer Person zu schließen, selbst wenn das Verhalten situationsbedingt erklärt werden kann.[77] Diese (Über-)Betonung stabiler zugrundeliegender Personenmerkmale statt zufälliger Situationsmerkmale bei der Erklärung von Verhaltensweisen wird zudem verstärkt, wenn die zu beurteilende Person einer anderen sozialen Gruppe angehört als der Beobachter.[78] Zusätzlich zeigt sich das Phänomen der sogenannten *illusorischen Korrelation,* bei dem wir glauben, Zusammenhänge zwischen Gruppenmitgliedschaften und Eigenschaften zu erkennen, die objektiv nicht existieren.[79] Dies wird an einem einfachen Beispiel deutlich[80]: Versuchspersonen werden in einem Experiment Informationen über das Verhalten von Mitgliedern zweier Gruppen unterbreitet. Diese Informationen beschreiben zum einen gesellschaftlich erwünschte („sagt rechtzeitig Bescheid, wenn er eine Verabredung nicht einhalten kann") und zum anderen unerwünschte Verhaltensweisen („versucht, sich auf Kosten anderer Vorteile zu verschaffen"). Das Verhältnis von unerwünschten und erwünschten Verhaltensweisen ist in beiden Gruppen gleich, allerdings werden doppelt so viele Mitglieder aus Gruppe A vorgestellt wie aus Gruppe B. Obwohl faktisch kein Zusammenhang zwischen Gruppenzugehörigkeit und Erwünschtheit von Verhaltensweisen besteht, wird der Gruppe mit weniger Mitgliedern ein höherer Anteil an negativen Verhaltensweisen zugeschrieben als der größeren Gruppe. Dies führt dazu, dass sich vor allem Stereotype gegenüber Minderheiten hartnäckig halten und verbreiten.

Wie weit Stereotype, vor allem mit Bezug auf „Rasse" oder ethnische Herkunft, verbreitet sind, zeigt eine Studie der Antidiskriminierungsstelle des

---

75 *Degner/Meiser/Rothermund*, in: Diskriminierung und Toleranz, S. 77.
76 Ebenda.
77 Ebenda.
78 Ebenda, S. 78.
79 *Degner/Meiser/Rothermund*, in: Diskriminierung und Toleranz, S. 78.
80 Ausführlich hierzu: *Degner/Meiser/Rothermund*, in: Diskriminierung und Toleranz, S. 78.

Bundes.[81] Daraus folgt, dass in allen gesellschaftlichen Schichten Deutschlands Vorurteile gegenüber Menschen anderer ethnischer Herkunft vorhanden sind, lediglich die Intensität und Ausprägung variieren.[82] Insgesamt würden 50% der Befragten nicht mit einem Türken im Haus wohnen wollen, 24% geben an, Angst zu haben, wenn ihnen dunkelhäutige Männer auf der Straße begegnen, 26% finden, dass schwarze Menschen nicht nach Deutschland passen, und 40% geben an, nicht die Ausländer würden diskriminiert, sondern die Einheimischen.[83]

Diese Äußerungen zeichnen ein klares Bild von den *bewussten Stereotypen*, die innerhalb der deutschen Gesellschaft vorhanden sind. Fraglich ist jedoch, ob diese Stereotype und Vorurteile auch nach außen wirken und wie sie sich auf unsere Handlungen und Entscheidungen auswirken, wenn wir Menschen begegnen, gegenüber denen wir Vorurteile haben oder die wir mit einem bestimmten Stereotyp verbinden. Entscheidend ist dabei zunächst, dass das entsprechende Stereotyp aktiviert wird. In der Kognitionswissenschaft wurde festgestellt, dass diese grundsätzlichen Personenkategorisierungsprozesse meist *unbewusst* und *automatisiert* ablaufen.[84] Sobald wir eine Person wahrnehmen, kategorisieren wir sie. Kang verwendet dabei den sehr treffenden Begriff des gedanklichen „*Hashtaggings*".[85] Der Asiate Kang beschreibt dabei, dass sein Gegenüber ihn sofort als *#asian #male* kategorisieren würde. Dies geschieht, ohne dass wir es beabsichtigen, unfreiwillig und jenseits unserer bewussten Kontrolle.[86] Dann beginnt ein gedanklicher Assoziierungsprozess mit allen anderen Dingen, die wir bereits als *#asian*

---

81 *Antidiskriminierungsstelle des Bundes*, Diskriminierung im Alltag, S. 57; zitiert auch *Watzenberg*, Der homo oeconomicus und sein Vorurteile S. 94.
82 *Antidiskriminierungsstelle des Bundes*, Diskriminierung im Alltag, S. 57.
83 *Antidiskriminierungsstelle des Bundes*, Diskriminierung im Alltag, S. 60.
84 *Degner/Meiser/Rothermund*, in: Diskriminierung und Toleranz, S. 80; *Greenwald/Banaji*, Implicit Social Cognition: Attitudes, Self-Esteem, and Stereotypes, Psychological Review, 1995, Vol. 102, Nr. 1, S. 15.
85 Kang, TedX Talk, San Diego, 2013, 1 min 50 sec, abrufbar unter: https://www.youtube.com/watch?v=9VGbwNI6Ssk. Hashtags werden als Stichworte im Rahmen von Social Media benutzt.
86 *Degner/Meiser/Rothermund*, in: Diskriminierung und Toleranz, S. 80.

in unserer gedanklichen „*Cloud*" abgespeichert haben. Dazu gehören auch einschlägige Stereotype.[87]

Deutlich wird dies bei folgenden Beispiel: Gelingt es einer Testperson im Beisein einer asiatischen Person, mehr Wortfragmente von mit Asiaten verbundenen Stereotypen[88] zu vervollständigen als im Beisein einer europäisch aussehenden Person, geht man davon aus, dass dies unbewusst geschieht, d.h. die Testperson dies nicht steuert.[89] In diesem Beispielsfall kann es durchaus der Fall sein, dass die Testperson keinerlei bewusste Vorurteile aufweist und ein Stereotyp nicht unterstützt[90], diese unbewusst jedoch trotzdem vorhanden sind.

c) Messbarkeit von Implicit Bias

Mangels Bewusstsein über diese Stereotype kann auch Introspektion keine Aufschlüsse darüber geben, welche unbewussten Stereotype und Vorurteile eine Person hat. Um *Implicit Bias* festzustellen und zu messen, wurden daher spezielle Methoden entwickelt, die auf unterschiedliche Art und Weise verschiedenste Erkenntnisse zu Tage bringen. Einige dieser Methoden sind etwa sogenanntes „*Subliminal Priming*", implizite Assoziationstests, lexikalische Entscheidungsaufgaben, Gesichtselektromyographie (fEMG), „*Startle Eyeblinks*" und funktionale Magnetresonanztomographie (fMRI).[91]

Von diesen Methoden hat sich der sogenannte *Implicit Association Test* (IAT) als besonders effektiv erwiesen und zählt daher mittlerweile zu einer der anerkanntesten Methoden im Bereich Messung des *Implicit Bias*.[92] Im

---

87 Kang nennt als überspitze Beispiele etwa „musste täglich als Kind einer Tigermutter 6 Stunden Cello üben", „hat einen perfekten Score bei seinen Mathe SATs", „hat ein Abzeichen in einer typischen asiatischen Kampfsportart".
88 Z.B. schüchtern oder mathematisch begabt.
89 *Blair*, The Malleability of Automatic Stereotype and Prejudice, Personality and Social Psychology Review, 2002, Vol. 6, No. 3, S. 244.
90 Z.B. nicht der Meinung ist, dass Asiaten überdurchschnittlich begabt in Naturwissenschaften sind oder dass Asiaten sehr gut darin sind, Fälschungen herzustellen, ihnen es jedoch an eigener Kreativität fehlt, vgl. Kang TedX Talk San Diego 2013.
91 *Eberhardt*, Imaging Race, American Psychologist, 2005, Vol. 60, Nr. 2, S. 182.
92 Erstmals vorgestellt von *Greenwald/McGhee/Schwartz*, Journal of Personality and Social Psychology, 1998, Vol. 74, Nr. 6, S. 1464 ff.

Gegensatz zu klassischen Fragebogenstudien fordert der IAT keine expliziten Selbstberichte.[93] Dies hat den Vorteil, dass anders als bei der Beantwortung eines Fragenkatalogs die soziale Erwünschtheit einer Antwort weniger Einfluss hat.[94]

Der IAT stellt ein Mittel dar, um unbewusste Vorurteile und Stereotypen durch automatische Assoziationen zu messen.[95] Es gibt mittlerweile zahlreiche Arten von IATs, die auch online verfügbar sind[96] und zum Selbstversuch einladen.[97] Die wohl typischste Form des IAT ist der sogenannte Race-IAT.[98]

aa) Ablauf eines Race-IAT[99]

Zunächst üben die Versuchsteilnehmer, Bilder von schwarzen und weißen Gesichtern zu unterscheiden, indem sie für Bilder mit Gesichtern der einen Kategorie die linke und für Gesichter der anderen Kategorie die rechte Taste auf einer Tastatur drücken. Als nächste Aufgabe müssen die Testpersonen positive und negative Wörter nach einem ähnlichen Schema zuordnen. In den nächsten zwei Aufgaben werden nach dem Zufallsprinzip alle vier Kategorien (d.h. positive und negative Wörter und schwarze und weiße Gesichter) abgefragt. In einer der zwei Aufgaben fordert der IAT dazu auf, eine bestimmte Reaktion zu geben (z.B. linke Taste drücken), wenn der Versuchsteilnehmer schwarze Gesichter oder positive Wörter sieht, während weiße Gesichter und negative Antwort sich eine Taste teilen (rechte Taste drücken). In der zweiten Aufgabe sind Weiße und positive Wörter derselben Taste zugeordnet sowie Schwarze und negative Wörter. Gemessen wird dann

---

93 *Gawronski*, in: Theorie und Praxis Objektiver Persönlichkeitstests, S. 53.
94 *Gawronski*, in: Theorie und Praxis Objektiver Persönlichkeitstests, S. 53. Oder mit Kangs Worten: „Few people want to come off sounding like a racist." in: Are Ideal Litigators White?, Journal of Empirical Legal Studies, 2010, Vol. 7, Nr. 4, S. 3.
95 *Greenwald/Nosek/Banaji*, Understanding and Using the Implicit Association Test: An Improved Scoring Algorithm, Journal of Personality and Social Psychology, 2003, Vol. 85, Nr. 2, S. 197.
96 Abrufbar unter: https://implicit.harvad.edu/implicit/germany/.
97 Beispiele variieren je nach Sprachraum/Kulturkreis, speziell für Deutschland verfügbar ist etwa der Wessiossi IAT oder der Deutschland-USA Länder IAT.
98 Zum Ablauf ausführlich *Kang/Dasgupta/Yogeeswaran/Blasi*, Are Ideal Litigators White?, Journal of Empirical Legal Studies, 2010, Vol. 7, Nr. 4, S. 5.
99 *Greenwald/Krieger*, Implicit Bias: Scientific Foundations, California Law Review, 2006, Vol. 94, Nr. 4, S. 952 f.

die Geschwindigkeit mit der die Versuchspersonen in den letzten beiden Aufgaben antworten.

bb) Ergebnisse der Messungen von Implicit Bias

Die Mehrheit der Probanden in den USA reagiert schneller, wenn Weiße und positive Wörter derselben Taste zugewiesen sind, als wenn Weiße derselben Taste wie negative Wörter zugeordnet werden. Seit 1998 haben mehr als 4.5 Millionen Menschen den IAT durchlaufen. Nach Auswertung dieser Tests steht fest, dass die meisten Menschen europäischer und asiatischer Herkunft einen *Implicit Bias* gegenüber Menschen mit dunklerer Hautfarbe haben.[100] Erstaunlicherweise gilt dies auch für Afro-Amerikaner, dort zeigt die Hälfte eine starke unbewusste Bevorzugung von Weißen.[101]

Die Bevorzugung der eigenen sozialen Gruppierung, d.h. in diesem Fall der eigenen Ethnie, lässt sich auch durch das Phänomen des sogenannten *In-Group Favoritism* bzw. *Out-Group Bias* erklären.[102] Wir neigen dazu, uns und unsere Umwelt in soziale Kategorien zu unterteilen. Die Gruppe, der wir uns selbst zugehörig fühlen, wird in der Sozialpsychologie als in-group bezeichnet, andere als sogenannte out-groups.[103] Der *Out-Group Bias* zeigt sich sogar in den Fällen, in denen die Zuteilung zu einer Gruppierung rein vom Zufall abhängt, wie etwa Zuteilung durch Münzwurf oder Los, und die Testpersonen keine Anhaltspunkte über die Zusammensetzung der Gruppe haben, der sie zugeteilt wurden.[104] Bereits die Schaffung sozialer Kategorien führt direkt zur Diskriminierung von out-groups. Zudem neigen wir dazu, out-groups als homogener wahrzunehmen (engl.: *Out-Group Homogeneity Effect*) als unsere eigene soziale Gruppierung und dadurch noch stärker auf Stereotype zurückzugreifen.[105]

---

100 http://med.stanford.edu/diversity/FAQ_REDE.html.
101 *Greenwald/Krieger*, Implicit Bias: Scientific Foundations, California Law Review, 2006, Vol. 94, Nr. 4, S. 956.
102 *Glaser*, Suspect Race, Position 1364.
103 *Glaser*, Suspect Race, Position 1364.
104 Man spricht dabei von sogenannten minimal groups effects, vgl. *Glaser*, Suspect Race, 1393.
105 *Park/Rothbart*, Perception of Out-Group Homogeneity and Levels of Social Categorization: Memory for the Subordinate Attributes of In-Group and

Glaser sieht darin die empirische Grundlage des „die sehen für mich alle gleich aus"- Effekts.[106]

Der Fakt allein, dass unbewusste Stereotype und Vorurteile existieren, stellt für sich genommen noch kein Problem dar. Problematisch ist viel eher, dass diese impliziten Abläufe sich, wie durch die obigen Beispiele veranschaulicht, auf unser tatsächliches Handeln auswirken (engl.: *Pervasiveness*). Die Auswertung zahlreicher IAT-Testergebnisse ergibt, dass *Implicit Bias* weit stärker mit unseren Entscheidungen und mit unserem Verhalten korreliert als bewusste Stereotype oder Vorurteile.[107] Recht häufig fallen *Explicit* und *Implicit Bias* sogar auseinander.[108] Besonders tückisch ist das Vorhandensein eines *Implicit Bias* vor allem deswegen, weil er Verhaltensweisen bedingen kann, die erheblich von unseren Überzeugungen und Prinzipien abweichen.[109] Unbewusste Stereotype führen dazu, dass sich unser Verhalten und unser Urteil gegenüber einer Person, die für uns mit einem gewissen Stereotyp behaftet ist, so ändert, als wäre die Person tatsächlich Träger einer solchen Eigenschaft.[110]

III. Heuristiken

Die *Implicit Bias*-Forschung ist verwandt mit der Thematik der sogenannten Heuristiken. Dabei handelt es sich um *gedankliche Abkürzungen* oder Daumenregeln.[111] Auch Stereotype gehören in diesem Sinne zu Heuristiken.[112] Die Grundprinzipen der Heuristiken sind Repräsentativität (engl.: *Representativeness*), Verfügbarkeit (engl.: *Availability*) und Verankerung

---

Out-Group Members, Journal of Personality and Social Psychology, 1982, Vol. 42, Nr. 6, S. 1051ff.
106 *Glaser*, Suspect Race, Position 1491.
107 *Greenwald/Poehlman/Uhlman/Banaji*, Understanding and Using the Implicit Association Test, Journal of Personality and Social Psychology, 2009, Vol. 97 Nr.1, S. 17 ff.
108 *Greenwald/Krieger*, Implicit Bias: Scientific Foundations, California Law Review, 2006, Vol. 94, Nr. 4, S. 959.
109 *Greenwald/Krieger*, Implicit Bias: Scientific Foundations, California Law Review, 2006 Vol. 94, Nr. 4, S. 951.
110 *Greenwald/Banaji*, Implicit Social Cognition: Attitudes, Self-Esteem, and Stereotypes, Psychological Review, 1995, Vol. 102, No. 1, S. 14.
111 *Jolls/Sunstein*, The Law of implicit bias, California Law Review, 2006, Vol. 74, S. 973.
112 *Martin/Glaser*, in: Debates on US Immigration, S. 497.

und Anpassung (engl.: *Anchoring and Adjustment*).[113] Diese Art des gedanklichen Überschlags führt in vielen Situationen zu guten Ergebnissen, in anderen Situationen werden dadurch aber systematische Fehler produziert.[114]

1. Repräsentativität

Repräsentativitäts-Heuristiken kommen dann zum Einsatz wenn Menschen die Frage der Wahrscheinlichkeit der Zugehörigkeit von Objekt A zu Klasse B beurteilen sollen.[115] Die Einschätzung erfolgt danach, inwieweit A repräsentativ für B ist. Dies wird am Beispiel der fiktiven Person Steve deutlich.[116] Laut Beschreibung eines ehemaligen Nachbarn ist Steve „schüchtern, zurückgezogen, stets hilfsbereit, jedoch hat er wenig Interesse an Menschen und seinem Umfeld". Anhand dieser Beschreibung soll eine Einschätzung erfolgen, ob Steve eher der Berufsgruppe Landwirt, Arzt, Handelsvertreter, Bibliothekar oder Pilot zugehört. Die Wahrscheinlichkeit, ob er einer dieser Berufsgruppen angehört, wird danach beurteilt, inwieweit er repräsentativ für die diese ist, also inwieweit er dem Stereotyp eines Bibliothekars entspricht.[117] Ein Punkt, der meist nicht in die Entscheidung einbezogen wird, jedoch höchst aufschlussreich ist, ist die Frage nach der *Base-Rate Frequency*, nämlich in diesem Fall, dass es sehr viel mehr Landwirte als Bibliothekare gibt. Es ist daher wahrscheinlicher, dass Steve Landwirt als Bibliothekar ist.[118]

---

113 Grundlegend hier *Tversky/Kahneman*, Judgment under Uncertainty: Heuristics and Biases, Science, New Series, Vol. 185, Nr. 4157, S. 1124 ff.
114 *Tversky/Kahneman*, Judgement under Uncertainty: Heuristics and Biases, Science, New Series, Vol. 185, Nr. 4157, S. 1124; *Jolls/Sunstein*, The Law of implicit bias, California Law Review, 2006, Vol. 74, S. 974.
115 *Tversky/Kahneman*, Judgment under Uncertainty: Heuristics and Biases, Science, New Series, Vol. 185, Nr. 4157, S. 1124.
116 Vgl. ausführlich *Tversky/Kahneman*, Judgment under Uncertainty: Heuristics and Biases, Science, New Series, Vol. 185, Nr. 4157, S. 1124.
117 *Tversky/Kahneman*, Judgment under Uncertainty: Heuristics and Biases, Science, New Series, Vol. 185, Nr. 4157, S. 1124.
118 Zumindest in den USA, wo es deutlich mehr Farmen als Bibliotheken gibt.

Die Bedeutung der Einbeziehung dieses Faktes in die Überlegung wird am bekannten Linda-Beispiel deutlich.[119] Man weiß über Linda, dass sie 31 Jahre alt, ledig und intelligent ist. Sie hat einen Abschluss in Philosophie, war in ihrer Studienzeit in der Frauenrechtsbewegung aktiv und hat an Anti-Atomkraft Demonstrationen teilgenommen. Aufgabe der Testpersonen ist es nun, eine Einschätzung über Linda abzugeben. Es wird danach gefragt, ob Linda eher (a) eine Bankangestellte ist oder (b) eine Bankangestellte ist und sich für Frauenrechte einsetzt.

Die meisten Befragten schätzen, auf Grund der zuvor gemachten Angaben über Lindas Person, dass die richtige Antwort b) sei, nämlich dass Linda eine Bankangestellte sei, die sich für Frauenrechte einsetzt. Antwort b) scheint plausibler, da sie konkreter und plastischer ist.[120] Schließlich war Linda bereits als Philosophiestudentin politisch aktiv und setzte sich für Frauenrechte ein. Ihr Studienfach und der Beruf der Bankangestellten stehen in keinem direkten Zusammenhang, so dass die Angabe über ihre Interessen umso wichtiger erscheinen. Genau hier liegt aber ein systematischer Fehler. Die Wahrscheinlichkeit, dass Antwort (a) richtig ist, ist schon deshalb höher, weil es weit mehr Bankangestellte gibt als Bankangestellte, die sich für Frauenrechte (b) einsetzen. Denn auch Bankanstellte, die sich für Frauenrechte engagieren, fallen unter die Kategorie Bankangestellte. Je konkreter die mögliche Beschreibung von Linda gefasst ist, desto unwahrscheinlicher ist sie auch.[121]

2. Verfügbarkeit

In manchen Situationen fällen Menschen eine Entscheidung über die Wahrscheinlichkeit oder Häufigkeit eines Ereignisses abhängig davon, wie schnell oder leicht sie sich an ein ähnliches Ereignis erinnern.[122] Allerdings wird die gedankliche Verfügbarkeit von Informationen auch von anderen Faktoren als der Wahrscheinlichkeit und Häufigkeit beeinflusst. Vor allem ein Hervortreten eines bestimmten Ereignisses im Sinne von Nicht-Alltäglichkeit

---

119 *Kahneman*, Thinking fast and slow, S. 78.
120 *Watzenberg*, Der homo oeconomicus und seine Vorurteile, S. 71.
121 Ebenda.
122 *Tversky/Kahneman*, Judgment under Uncertainty: Heuristics and Biases, Science, New Series, Vol. 185, Nr. 4157, S. 1124.

kann die Abrufbarkeit von Informationen beeinflussen.[123] Ein Haus brennen zu sehen anstatt lediglich über einen Brand in der Zeitung zu lesen, erhöht das subjektive Empfinden der Wahrscheinlichkeit eines solchen Ereignisses.

3. Anpassung und Verankerung

In vielen Situationen orientieren sich Menschen an einem Ausgangswert, wenn sie Schätzungen abgeben müssen, und passen ihre Entscheidung dementsprechend an.[124] Allerdings sind diese Anpassungen meist unzureichend.[125] Problematisch ist, dass auch offensichtlich zufällige Anker das Ergebnis beeinflussen können. In einem Experiment mussten Testpersonen zunächst ein Glücksrad mit Zahlen drehen und dann die Zahl des prozentualen Anteils von afrikanischen Staaten in den Vereinten Nationen schätzen. Nach einer hohen Glücksradzahl lag die Schätzung deutlich höher als nach einer niedrigen Glücksradzahl, obwohl den Teilnehmern die Zufälligkeit der Zahl durchaus bewusst war.[126]

IV. System I und System II – Zwei-Prozesse-Theorie

In den letzten Jahren hat sich in der Kognitionswissenschaft eine Linie herausgebildet, die unsere Gedankenprozesse im Wesentlichen in zwei Kategorien gliedert – reflektierte und intuitive Entscheidungen.[127] Bildhaft spricht man daher von zwei Systemen. System I ist für schnelles, intuitives und automatisches Entscheiden zuständig.[128] Es läuft quasi unbemerkt im Hintergrund und erfordert keine große gedankliche Anstrengung.[129] System II dagegen wird mit Kontrolle und Konzentration assoziiert und beschäftigt sich mit Berechnungen, Abwägungen und abstraktem Denken. Im Vergleich

---

123 Ebenda, S. 1127.
124 Ebenda, S. 1128.
125 Ebenda.
126 Ebenda.
127 Eine Übersicht über die Entwicklung der Dual-Process Theorie vgl. *Stanovich/ West*, Individual differences in reasoning: Implications for the rationality debate?, Behavioral and Brain Sciences, 2000, Vol. 23, S. 659.
128 *Kahneman/Frederick*, in: Heuristics and Biases, S. 51, Tabelle 2.1.
129 *Kahneman*, Thinking fast and slow, S. 20.

zu System I ist System II deutlich langsamer.[130] Dementsprechend sind System I-Abläufe auch fehleranfälliger.[131] Häufig kann auch eine intuitive, vorschnelle System I Entscheidung durch System II korrigiert werden.[132] Nach der Zwei-Prozesse-Theorie kann demnach System I schnell eine intuitive Antwort vorschlagen, System II überwacht die Qualität einer solchen Antwort und unterstützt diese dann, korrigiert sie oder hebt sie ganz auf.[133] So können Menschen beispielsweise beim Anblick eines großen Schäferhundes intuitiv zu der Überzeugung gelangen, dass es sich dabei um ein gefährliches Tier handelt. Diese Entscheidung könnte jedoch dadurch korrigiert werden, dass der Besitzer versichert, dass es sich um ein Tier mit freundlichem Wesen handelt.[134] Immer funktioniert dieser Korrektor jedoch nicht.

Die Erkenntnisse aus der *Implicit-Bias-Forschung* lassen sich innerhalb der Zwei-Prozesse-Theorie als Teil eines klassischen System I-Ablaufs einordnen.[135] Unterbewusste Stereotype und Vorurteile sind üblicherweise automatische Reaktionen, die charakteristisch für System I sind.

Übersicht über Aufgabe und Charakteristika von System I und System II[136]

System 1	System 2
Unconscious reasoning	Conscious reasoning
Implicit	Explicit
Automatic	Controlled
Low effort	High effort
Large capacity	Small capacity
Rapid	Slow
Default process	Inhibitory

---

130 *Kahneman/Frederick*, in: Heuristics and Biases, S. 51, Tabelle 2.1.
131 *Jolls/Sunstein*, The Law of implicit bias, California Law Review, 2006, Vol. 74, S. 974.
132 *Kahneman/Frederick*, in: Heuristics and Biases, S. 51.
133 Ebenda.
134 Vgl. *Jolls/Sunstein*, The Law of implicit bias, California Law Review, 2006, Vol. 74, S. 974.
135 *Jolls/Sunstein*, The Law of implicit bias, California Law Review, 2006, Vol. 74, S. 975.
136 *Kahneman*, Thinking fast and slow, S. 90.

System 1	System 2
Associative	Rule based
Contexutalized	Abstract
Domain specific	Domain general
Evolutionary old	Evolutionary recent
Nonverbal	Linked to language
Includes recognition, perception, orientation	Includes rule following, comparisons, weighing options
Modular cognition	Fluid intelligence
Independent of working memory	Limited by working memory capacity
Non-logical	Logical
Parallel	Serial

V. Kognitionswissenschaftliche Studien und Racial Profiling

Die meisten Experimente und sich daraus ergebenden Forschungserkenntnisse stammen aus den Bereichen *Gender* und *Racial Bias*. Speziell aus den Erkenntnissen im Bereich des *Racial Bias* lassen sich viele Rückschlüsse für die *Racial-Profiling-Debatte* ziehen. Dort wird deutlich, wie sehr sich unser Unbewusstsein auf den alltäglichen Umgang mit Menschen anderer ethnischer Gruppierungen auswirkt.

1. Wahrnehmungsbeispiele[137]

Eine der ersten *Implicit-Bias-Studien* zeigt eindrucksvoll, wie sehr sich die menschliche Wahrnehmung von impliziten Vorurteilen und Stereotypen leiten lässt.

Die der Studie zugrundeliegende These der Forscher war, dass ethnische Zugehörigkeit unsere Wahrnehmung einer grundsätzlich mehrdeutigen Situation beeinflusst. Aufgabe der durchweg weißen Testpersonen war es, den mehr- oder doppeldeutigen physischen Kontakt zwischen zwei Personen zu

---

[137] Ausführlich zu diesen Beispielen vgl. *Richardson*, Police Efficiency and Fourth Amendment, Indiana Law Journal, Vol. 87, S. 1148.

deuten.[138] Dazu sahen die Testpersonen eine Videoaufzeichnung, in der zwei Männer eine hitzige Diskussion führen. Die Testpersonen wussten dabei nicht, dass es sich bei den Männern um Schauspieler handelte, deren Handlungen einem Skript folgten. An einer Stelle der Aufzeichnungen schubst einer der Männer den anderen. Aufgabe der Testpersonen war es nun, dieses Verhalten zu bewerten. Mögliche vorgegebene Bewertungskategorien für das Gesehene waren dabei herumalbernd, dramatisch, aggressiv oder gewalttätig.

Wie von den Wissenschaftlern vorhergesehen, stuften die Testpersonen das Verhalten nur zu 13 % als aggressiv ein, wenn die Personen im Video weiß waren. Wenn jedoch beide Männer schwarz waren, gingen 69 % der Testpersonen davon aus, dass es sich um aggressives Verhalten handelte. War der Aggressor weiß und das Opfer schwarz, gingen lediglich 17 % der Testpersonen von aggressivem Verhalten aus, andersherum dagegen 75 %.[139]

Ein weiteres, aktuelleres Beispiel brachte ähnliche Ergebnisse zu Tage. In diesem Experiment wurden mit einer Software menschliche Gesichter geschaffen, die nicht eindeutig einer Rasse zuordenbar sind (engl.: *Racially Ambigious*), indem Haarfarbe, Hautfarbe und Gesichtszüge manipuliert wurden.[140] Die Gesichter wurden dann weiter dementsprechend verändert, dass zwei Versionen erstellt wurden, eine davon mit eindeutig feindseligem Gesichtsausdruck, die andere mit freundlichem Gesichtsausdruck. Ergebnis der Studie war, dass die 20 weißen Testpersonen (amerikanische Studenten, 8 davon Frauen), wenn ihnen ein Gesicht mit feindseligem Gesichtsausdruck gezeigt wurde, die Person eher als schwarz kategorisierten denn als weiß.[141]

---

138 *Duncan*, Differential Social Perception and Attribution of Intergroup Violence: Testing the Lower Limits of Stereotyping of Blacks, Journal Personality and Social Psychology, 1976, Vol. 34, Nr. 4, S. 590 ff.
139 *Duncan*, Differential Social Perception and Attribution of Intergroup Violence: Testing the Lower Limits of Stereotyping of Blacks, Journal Personality and Social Psychology, 1976, Vol. 34, Nr. 4, S. 595.
140 *Hugenberg/v. Bodenhausen*, Ambiguity in Social Categorization, Psychological Science, 2004, Vol. 15, Nr. 5, S. 343.
141 *Hugenberg/v. Bodenhausen*, Ambiguity in Social Categorization, Psychological Science, 2004, Vol. 15, Nr. 5, S. 343.

In einem anderen Experiment mussten weiße Sechstklässler in vier unterschiedlichen Szenarien das doppeldeutige Verhalten von Personen bewerten.[142] In zweien davon kam es zu physischem Kontakt (Anrempeln im Gang und das Anstupsen eines Schülers im Klassenzimmer), in den anderen nicht (einen anderen Schüler um Essen bitten und einen Stift ausleihen, ohne zu fragen). Auch hier war Ergebnis der Studie, dass grundsätzlich unverfängliche Verhaltensweisen von Schwarzen als bedrohlicher eingestuft wurden als von Weißen. Weiße und schwarze Schulkinder gaben dabei, wie schon beim Race-IAT zu beobachten war, ähnliche Einschätzungen ab[143].

2. Shooter-Bias-Experiment

Eine der folgenschwersten Auswirkungen von *Implicit Racial Bias* stellt das sogenannte *Shooter Bias* dar. In den vergangenen Jahren wurden diese Art des *Bias* und seine Folgen vor allem in Zusammenhang mit den Geschehnissen um die Fälle von Trayvon Martin[144] und Michael Brown[145] heftig diskutiert.

Der Psychologe Joshua Correll entwickelte eine Testreihe, um herauszufinden, ob die Entscheidung, auf eine vermeintlich bewaffnete Person zu schießen, durch die ethnische Herkunft dieser Person beeinflusst wird.[146] Anlass dafür war die im Anschluss an Amadou Diallos Tod entstandene Diskussion darüber, ob die Polizisten auch geschossen hätten, hätte es sich bei Diallo nicht um einen Schwarzen, sondern um einen Weißen gehandelt.[147]

---

142 Ausführlich *Sager/Schofield*, Racial and Behavioral Cues in Black and White Children's Perceptions of Ambiguously Aggressive Acts, Journal of Personality and Social Psychology, 1980, Vol. 39, Nr. 4, S. 590ff.
143 *Sager/Schofield*, Racial and Behavioral Cues in Black and White Children's Perceptions of Ambiguously Aggressive Acts, Journal of Personality and Social Psychology, 1980, Vol. 39, Nr. 4, S. 596.
144 Trayvon Martin wurde in Sanford, Florida von einem Nachbarschaftswachmann niedergeschossen. Der Wachmann berief sich auf Notwehr. Trayvon Martin war unbewaffnet.
145 Michael Brown wurde am 09.08.2014 nach einer Tätlichkeit gegen einen Polizisten von diesem niedergeschossen. Michael Brown selbst war unbewaffnet.
146 *Correll/Park/Judd/Wittenbrink*, The Police Officer's Dilemma, Journal of Personality and Social Psychology, 2002, Vol. 83, No. 6, S. 1314.
147 Zu den genauen Umständen vgl. Einleitung.

Amadou Diallo, ein schwarzer Einwanderer aus Ghana, wurde vor seiner New Yorker Wohnung mit 41 Schüssen von Polizeibeamten niedergeschossen, weil diese Diallo zunächst mit einem gesuchten Serienvergewaltiger verwechselt hatten und dann fälschlicherweise annahmen, Diallo würde, nachdem sie ihn aufgefordert hatten, seine Hände zu heben, nach einer Waffe greifen, während dieser lediglich sein Portemonnaie aus der Hosentasche ziehen wollte.[148]

Anknüpfungspunkt für Corrells Experiment an Amadou Diallos Tod war Diallos uneindeutiges Verhalten, nämlich das In-die-Tasche-Greifen, welches seitens der Polizisten als Rechtfertigung für die Entscheidung zu schießen herangezogen wurde. Dadurch, dass es für den Schützen nicht ersichtlich war, was genau Diallo versuchte aus seiner Tasche zu ziehen, musste dieser auf andere Information zurückgreifen, um eine Entscheidung zu treffen. Genau hier könnte ein Einfallstor für *Implicit Racial Bias* liegen.

Bereits zuvor gab es Studien zum Thema Assoziation schwarze Hautfarbe – Waffe.[149] Diese kamen zu dem Ergebnis, dass durch ein *Priming*, d.h. das Zeigen von Afro-Amerikanischen Gesichtern, die weißen Testpersonen Waffen von anderen Handwerkzeugen unterscheiden konnten. Correll's Studie unterscheidet sich jedoch insoweit von den vorherigen Experimenten, als dass dabei nicht ein gedanklicher Kategorisierungsprozess erkennbar ist, sondern tatsächliches aktives Verhalten, das Ergebnis ist.[150] Im Rahmen seiner *Shooter-Bias-Studie* erschufen Cornell und seine Kollegen eine Videosimulation, in der nach Zufallsprinzip abwechselnd ein weißer oder dunkelhäutiger Mann in verschiedenen Posen vor unterschiedlichen Hintergründen mit einem Gegenstand in der Hand auftauchte. Dieser Gegenstand war entweder eine Waffe oder ein harmloser Gegenstand wie eine Cola-Dose oder ein Portemonnaie. Ergebnis dieser Studie war, dass die Testpersonen, alle von ihnen weiße männliche Studenten, erheblich schneller schossen,

---

148 *Correll/Park/Judd/Wittenbring*, The Police Officers Dilemma: Using Ethnicity to Disambiguate Potentially Threatening Individuals, Journal of Personality and Social Psychology, 2002, Vol. 83, Nr. 6, S. 1314.
149 *Payne*, Prejudice and Perception, Journal of Personality and Social Psychology, Vol. 81, Nr. 2, S. 181ff.
150 *Correll/Park/Judd/Wittenbrink*, The Police Officer's Dilemma, Journal of Personality and Social Psychology 2002, Vol. 83, No. 6, S. 1325.

wenn es sich bei der Zielperson um einen dunkelhäutigen Mann handelte als um einen Weißen.[151]

a) Ablauf

Die Basis des Experiments war eine Videosimulation, ähnlich einem Computerspiel, in der die Testpersonen die Anweisung bekamen, den Knopf „Schießen" zu drücken, wenn sie einer bewaffneten Person gegenüberstanden und den Knopf „nicht Schießen" zu drücken, wenn ihr Gegenüber unbewaffnet war. Nach dem Zufallsprinzip wurden in der Videosimulation schwarze oder weiße Personen vor einem neutralen Hintergrund (Haus, Park etc.) eingeblendet, die entweder eine Waffe oder einen harmlosen Gegenstand in der Hand hielten.

Das Experiment wurde mit *vier Vergleichsgruppen* von Testpersonen durchgeführt.

Gruppe 1 waren 40 weiße Collegestudenten (24 weiblich, 16 männlich). Vor Beginn der Videosimulation wurde ihnen erklärt, dass sie auf die Gesichter der eingeblendeten Personen achten sollten, da ihre Wiedererkennungsfähigkeiten im Anschluss getestet würde.[152]

Gruppe 2 waren 44 weiße Collegestudenten (33 weiblich, 11 männlich), die alle bezahlt wurden. Zusätzlich wurde ihnen erklärt, dass sie für gute Leistung im Experiment, d.h. durch das Erzielen von Punkten, zusätzliches Geld verdienen könnten (bis zu $20). Bei schlechter Leistung würde ihnen von ihrem Grundverdienst von $10 etwas abgezogen (bis zu $4). Um die Fehlerquote zu erhöhen, wurde zusätzlich das Zeitfenster für die „shoot – don't shoot" -Entscheidung von 850ms auf 630ms verkürzt.

Gruppe 3 setze sich aus 48 Collegestudenten (26 weiblich, 22 männlich) zusammen, die vor der Videosimulation einige Fragebögen zum Thema Vorurteile und Stereotype gegenüber Afro-Amerikanern (Modern Racism Scale, Discrimination and Diversity Scale und Motivation to Control Prejudice Responding Scale) beantworteten. Anschließend musste diese Gruppe eine

---

151 *Correll/Park/Judd/Wittenbring,* The Police Officers Dilemma: Using Ethnicity to Disambiguate Potentially Threatening Individuals, Journal of Personality and Social Psychology, 2002, Vol. 83, Nr. 6, S. 1314.

152 *Correl/Park/Judd/Wittenbrink,* The Police Officer's Dilemma, Journal of Personality and Social Psychology 2002, Vol. 83, No. 6, S. 1317.

eigene Einschätzung darüber abgeben, für wie aggressiv, gewalttätig oder aggressiv sie Afro-Amerikaner und Weiße halten. Dann mussten die Teilnehmer der 3. Gruppe noch eine Einschätzung darüber abgeben, wie sie die meisten weißen Amerikaner Afro-Amerikaner einschätzen würden. Weiter wurden die Testpersonen gefragt, wie viel Kontakt sie zu schwarzen Mitbürgern haben bzw. wie gut sie diese kennen. Um vom Fokus der Studie abzulenken, wurden noch einige andere thematisch unabhängige Fragen eingestreut.

Die letzte Versuchsgruppe *Gruppe 4* bildeten 52 Erwachsene (25 Afro-Amerikaner, davon 6 weiblich und 19 männlich, sowie 21 weiße Amerikaner, davon 8 weiblich und 13 männlich, 1 Asiate und 4 Latinos), die an Bushaltestellen und in Einkaufszentren in Denver, Colorado, gegen eine Bezahlung von $5 rekrutiert wurden.

b) Ergebnis

Ergebnis aller Tests war, dass, wenn die Zielperson *unbewaffnet* war, die Testpersonen schneller und eher auf sie schossen, wenn die Person Afro-Amerikaner war. War die Zielperson dagegen *bewaffnet*, schossen die Teilnehmer fälschlicherweise eher nicht, wenn die Zielperson weiß war, als wenn sie schwarz war.[153] Dieses Ergebnis ist konsequent, wenn man die Erkenntnis aus vorherigen Studien berücksichtigt, dass Menschen die ethnische Herkunft einer Person als Indikator dafür benutzen, als wie gefährlich sie ihre Gegenüber einschätzen.[154]

Interessant waren besonders die Ergebnisse der Versuchsgruppe 3, die zuvor Fragebögen beantwortet hatte. Dabei kam heraus, dass kein Zusammenhang zwischen persönlichen Vorurteilen und *Shooter Bias* besteht, sondern vielmehr, dass das Wissen um kulturelle negative Stereotype mit *Shooter Bias* korreliert.[155] Dieses Ergebnis kann auf zweierlei Arten erklärt werden.

---

153 Einzelnachweise: S. 1317; S. 1319; 1322.
154 *Correll/Park/Judd/Wittenbrink,* The Police Officer's Dilemma, Journal of Personality and Social Psychology 2002, Vol. 83, No. 6, S. 1320.
155 *Correll/Park/Judd/Wittenbrink,* The Police Officer's Dilemma, Journal of Personality and Social Psychology 2002, Vol. 83, No. 6, S. 1323.

Zum einen besteht die Möglichkeit, dass die Testpersonen bei den Fragebögen in Bezug auf die eigene Einschätzung von Afro-Amerikanern bewusst ihre Stereotype und Vorurteile verschwiegen bzw. abgeschwächt haben. Offen Vorurteile gegen schwarze Mitbürger zu haben, ist nicht unbedingt sozialverträglich. Es ist daher gut vorstellbar, dass, sollten solche Vorurteile auf bewusster Ebene vorhanden sein, die Betroffenen sie jedoch nicht laut – nicht einmal in einem anonymen Fragebogen – äußern würden. Stattdessen erscheint es wahrscheinlich, dass die Testpersonen ihre eigenen Vorurteile dadurch zum Ausdruck bringen, dass sie sie als kulturelle Stereotype – die eigentlich frei von sozial angepassten Wunschvorstellungen sein sollten – ausgeben.

Eine andere Möglichkeit, die Korrelation *Shooter Bias* und kultureller Stereotyp zu erklären, ist, dass das bloße Wissen um einen negativen Stereotyp, und nicht die eigene persönliche Überzeugung von dessen Richtigkeit, mit anderen Worten ein eigenes Vorurteil, bereits zu *Shooter Bias* führt. Aufschluss darüber gibt letztlich das Testergebnis der Versuchsgruppe 4, die auch Afro-Amerikaner enthalte. Auch hier wurde ein identischer *Shooter Bias* festgestellt, was die Vermutung stützt, dass es sich beim sogenannten kulturellen Stereotyp in Studie 3 nicht nur um einen getarnten negativen persönlichen Stereotyp handelt, sondern tatsächlich eine direkte Verbindung zwischen Wissen um die Existenz eines Stereotyps und *Shooter Bias* gibt, da nicht davon auszugehen ist, dass schwarze Amerikaner persönliche negative Vorurteile gegen die Gesamtgruppierung „Afro-Amerikaner" haben.[156] Als Teil der US-amerikanischen Gesellschaft sind sie sich jedoch über den kulturellen Stereotyp, dass schwarze Amerikaner als gewalttätig gelten, durchaus bewusst, so dass auch schwarze Amerikaner denselben *Shooter Bias* wie ihre weißen Mitbürger aufweisen.

Correll stellt bei der Frage nach dem Zustandekommen des *Shooter Bias* eine Parallele zum *Stroop Effekt* fest[157]. Dieser sogenannte *Stroop Effekt* zeigt sich in einem Experiment, in dem Versuchspersonen die Tintenfarbe, in der ein Wort geschrieben ist, identifizieren müssen (z.B. grüne Tintenfarbe).

---

156 *Correll/Park/Judd/Wittenbrink,* The Police Officer's Dilemma, Journal of Personality and Social Psychology 2002, Vol. 83, No. 6, S. 1325.
157 Ausführlich zum Stroop Effekt *Stroop,* Studies of interference in serial verbal reactions, Journal of Experimental Psychology, 1935, Vol. 18, S. 643ff.

Teilnehmer zeigen keine Probleme, wenn das Wort GRÜN der Tintenfarbe Grün entspricht, oder das Wort (z.B. EIER) überhaupt keinen Bezug zu einer Farbe aufweist. Erhebliche Probleme zeigen die Teilnehmer jedoch dann, wenn das Wort selbst sich auf eine andere Farbe bezieht (z.B. das Wort ROT in grüner Tintenfarbe). Laut Correll entspricht dies im Groben auch dem unterbewussten Prozess, der dem *Shooter Bias* zu Grunde liegt: Dort wird der Versuchsperson in der Videosimulation eine Information präsentiert, die wichtig ist, um eine gedankliche Entscheidung zu treffen (hier Gegenstand, beim *Stroop Experiment* Tintenfarbe), sowie irrelevante Information (hier die Ethnizität, beim *Stroop Experiment* der Wortname). In beiden Fällen müssen die Versuchspersonen die Informationen verarbeiten und in beiden Fällen behindert die unwichtige Information die Fähigkeit der Teilnehmer, die relevante Information korrekt zu verarbeiten. Eine Erklärung dafür, warum dies geschieht, sehen Wissenschaftler darin, dass wir unterschiedlich vertraut mit den zwei verschiedenen Aufgaben sind. Während wir geübte Leser sind und dies quasi unbewusst abläuft, werden wir mit der Aufgabe, die Tintenfarbe zu benennen, eher selten konfrontiert. Ähnlich ist es im *Shooter-Bias-Experiment*. Während wir den Kategorisierungsprozess von Menschen in ethnische Gruppierungen ständig vornehmen,[158] ist das Erkennen von Waffen für die meisten Menschen eine höchst seltene Aufgabe.

Auch mit der Zwei-Prozesse-Theorie lassen sich die Ergebnisse erklären. Typische automatische Aufgaben, mit denen sich *System 1* beschäftigt, sind etwa, die Entfernung zwischen zwei Objekten einzuschätzen, ein Geräusch einer Richtung zuordnen, Feindseligkeit am Tonfall einer Person erkennen oder Worte auf großen Anzeigentafeln zu lesen. Auch das Einordnen einer Person in eine ethnische Gruppe gehört zu dieser Art von gedanklicher Aktivität, für die System 1 zuständig ist. Das schnelle assoziative Denken von System 1 ist zum großen Teil angeboren. Von Geburt an können wir Objekte wahrnehmen und Geräusche einer Richtung zuordnen.[159] Andere gedankliche Abläufe werden durch dauernde Übung schnell und automatisch. System 1 kann etwa die Verknüpfung von Ideen erlernen (Hauptstadt von Frankreich?). Darunter fallen auch kulturelle Stereotype, die mit Verständnis von Kultur

---

158 *Correll/Park/Judd/Wittenbrink*, The Police Officer's Dilemma, Journal of Personality and Social Psychology 2002, Vol. 83, No. 6, S. 1325.
159 *Kahneman*, Thinking fast and slow, S. 22.

und Sprache einhergehen. Das Wissen über diese ist in unserem Gedächtnis angelegt und gespeichert und wird ohne Absicht und Anstrengung aktiviert.[160] Der Zugriff auf dieses Wissen erfolgt derart automatisch, dass wir keine Möglichkeit haben, dies bewusst zu unterbinden. So wie wir nicht absichtlich „nicht wissen" können, was 2+2 ergibt und dass Paris die Hauptstadt von Frankreich ist, genauso wenig können wir uns unserem unbewussten Wissen über kulturelle Stereotype entziehen.[161] Dadurch, dass den Testpersonen in Corrells Experiment nur ein sehr kurzes Zeitfenster[162] gewährt wurde, in dem sie ihre Entscheidung fällen mussten, kam lediglich System 1 zum Einsatz, da System 2 wesentlich langsamer ist.[163]

3. Gesteigerte Aufmerksamkeit gegenüber ethnischen Minderheiten

Forschungsergebnisse der Kognitionswissenschaft belegen, dass dunkelhäutige Menschen, insbesondere junge Männer mit dunkler Hautfarbe, mehr Aufmerksamkeit auf sich ziehen als Weiße.[164] Dieses Phänomen wird unter dem Stichwort *Attentional Bias* behandelt.[165] Grund dafür ist mitunter die stereotypische Assoziation von Männern mit schwarzer Hautfarbe und Gefährlichkeit beziehungsweise Verbrechen.[166] Diese Wahrnehmung

---

160 Ebenda.
161 *Kahneman*, Thinking fast and slow, S. 22
162 850ms, wurde dies überschritten gab es 10 Punkte Abzug, Vergleichsgruppe 2 hatte sogar nur ein Zeitfenster von 630ms.
163 *Kahneman*, Thinking fast and slow, S. 28.
164 *Trawalter/Todd/Baird/Richeson*, Attending to Threat: Race-based patterns of selective attention, Journal of Experimental Social Psychology, 2008, Vol. 44, S. 1322 ff. *Donders/Correll/Wittenbrink*, Danger stereotypes predict racially biased attention allocation, Journal of Experimental Social Psychology, 2008, Vol. 44, 1328 ff.
165 Ausführlich hierzu *Eberhardt/Goff/Purdie/Davies*, Seeing Black: Race, Crime, and Visual Processing, Journal of Personality and Social Psychology, 2004, Vol.87, Nr. 6, S. 876 ff; *Trawalter/Todd/Baird/Richeson*, Attending to Threat: Race-based patterns of selective attention, Journal of Experimental Social Psychology, 2008, Vol. 44, S.1322 ff.
166 *Trawalter/Todd/Baird/Richeson*, Attending to Threat: Race-based patterns of selective attention, Journal of Experimental Social Psychology, 2008, Vol. 44, S. 1322.

führt nicht nur dazu, dass Dunkelhäutige – wie im vorherigen Kapitel aufgezeigt – eher als aggressiv wahrgenommen,[167] eines Verbrechens verdächtigt oder sogar eher fälschlicherweise beschossen werden (wenn sie wie im *Shooter-Bias-Experiment* zum Beispiel einen neutralen Gegenstand wie eine Cola-Dose in der Hand halten),[168] sondern eben auch dazu, dass sie eher Aufmerksamkeit auf sich ziehen.

Einen messbaren *Attentional Bias* zeigten etwa sogenannte *Dotprobe-Experimente*.[169] Hier wurde bei den Versuchspersonen zunächst ein unterschwelliges *Priming*[170] mit verbrechenstypischen Objekten (z.B. Waffen) vorgenommen und dann eine *Dotprobe-Aufgabe* durchgeführt, bei der gleichzeitig Bilder von zwei Gesichtern – eines schwarz, das andere weiß – eingeblendet wurden. Die Gesichter wurden schnell wieder ausgeblendet und stattdessen erschien anstelle eines der Gesichter ein Punkt. Ergebnis der Studie war, dass wenn der Punkt an der Stelle auftauchte, wo das schwarze Gesicht eingeblendet worden war, die Teilnehmer, die vorher mit verbrechenstypischen Gegenständen „geprimed" worden waren, den Punkt schneller erkannten als die Teilnehmer, die nicht mit verbrechenstypischen Gegenständen „geprimed" worden waren.[171] Die Aktivierung des Verbrechenskonzepts sorgte also dafür, dass schwarze Gesichter schneller wahrgenommen wurden.[172] Diese Studie führen, bezogen auf die USA,

---

167 *Sager/Schofield*, Racial and Behavioral Cues in Black and White Children's Perceptions of Ambiguously Aggressive Acts, Journal of Personality and Social Psychology, 1980, Vol. 39, Nr. 4, S. 596.
168 *Correll/Park/Judd/Wittenbring*, The Police Officers Dilemma: Using Ethnicity to Disambiguate Potentially Threatening Individuals, Journal of Personality and Social Psychology, 2002, Vol. 83, Nr. 6, S. 1314ff.
169 Dotprobe-Aufgaben werden in der Psychologie häufig zur Messung selektiver Aufmerksamkeit herangezogen und am Computer durchgeführt. Durch ein Fadenkreuz wird zunächst die Aufmerksamkeit der Versuchsperson auf die Mitte des Bildschirms gelenkt und dann werden zwei Reize (Bilder oder Wörter) eingeblendet.
170 Zum Begriff des Priming vgl. oben.
171 *Eberhardt/Goff/Purdie/Davies*, Seeing Black: Race, Crime, and Visual Processing, Journal of Personality and Social Psychology, 2004, Vol.87, Nr. 6, S. 876 ff.
172 *Eberhardt/Goff/Purdie/Davies*, Seeing Black: Race, Crime, and Visual Processing, Journal of Personality and Social Psychology, 2004, Vol.87, Nr. 6, S. 876 ff.

zu der erschreckenden Erkenntnis, dass nicht nur wie bereits zuvor beschrieben, Schwarze als kriminell wahrgenommen werden, sondern dass auch Kriminalität als typisch schwarzes „Konzept" gesehen wird (*Bidirectional Association*).[173] Zwar ist diese letzte Schlussfolgerung wohl schon auf Grund der speziellen geschichtlichen und gesellschaftlichen Entwicklung der schwarzen Bevölkerung in den USA nicht auf die deutsche Diskussion übertragbar, jedoch können zumindest in Ansätzen die Erkenntnisse über den *Attentional Bias* wohl übernommen werden.[174]

Neurowissenschaftlichen Studien zufolge richten Menschen ihre Aufmerksamkeit verstärkt auf Dinge, die sie als furchterregend empfinden. Schon seit langem ist bekannt, dass sogenannte biologische Angst-Stimuli wie Schlangen, Spinnen oder der wütende Gesichtsausdruck eines Gegenübers verstärkt unsere Aufmerksamkeit auf sich ziehen. Neuere Experimente ergeben nun, dass – ähnlich wie Schlangen oder Spinnen in vergleichbaren Experimenten – schwarze Männer als Angst-Stimulus wirken und dies wiederrum dazu führt, dass Menschen weißer Hautfarbe ihre Aufmerksamkeit stärker und schneller auf diese richten als auf Weiße.[175]

In diesen Angst-Stimuli-Studien wurden Testpersonen Bilder von fremden schwarzen und weißen Männern gezeigt.[176] Immer wenn die Testpersonen mit dem Bild eines Schwarzen konfrontiert wurden, zeigte sich mehr Aktivität in der sogenannten Amygdala. Die Amygdala – auch als Mandelkern bekannt – ist der Teil unseres Gehirns, der für die emotionale Einschätzung von Situationen und die Analyse von Gefahren zuständig ist.[177] Wird die Amygdala beispielsweise zerstört oder beschädigt, kann dies zum Verlust

---

173 Ebenda.
174 Ausführlich hierzu in Kapitel 4 unter dem Punkt „Problematik der Übertragbarkeit".
175 *Trawalter/Todd/Baird/Richeson,* Attending to Threat: Race-based patterns of selective attention, Journal of Experimental Social Psychology, 2008, Vol. 44, S. 1323.
176 *Phelps/O'Connor/Cunningham/Funayama/Gatenby/Gore/Banaji,* Performance on Indirect Measures of Race Evaluation Predicts Amygdala Activation, Journal of Cognitive Neuroscience, 2000, Vol. 12, Nr. 5, S. 729 ff.
177 *Phelps/O'Connor/Cunningham/Funayama/Gatenby/Gore/Banaji,* Performance on Indirect Measures of Race Evaluation Predicts Amygdala Activation, Journal of Cognitive Neuroscience, 2000, Vol. 12, Nr. 5, S. 729 ff; ausführlich zu den Abläufen in der Amygdala vgl. *Stanley/Phelps/Banaji,* The Neural Basis of

von Furcht- und Aggressionsempfinden führen. Infolgedessen können lebenswichtige Warn- und Abwehrreaktionen nicht mehr aktiviert werden.

Neurowissenschaftliche Studien belegen, dass der Grad der Amygdala-Aktivierung durch Race-IAT Ergebnisse vorhergesagt werden kann, jedoch nicht durch Abfrage von bewussten Stereotypen oder Vorurteilen bezüglich ethnischer Herkunft.[178] Das Vorhandensein von *Implicit Racial Bias* führt also zu einer verstärkten Amygdala-Aktivierung und diese wiederum dazu, dass dem entsprechenden Objekt des *Bias* mehr Aufmerksamkeit geschenkt wird. Je stärker also das *Implicit Racial Bias* einer Person ausgeprägt ist, desto schneller und stärker richtet sie unterbewusst ihren Fokus auf eine dunkelhäutige Person.[179]

VI. Rückschlüsse bezogen auf die Racial-Profiling-Thematik

Die Erkenntnisse, sowohl aus dem Wahrnehmungsexperiment als auch aus dem *Shooter-Bias-Experiment* zeigen, dass *Implicit Bias* im Umgang mit bestimmten ethnischen Gruppen durchaus relevant ist. Zusammengefasst lassen sich folgende Erkenntnisse mit Bezug zu Diskriminierung aus Gründen der ethnischen Zugehörigkeit aus der Kognitionswissenschaft festhalten:

1. Weiße haben einen *Implicit Racial Bias* gegenüber Dunkelhäutigen (*In-Group Favoritism* bzw. *Out-Group Bias*)
2. Weiße halten Dunkelhäutige für gefährlicher als Weiße
3. Menschen sind sich über diesen *Implicit Racial Bias* meist nicht bewusst
4. *Implicit Bias* wirkt sich auf unser Verhalten aus

Die *Racial-Profiling-Thematik* ist eine Schnittstelle all dieser Punkte. Denn auch Polizisten sind nicht vor den Auswirkungen unterbewusster Stereotype und Vorurteile gefeit. Zwar zeigt eine Studie von Corell, dass Polizisten im *Shooter-Bias-Experiment* auf Grund ihres Trainings weniger häufig einen

---

Implicit Attitudes, Current Directions in Psychological Science, 2008, Vol. 17, Nr. 2, S. 165.
178 *Alfinito Vieira/Graser*, Taming the Biased Black Box?, Oxford Journal of Legal Studies, 2014, S. 13.
179 *Donders/Correll/Wittenbrink*, Danger stereotypes predict racially biased attention allocation, Journal of Experimental Social Psychology, 2008, Vol. 44, S. 1332.

Schuss abgeben als die Vergleichsgruppe von Collegestudenten, jedoch zeigt sich auch bei ihnen ein deutlicher Zusammenhang zwischen *Implicit Bias* und Schießen[180].

Im Polizeialltag können sich zahlreiche Situationen ergeben, in denen unbewusste Stereotype und Vorurteile eine Rolle spielen, ohne auf den ersten Blick erkennbar zu sein. Die meisten Routineaufgaben im Rahmen der präventiven Polizeiarbeit sind geprägt durch das Erfordernis einer Gefahr. Wie konkret bzw. abstrakt diese zu sein hat, um ein polizeiliches Handeln zu rechtfertigen kommt auf den Einzelfall an. Aufgabe des einzelnen Polizisten ist es festzustellen, ob eine solche Gefahr gegeben ist. Dieser Punkt stellt ein Einfallstor für unbewusste Vorurteile dar, da dem Polizisten hier ein Beurteilungsspielraum bei der Interpretation der Lage zusteht.

Wie zuvor aufgezeigt, halten Weiße Dunkelhäutige meist für gefährlicher als andere Weiße, was dazu führen kann, dass ein Polizist das Verhalten eines Schwarzen anders interpretiert, als er das eines Weißen in derselben Situation interpretieren würde und so eher von einer Gefahr ausgeht, die polizeiliches Handeln erfordert.

1. Steuerbarkeit von Implicit Bias

Eine logische Folgefrage ist daher, ob sich *Implicit Bias* kontrollieren oder eindämmen lässt. Das größte Problem ist dabei, dass sich der Betroffene seines *Implicit Bias* bewusst nicht ist, jedoch trotzdem *unabsichtlich* sein Verhalten danach ausrichtet. Entscheidend ist daher, was genau *unabsichtlich* in diesem Zusammenhang bedeutet. Zum einen kann unabsichtlich bedeuten, dass der Betroffene etwas schlichtweg nicht beabsichtigt. Payne erklärt dies anschaulich[181] am Beispiel eines Professors, der über den Campus spaziert und in Gedanken versunken mit sich selbst spricht. Plötzlich fällt ihm dies auf, was ihn peinlich berührt und führt seinen Monolog innerlich leise fort. Eine andere Deutungsmöglichkeit für unabsichtlich könnte sein, dass

---

180 *Correll/Wittendbrink/Park/Judd/Sadler*, Across the Thin Blue Line: Police Officers and Racial Bias in the Decision to Shoot, Journal of Personality and Social Psychology, 2007, Vol. 92, Nr. 6, S. 1020–22.
181 *Payne/Lambert/Jacoby*, Best Laid Plans: Effects of goals on accessibility bias and cognitive control in race-based misperceptions of weapons, Journal of Experimental Social Psychology, 2002, Vol. 38, S. 385.

jemand etas *gegen seinen Willen* tut. Wenn derselbe Professor wieder über den Campus spaziert und sich seines Mit-Sich-Selbst-Redens bewusst wird, er jedoch nicht damit aufhören kann, egal wie sehr er es versucht, dann ist auch dieser Fall unabsichtlich.

Sollten die unbewussten Einflüsse sich unabsichtlich im Sinne des ersten Beispiels auf unser Verhalten auswirken, so müsste dies kontrollierbar sein, indem man bewusst seinen Fokus auf das Problem richtet. Beispielsweise müsste bei dem Experiment, in dem die Teilnehmer bei einem eingeblendeten Gegenstand erkennen müssen, ob es sich dabei um ein Werkzeug oder eine Waffe handelt, durch den Hinweis, dass sie bewusst nicht auf die Hautfarbe der zuvor eingeblendeten Personen achten sollen, der vorher beschriebene Effekt verschwinden. Überraschenderweise stellte Payne jedoch genau das Gegenteil fest: durch das bloße Erwähnen von „Rasse" oder Ethnie wurde der Effekt nur *verstärkt*. Dies war sowohl dann der Fall wenn den Versuchspersonen gesagt wurde, dass sie gar nicht auf die Hautfarbe achten sollen, als auch wenn ihnen gesagt wurde, dass sie nach einem *Racial-Profiling-Schema* vorgehen sollten.[182]

Außerdem wurde jedoch festgestellt, dass sich die Fehlerquote verringerte, wenn eine längere Zeit zum Verarbeiten der Informationen gegeben wurde.[183] Dieses Ergebnis bestätigt der Zwei-Prozesse-Theorie-Ansatz, demzufolge das langsamere, aber „klügere" System II den Automatismus von System I ablöst.[184]

Grundsätzlich kann *Implicit Racial Bias* daher nur bis zu einem gewissen Maße bewusst kontrolliert oder ausgeschaltet werden, nämlich vor allem durch Entschleunigung des Entscheidungsprozesses und komplettes Ignorieren der ethnischen Zugehörigkeit.[185] Würde man den Testpersonen im *Shooter-Bias-Experiment* etwa 30 Sekunden Zeit geben, um zu einer Entscheidung zu kommen, wäre die Fehlerquote in einem verschwindend

---

182   *Payne/Lambert/Jacoby*, Best Laid Plans: Effects of goals on accessibility bias and cognitive control in race-based misperceptions of weapons, Journal of Experimental Social Psychology, 2002, Vol. 38, S. 394.
183   Ebenda.
184   *Kahneman*, Thinking fast and slow, S. 26.
185   *Payne/Lambert/Jacoby*, Best Laid Plans: Effects of goals on accessibility bias and cognitive control in race-based misperceptions of weapons, Journal of Experimental Social Psychology, 2002, Vol. 38, S. 394.

geringen Prozentbereich, da sie dann nur danach entscheiden würden, ob das Gegenüber tatsächlich bewaffnet ist. Auf den Polizeialltag übertragen stellt dies jedoch ein vollkommen unrealistisches Szenario dar, da es bei Situationen, in denen Polizisten über den Gebrauch ihrer Schusswaffe entscheiden müssen, immer um Extremsituationen unter Zeitdruck geht.

Auch ein komplettes Ignorieren von phänotypischen Merkmalen der ethnischen Zugehörigkeit gestaltet sich schwierig. In vielen Bereichen ist es gut möglich, durch Anonymisierung von Daten (z.B. kein Foto auf der Bewerbung) Merkmale gänzlich auszublenden, die bekanntermaßen zu Diskriminierungen führen. Anschaulich wird dies am Beispiel von Orchesterbesetzungen, bei denen früher meist männlichen Bewerbern der Vorzug gegeben wurde. In den 90er Jahren führten viele Orchester ein blindes Vorspielen hinter einer Trennwand ein, so dass nicht erkennbar ist, ob ein Mann oder eine Frau spielt. Die Quote von Frauen in Orchestern stieg damit von 10 % auf 25 %.[186]

Genau dies ist jedoch im Polizeialltag quasi unmöglich. Da sich im typischen Polizeialltag gerade eben Polizei und Bürger direkt gegenüberstehen, müsste man bewusst versuchen, die Hautfarbe des Gegenübers zu ignorieren. Dadurch wird – wie im Experiment gezeigt – dass erst recht der Fokus auf diese gelenkt wird[187] (wie etwa bei der Anweisung „denken Sie jetzt nicht an einen weißen Elefanten").

2. Casuistry und ex-post Rationalisierung

Ein weiteres Phänomen, das sich im Zusammenhang mit *Implicit Bias* beobachten lässt, wird in der Literatur unter dem Stichwort *Casuistry* zusammengefasst. Dabei geht es im Wesentlichen um einen Prozess, der nach der durch *Bias* beeinflussten Entscheidung einsetzt. *Casuistry* beschreibt den ex-post Rationalisierungsprozess, in dem unvoreingenommene Kriterien konstruiert werden, um die Entscheidung zu rechtfertigen.[188] Dies macht es noch schwieriger, diskriminierendes Verhalten zu identifizieren und zu verhindern.

---

186 http://www.theguardian.com/women-in-leadership/2013/oct/14/blind-auditions-orchestras-gender-bias; http://www.nber.org/papers/w5903.pdf.
187 S. 41.
188 *Alfinito Vieira/Graser*, Taming the Biased Black Box?, Oxford Journal of Legal Studies, 2015, S. 17.

Wichtig ist, dass auch diese ex-post Rationalisierung auf unterbewusster Ebene stattfindet. Es handelt sich also nicht um eine bewusste Verschleierung rassistischer Beweggründe. Stattdessen geht es auch bei *Casuistry* darum, dass die betroffene Person im Zweifel auf expliziter Ebene frei von Vorurteilen ist und egalitäre Wertvorstellungen unterstützt.[189] In einem Beispiel, bei dem Testpersonen über die fiktive Zulassung von weißen und schwarzen Collegebewerbern entscheiden sollten, wurde etwa festgestellt, dass die Testpersonen bei Bewerbungen mit gemischten akademischen Erfolgen (z.B. hoher GPA aber niedriger Score bei College Boards) weißen Bewerbern den Vorzug gaben. Die Testpersonen gewichteten widersprüchliche Kriterien so, dass sie eine Diskriminierung der schwarzen Bewerber rechtfertigten.[190]

Zusammenfassend lässt sich also feststellen, dass das bloße Wissen um *Implicit Bias* nicht ausreicht, um eine Beeinflussungen unserer Handlungen durch solchen völlig zu vermeiden. Stattdessen müssen wir einen Weg finden, im polizeilichen Alltag Regelungen zu schaffen, die unser unbewusstes *Bias* berücksichtigen, um so möglichen *Racial Profiling* Fällen vorbeugen zu können.[191]

Ein erster Schritt, der durch die neuen Erkenntnisse aus der Kognitionswissenschaft zwingend erscheint, ist das Aufgeben der Annahme, dass es sich bei *Racial Profiling* immer um eine bewusste Diskriminierung, ausgelöst von offenen rassistischen Motiven, handelt. Die ethnische Herkunft einer Person kann auch dann ein Faktor sein, der im Polizeialltag de-facto zu einer Diskriminierung führt, wenn dies vom handelnden Polizisten gar nicht beabsichtigt ist. Nichtsdestotrotz handelt es sich dabei um eine Benachteiligung bestimmter Bevölkerungsgruppen.

Um potentielles *Racial Profiling*, sei es durch *Implicit Bias* verursacht oder bewusst gesteuert, eindämmen zu können, müssen zunächst die Situationen herausgearbeitet werden, die eine besondere Anfälligkeit für *Racial Profiling* haben.

---

189 *Hodson/Dovidio/Gaertner*, Processes in Racial Discrimination: Differential Weighting of Conflicting Information, Personality and Social Psychology Bulletin, 2002, Vol. 28, Nr. 4, S. 461.
190 *Hodson/Dovidio/Gaertner*, Processes in Racial Discrimination: Differential Weighting of Conflicting Information, Personality and Social Psychology Bulletin, 2002, Vol. 28, Nr. 4, S. 461.
191 Ausführlich wird dieser Punkt in Kapitel 6 behandelt.

4. Kapitel: Racial Profiling in Deutschland

Die nachfolgenden Untersuchungen sollen einen Überblick über Situationen in Deutschland geben, in denen eine besondere Gefahr des *Racial Profiling* besteht. Selbstverständlich handelt es sich dabei um keine abschließende Betrachtung, da grundsätzlich bei fast jeder Interaktion zwischen Staat und Bürger potentiell die Hautfarbe einer Person eine Rolle spielen und so eine Gefahr für *Racial Profiling* bestehen kann. Im Besonderen sollen hier jedoch die Rasterfahndung – als quasi Prototyp des *Racial Profiling* – und die verdachts- und ereignisunabhängigen Personenkontrollen der Bundespolizei nach § 22 Abs. 1a BPolG dargestellt und untersucht werden.

I. Rasterfahndung 2.0

Wie in der Einleitung schon angedeutet, wurde die präventive Rasterfahndung zwar wegen eines Verstoßes gegen das Recht auf informationelle Selbstbestimmung aus Art. 2 Abs. 1 i.V.m. Art. 1 Abs.1 GG vom Bundesverfassungsgericht für verfassungswidrig erklärt. Unbeachtet blieb dabei aber die Frage danach, ob es sich dabei nicht auch um einen Fall von *Racial Profiling* und zugleich um einen Verstoß gegen das Diskriminierungsverbot aus Art. 3 Abs. 3 GG handelt.

1. Vorgeschichte zur präventiven Rasterfahndung

Die Anschläge der Terrororganisation Al-Quaida auf das World Trade Center in New York und das Pentagon in Washington, DC am 11. September 2001 sorgten dafür, dass auch in Deutschland verstärkt Maßnahmen gegen den internationalen Terrorismus ergriffen wurden. Anlass dazu gab vor allem die Tatsache, dass einige der Attentäter zuvor als Schläfer unerkannt für Jahre in Deutschland gelebt und studiert hatten.[192] Von den Sicherheitsbehörden wurde vermutet, dass noch weitere Mitglieder terroristischer Organisationen sich unerkannt in Deutschland aufhielten. Um Terrorakte zu verhindern, sollte ein System eingeführt werden, um

---

192 *Huth*, Rechtsprobleme der präventiven Rasterfahndung, S. 1.

Schläfer möglichst früh zu erkennen, bevor es überhaupt zu einem Anschlag kommen kann. Die Ermittlung solcher potentiell gefährlicher Personen gestaltete sich aber mit den bis dato üblichen Mitteln der Behörden äußerst schwierig, da sich Schläfer eben gerade extrem unauffällig verhalten und regelmäßig nicht strafrechtlich in Erscheinung treten.[193] Üblicherweise werden die Sicherheitsbehörden im Bereich der repressiven Gefahrenabwehr tätig, indem sie nach Tätern suchen, *nachdem* eine bestimmte Tat begangen wurde. Die Methode der Rasterfahndung wurde in Deutschland erstmals in den 1970er Jahren in Zusammenhang mit der Entführung von Hans-Martin Schleyer[194] durch Mitglieder der Roten Armee Fraktion als *repressives* Mittel angewandt.

Hier geht es aber gerade darum, solche Täter schon im Vorhinein zu fassen um eine Tat zu verhindern. Aus diesem Grund, wurde die präventive Rasterfahndung eingeführt, bei der ein elektronischer Datenabgleich unter Zugrundelegung bestimmter zuvor aufgestellter Kriterien (Fahndungshypothese) stattfindet, um einen sogenannten „Bodensatz" an Datensätzen über Personen herauszufiltern.[195] Diese Trefferfälle werden dann Ziel weiterer polizeilicher Ermittlungen.[196]

In das Raster, das nach den Charakteristika der sogenannten Hamburger Zellen erstellt wurde, fielen Personen, die die folgenden Kriterien erfüllen:[197]

- Männlich
- 18–40 Jahre
- Islamische Religionszugehörigkeit
- Student an einer Universität bzw. Hochschule mit Schwerpunkt technischer/naturwissenschaftlicher Ausrichtung
- Legaler Aufenthaltsstatus in Deutschland

---

193 *Huth*, Rechtsprobleme der präventiven Rasterfahndung, S. 3.
194 Gelegentlich wird die Rasterfahndung deshalb auch als *Schleyerfahndung* bezeichnet, dies darf jedoch nicht mit der sog. Schleierfahndung im Rahmen der verdachtsunabhängigen Kontrollen im Grenzgebiet (vgl. nächster Punkt) verwechselt werde.
195 *Huth*, Rechtsprobleme der präventiven Rasterfahndung, S. 11; *Kaufmann*, Ethnic Profiling and Counter-Terrorism, S. 35.
196 *Huth*, Rechtsprobleme der präventiven Rasterfahndung, S. 12.
197 *Huth*, Rechtsprobleme der präventiven Rasterfahndung, S. 81; *Kaufmann*, Ethnic Profiling and Counter-Terrorism, S. 36.

- Keine Sozialhilfe
- Herkunft aus bestimmten Staaten mit hohem muslimischen Bevölkerungsanteil (z.b. Afghanistan)

Insgesamt wurden in den Jahren 2001–2003 Daten von 8.3 Millionen Personen von privaten und öffentlichen Stellen eingeholt und die Schläfer-Datenbank enthielt 32 000 Einträge.[198] Bis zum Urteil der Bundesverfassungsgerichts 2006 wurde jedoch kein einziger Terrorverdächtiger entdeckt.[199]

2. Racial-Profiling-Aspekte der Rasterfahndung

Das BVerfG kam zu der Ansicht, dass die Rasterfahndung einen massiven Eingriff in das Recht auf informationelle Selbstbestimmung aus Art. 2 Abs. 1 i.V.m. Art. 1 Abs. 1 GG darstellt, der nicht zu rechtfertigen ist, da die grundsätzliche Bedrohung des internationalen Terrorismus keine ausreichende Grundlage für eine derart intensive Grundrechtsbeeinträchtigung bietet.[200]

Weiter stellt die Rasterfahndung jedoch auch eine *Benachteiligung* – also eine Ungleichbehandlung zum Schlechteren – bestimmter Bevölkerungsgruppen dar. Dadurch, dass sich die Suche nach potentiellen Terroristen spezifisch nur auf muslimische Männer richtet, wird eine Bevölkerungsgruppe auf Basis ihrer ethnischen Herkunft und Religionszugehörigkeit unter Generalverdacht gestellt. Da diese Personen auch keinen Anlass zu einer polizeilichen Maßnahme gegeben haben, sondern vielmehr ihre Zugehörigkeit zu einer bestimmten ethnischen Gruppe ausschlaggebend ist, handelt es sich hier um einen klassischen Fall des *Racial Profiling*.[201]

Die Zweckmäßigkeit eines solchen Vorgehens sei dabei zunächst dahingestellt.[202] Das Beispiel der Rasterfahndung zeigt, dass auch die Bundesrepublik sich der Praxis des *Racial Profiling* bedient hat.[203]

---

198 *Kaufmann*, Ethnic Profiling and Counter-Terrorism, S. 35.
199 *Kaufmann*, Ethnic Profiling and Counter-Terrorism, S. 36.
200 BVerfG, Beschluss v. 04.04.2006, E 115, 320, Abs. 157. = DÖV 2006, S. 967.
201 So auch *Göbel-Zimmermann/Marquardt*, ZAR 2012, 370.
202 Mehr zur verfassungsrechtlichen Rechtfertigung eines solchen Vorgehens in Kapitel 6.
203 Racial Profiling nach der oben genannten Definition, nämlich Ethnie als Teil eines Profils welches zu präventiven polizeilichen Maßnahmen führt.

II. Die verdachts- und ereignisunabhängigen Personenkontrollen der Bundespolizei nach § 22 Abs. 1 a BPolG

Die verdachtsunabhängigen Kontrollen der Bundespolizei, geregelt in § 22 Abs. 1a BPolG, stellen das derzeit am häufigsten wegen *Racial Profiling* kritisierte Instrument der Sicherheitsbehörden dar.[204] Zwar kann *Racial Profiling* grundsätzlich bei jeder polizeilichen Maßnahme, bei der eine Störerauswahl zu treffen ist, auftreten. Jedoch handelt es sich bei den verdachts- und ereignisunabhängigen Personenkontrollen nach § 22 Abs. 1a BPolG um eine besondere Konstellation.

1. Problemaufriss

Grund für die *Racial Profiling* Diskussion im Rahmen der Befragungen des § 22 Abs. 1a BPolG sind die Beschwerden verschiedenster Menschrechtsvereinigungen, die der Bundespolizei vorwerfen, gezielt ausländisch aussehende Menschen zu kontrollieren.[205] Zwar wurde die Thematik auch schon zuvor diskutiert[206], zusätzliche mediale Aufmerksamkeit erhielt sie jedoch durch den Fall eines farbigen Architekturstudenten, der laut Aussagen der Polizei auf Grund seiner Hautfarbe auf der Bahnstrecke Kassel – Frankfurt ins Raster fiel und dadurch Ziel einer Kontrolle des § 22 Abs. 1a BPolG wurde.[207]

Ursprünglich stand jedoch nicht die Maßnahme der Bundespolizisten auf dem Prüfstand, sondern es war der farbige Architekturstudent, der von den Beamten wegen Beleidigung angezeigt wurde, da er als Reaktion auf die Befragung durch die Polizisten äußerste, dass ihn dies „an damals

---

204 Ebenso lässt sich die Diskussion zu § 23 I Nr. 3 BPolG führen. Häufig ist die Rechtsgrundlage unklar und erst im Prozess wird klar, ob auf Grundlage von § 22 Ia BPolG oder § 23 I Nr. 3 BPolG gehandelt wurde.
205 Amnesty International, Positionspapier zu menschenrechtswidrigen Personenkontrollen, abrufbar unter: http://www.amnesty.de/files/Racial_Profiling_Positionspapier.pdf; *Cremer*, „Racial Profiling " – Menschenrechtswidrige Personenkontrollen nach § 22 Abs. 1a BPolG.
206 Vgl. dazu BT-Drucks. 17/6778.
207 OVG Rheinl.-Pf., Beschluss v. 29.10.2012, Az. 7 A 10532/12.OVG.

erinnere".[208] Erst im Verfahren fiel die Aussage eines der Beamten, die dazu führte, ein Verfahren wegen *Racial Profiling* als Fortsetzungsfeststellungsklage vor den Verwaltungsgerichten anzustrengen.[209]

Was diesen Fall so besonders macht, ist nicht, dass ein Farbiger kontrolliert wurde, während weiße Fahrgäste unbehelligt blieben, denn Fälle wie diese gibt es viele, sondern vielmehr, dass der betreffende Beamte offen zugibt, dass man gezielt Passagiere anspreche, „die einem als Ausländer erscheinen".[210]

Die Probleme, die dieser Fall zum Vorschein bringt, sind vielschichtig: Zum einen bringt das Vorgehen im Sachverhalt in Zusammenschau mit der Zielsetzung der der Kontrolle zu Grunde liegenden Norm – nämlich illegale Einwanderung zu unterbinden und zu verhindern – unmittelbar die Reaktion hervor, dass ein solches Vorgehen wahrscheinlich zweckmäßig und somit sinnvoll und quasi geboten ist. Denn wenn man illegale Migration aufdecken und verhindern möchte, hat es – so sagen viele – auch Sinn vorwiegend ausländisch aussehende Personen zu befragen und zu kontrollieren. Zugleich steht dies jedoch im Spannungsverhältnis zum Gebot der Gleichbehandlung, beziehungsweise dem Verbot der Benachteiligung auf Grund der ethnischen Herkunft aus Art. 3 Abs. 3 GG, da eine Selektion nach ausländischem Aussehen zugleich eine Selektion nach „Rasse" im Sinne von Art. 3 Abs. 3 GG ist.

Ein weiteres Problem ist eher praktischer Natur: Es dürfte sich nur um einen sehr geringen Anteil von Sachverhalten handeln, in denen eine Person offen wegen ihrer Hautfarbe kontrolliert oder befragt wird. Zumeist sagen die, eine Maßnahme durchführende Beamten aus, dass es andere Gründe dafür gibt, warum ausgerechnet der farbige Passagier ausgewählt wird. In den meisten Fällen dürfte er dies sogar ehrlich meinen.[211] Bedingt durch die Entscheidung des OVG Rheinland-Pfalz[212] im beschriebenen Fall aus dem

---

208 Der genaue Wortlaut war dabei zwischen den Beamten und dem Angeklagten streitig, OVG Rheinl.-Pflalz, Niederschrift über die öffentliche Sitzung des 7. Senats, 29.10.2012.
209 Rechtsanwalt Sven Adam bei seinem Vortrag in Regensburg.
210 VG Koblenz, Urteil v. 28.02.2012, Az. 5 K 1026/11.KO, Rn. 3; *Drohla*, ZAR 2012, S. 413.
211 Vgl. hierzu die Erkenntnisse aus den kognitionswissenschaftlichen Studien.
212 OVG Rheinl.-Pf., Beschluss v. 29.10.2012, Az. 7 A 10532/12.OVG.

Jahr 2012, hat jedoch auch ein Kurswechsel der Bundespolizei und Bundesregierung stattgefunden. Die offizielle nach außen getragene Position ist nun, dass die ethnische Herkunft einer Person keine Auswirkung darauf hat, wer Adressat einer Befragung nach § 22 Abs. 1a BPolG wird.[213] Denn – so die Bundespolizei – „derartige Vorgehensweisen wären mit dem geltenden deutschen Recht unvereinbar und werden daher innerhalb der Bundespolizei nicht praktiziert"[214]. In einem Fall, in dem eine dunkelhäutige Familien als einzige Passagiere in einem Zug kontrolliert wurden, gab der Beamte an, dass er „für sich persönlich hundertprozentig ausschließen (kann), die Kläger wegen ihrer Hautfarbe kontrolliert zu haben"[215].

2. Entstehung und Hintergründe des § 22 Abs. 1a BPolG

Die Rechtsgrundlage für die meisten Fälle, in denen Polizisten *Racial Profiling* vorgeworfen wird, ist § 22 Abs. 1a BPolG. Diese verdachts- und ereignisunabhängigen Personenkontrollen – oder oft auch lageabhängigen Personenkontrollen genannt[216] – wurden im Zuge des Schengener Abkommens ab 1993 in mehreren Bundesländern eingeführt. Sie sollten eine Kompensationsmaßnahme für den Wegfall der Grenzkontrollen darstellen, da befürchtet wurde, dass dies die Entwicklung der grenzüberschreitenden Kriminalität begünstige.[217] Es wurde befürchtet, dass sich durch die Grenzöffnung kriminelle Personen nun frei über die Staatgrenzen hinaus bewegen könnten, wohingegen rechtliche Befugnisse der einzelnen Staaten weiterhin nur auf dem eigenen Hoheitsgebiet ausgeübt werden können.[218] Die Grenzöffnung ermögliche zum einen die Flucht ins Ausland, nachdem eine Straftat begangen wurde, zum anderen begünstige sie auch gleichzeitig den Zusammenschluss von internationalen

---

213 BT-Drucks. 17/14569, S. 2.
214 BT-Drucks. 17/14569, S. 2.
215 OVG Rheinl.-Pfalz, Urteil v. 21.04.2016, Az 7 A 11108/14.OVG.
216 *Alter*, NVwZ 2015, S. 1567; Schütte, ZRP 2002, S. 393.
217 *Graf*, Verdachts- und ereignisunabhängige Personenkontrollen, S. 39; *Krane*, Schleierfahndung, S. 43; *Rachor*, in: Handbuch des Polizeirechts, Rn. 355.
218 *Krane*, Schleierfahndung, S. 40; *Rachor*, in: Handbuch des Polizeirechts, Rn. 355.

kriminellen Organisationen.[219] Besonders Schleuserbanden könnten von der Grenzöffnung profitieren, so dass eine erhebliche Steigerung der illegalen Migration vorhergesagt wurde.[220]

Weitere Maßnahmen, die neben den verdachts- und ereignisunabhängigen Personenkontrollen den Grenzabbau ausgleichen sollten, sind der Ausbau der grenzüberschreitenden polizeilichen Zusammenarbeit, sowie die Begrenzung der Zahl der Einreisenden durch eine strenge Visavergabe.[221]

Als erstes Bundesland führte Bayern 1994 eine Befugnis für verdachts- und ereignisunabhängige Personenkontrollen ein, zahlreiche andere Bundesländer folgten mit ähnlichen Vorschriften in den entsprechenden Landesgesetzen.[222] Auf Bundesebene wurde der § 22 Abs. 1 a BPolG mit der amtlichen Überschrift „Befragung und Auskunftspflicht" am 25.08.1998 eingefügt und trat zum 01.09.1998 in Kraft.[223]

§ 22 Abs. 1 a BPolG lautet in seiner aktuellen Fassung:

> „Zur Verhinderung oder Unterbindung unerlaubter Einreise in das Bundesgebiet kann die Bundespolizei in Zügen und auf dem Gebiet der Bahnanlagen der Eisenbahnen des Bundes (§ 3), soweit auf Grund von Lageerkenntnissen oder grenzpolizeilicher Erfahrung anzunehmen ist, dass diese zur unerlaubten Einreise genutzt werden, sowie in einer dem Luftverkehr dienenden Anlage oder Einrichtung eines Verkehrsflughafens (§ 4) mit grenzüberschreitendem Verkehr jede Person kurzzeitig anhalten, befragen und verlangen, dass mitgeführte Ausweispapiere oder Grenzübertrittspapiere zur Prüfung ausgehändigt werden, sowie mitgeführte Sachen in Augenschein nehmen."

Die Norm war bereits im Gesetzgebungsverfahren in vielerlei Hinsicht äußerst umstritten, so dass der § 22 Abs. 1 a BPolG zunächst nur mit einer Befristung bis zum 31.12.2003 eingeführt wurde.[224] Die Kritiker des § 22 Abs. 1 a BPolG vertreten die Meinung, dass es sich um eine „neue Dimension

---

219 *Krane*, Schleierfahndung, S. 40; *Weber*, Die Sicherung rechtsstaatlicher Standards im modernen Polizeirecht, S. 196.
220 *Drewes/Malmberg/Walter*, Bundespolizeigesetz, § 22 Rn. 18; *Krane*, Schleierfahndung, S. 41.
221 *Graf*, Verdachts- und ereignisunabhängige Personenkontrollen, S. 39.
222 *Graf*, Verdachts- und ereignisunabhängige Personenkontrollen, S. 42; *Krane*, Schleierfahndung, S. 27.
223 *Graf*, Verdachts- und ereignisunabhängige Personenkontrollen, S. 50.
224 *Drewes/Malmberg/Walter*, Bundespolizeigesetz, § 22 Rn. 17.

des polizeilichen Zugriffs"[225] handle, die so nicht vom dogmatischen System des Allgemeinen Polizeirechts gedeckt sei.[226] Es handle sich insoweit um eine systemwidrige Ausnahmevorschrift.[227] Grund für diese Kritik ist, dass die verdachts- und anlassunabhängigen Personenkontrollen nicht mehr an das Vorliegen einer Gefahr im polizeirechtlichen Sinne anknüpfen, sondern dem Trend folgen, dass vielmehr auf eine bestimmte „Verdachtssituation" im Vorfeld abgestellt wird.[228] Mit dem Verzicht auf das Erfordernis der Gefahr entfernt sich die Norm gleichzeitig vom Begriff des Störers, es erfolgt dadurch eine Ausweitung des Adressatenkreises.

In anderen Bereichen sind solche Vorfeldbefugnisse bereits seit langem üblich.[229] Im Allgemeinen Polizeirecht stellten die anlassunabhängigen Kontrollen zum Zeitpunkt ihrer Einführung jedoch ein Novum dar. Die Struktur der Norm ist deutlich final, d.h. sie stellt eine Zielbestimmung voran, die Bekämpfung der illegalen Einwanderung, und benennt dann Mittel, mit denen das Ziel angestrebt werden können soll.[230] Ein erster Schritt in diese Richtung wurde bereits mit der Einführung der Kontrollmöglichkeiten an gefährlichen und gefährdeten Orten getan. Dort kann die Polizei ohne Anlass kontrollieren, Voraussetzung bleibt jedoch eine Gefahr im polizeirechtlichen Sinne, in Form einer abstrakt ortstypischen Gefahr.[231] Genau hier liegt der Unterschied zu den verdachts- und ereignisunabhängigen Kontrollen der Bundespolizei, denn diese setzten gerade keinen irgendwie gearteten Verdacht voraus.[232]

Ein weiterer vieldiskutierter Kritikpunkt im Rahmen des § 22 Abs. 1a BPolG ist die Frage nach der formellen Verfassungsmäßigkeit der Norm.

---

225 *Möllers*, NVwZ 2000, S. 382.
226 *Lisken*, NVwZ 1998, S. 22.
227 *Castillon*, Dogmatik und Verfassungsmäßigkeit neuer Befugnisse zu verdachts- und anlassunabhängigen Polizeikontrollen, S. 39.
228 *Castillon*, Dogmatik und Verfassungsmäßigkeit neuer Befugnisse zu verdachts- und anlassunabhängigen Polizeikontrollen, S. 41; *Drewes/Malmberg/Walter*, Bundespolizeigesetz, § 22 Rn. 19.
229 Beispiele hierfür sind etwa Verkehrskontrollen nach § 36 Abs. 5 StVO. Überprüfungsmaßnahmen nach § 52 Abs. 2 BImschG und § 10 ZollVG.
230 *Castillon*, Dogmatik und Verfassungsmäßigkeit neuer Befugnisse zu verdachts- und anlassunabhängigen Polizeikontrollen, S. 43.
231 *Möllers*, NVwZ 2000, S. 383.
232 *Möllers*, NVwZ 2000, S. 383; *Stephan*, DVBl. 1998, S. 81.

Zum einen wird die örtliche Zuständigkeit der Bundespolizei[233] angezweifelt[234], zum anderen wird angeführt, dass § 22 Abs. 1a BPolG gegen Art. 74 Abs. 1 GG verstoße.[235] Art. 74 Abs. 1 Nr. 1 GG regelt die konkurrierende Gesetzgebungsbefugnis für „das gerichtliche Verfahren". Durch die Schaffung der Strafprozessordnung hat der Bund von dieser Gesetzgebungsbefugnis Gebrauch gemacht.[236] Das Strafprozessrecht regelt inhaltlich die vergangenheitsbezogene Reaktion auf konkret begangenes, strafbares Verhalten.[237] Dagegen fallen Maßnahmen zur präventiven Gefahrenabwehr, d.h. zur Verhinderung von Straftaten, gemäß Art. 70 Abs. 1 GG unter die Regelungskompetenz der Länder.[238] Aufgabe des Polizeirechts ist es, durch die Schaffung dementsprechender Befugnisse drohende Schäden und Störungen für die öffentliche Sicherheit und Ordnung abzuwenden. § 22 Abs. 1a BPolG verfolgt das Ziel, Straftaten, genauer illegale Einwanderung, vorbeugend zu bekämpfen. Es sollen also Rechtsverletzungen verhindert werden, so dass grundsätzlich von einer Maßnahme der Gefahrenabwehr auszugehen ist, die wiederum dem Polizeirecht zuzuordnen ist. Das spräche für die Kompetenzwidrigkeit der Norm. Dagegen lässt sich vorbringen, dass sie auch der Strafverfolgung diene. Auch hiergegen wird allerdings Kritik geäußert, nämlich, dass die verdachts- und ereignisunabhängigen Personenkontrollen in unzulässiger Weise der Strafverfolgung dienen und die Möglichkeit, anlassunabhängig zu kontrollieren, dazu führt, das im Strafprozessrecht verankerte

---

233 Bzw. zum Zeitpunkt der Einführung des § 22 Abs. 1 a BPolG noch Bundesgrenzschutz.
234 *Castillon*, Dogmatik und Verfassungsmäßigkeit neuer Befugnisse zu verdachts- und anlassunabhängigen Polizeikontrollen, S. 96.
235 *Castillon*, Dogmatik und Verfassungsmäßigkeit neuer Befugnisse zu verdachts- und anlassunabhängigen Polizeikontrollen, S. 96; *Roggan*, Handbuch zum Recht der Inneren Sicherheit, S. 270.
236 *Maunz*, in: Maunz/Düring, Art. 74, Rn. 79.
237 *Castillon*, Dogmatik und Verfassungsmäßigkeit neuer Befugnisse zu verdachts- und anlassunabhängigen Polizeikontrollen, S. 96.
238 *Castillon*, Dogmatik und Verfassungsmäßigkeit neuer Befugnisse zu verdachts- und anlassunabhängigen Polizeikontrollen, S. 96 f; *Maunz*, in: Maunz/Düring, GG, Art. 74 Rn. 82.

Erfordernis des Tatverdachts auszuhebeln.[239] Für die Richtigkeit dieser Behauptung spricht zum einen, dass allein der Name „Fahndung" auf den Bereich der Strafverfolgung hindeutet,[240] zum anderen aber auch, dass solche Personenkontrollen in der Praxis vor allem Ergebnisse liefern, die vielmehr dem repressiv-polizeilichen Sektor zuzuordnen sind, als dass sie Resultate auf dem Gebiet der vorbeugenden Kriminalitätsbekämpfung liefern.[241] Insgesamt wird dies jedoch mehrheitlich als – wohl sehr willkommener – Nebeneffekt der grundsätzlich präventiv konzipierten Zielrichtung der Norm gesehen.[242]

3. Systematik und inhaltliche Bestimmungen der Norm

a) Begriff

Synonym für verdachts- und ereignisunabhängige Personenkontrollen wird auch häufig der Begriff *Schleierfahndung* gebraucht. Statt der kompletten Abriegelung sollen die ehemaligen Grenzen durchlässig werden und ein freies Sich-Bewegen innerhalb der Schengen-Staaten ermöglichen. Die verdachts- und ereignisunabhängigen Kontrollen bilden jedoch ein bewegliches, unsichtbares Netz, das sich wie ein Sicherheits- oder Kontrollschleier über das Grenzgebiet legt und ein Aussieben ermöglicht.[243] Hinzukommt der Wortbestandteil der Fahndung, der klarmacht, dass gezielt nach Straftätern gesucht wird.[244] Anders als die fixen Grenzkontrollposten beinhaltet die Schleierfahndung jedoch ein Element der Unvorhersehbarkeit.

Der Begriff „verdachtsunabhängig" ist insoweit treffend, als keine tatsächlichen Anhaltspunkte für eine Gefahr gegeben sein müssen, die einen Verdacht rechtfertigen würden.[245] Andererseits ist unter realitätsnaher

---

239 Ausführlich hierzu *Lisken*, NVwZ 1998, S. 23; äußerst kritisch auch *Waechter*, DÖV 1999, S. 140.
240 *Waechter*, DÖV 1999, S. 140.
241 So auch *BayVerfGH*, NVwZ 2003, S. 1375 mit Bezug auf verdachts- und ereignisunabhängigen Personenkontrollen in Bayern nach Art. 13 Abs. 1 Nr. 5 PAG; *Drewes/Malmberg/Walter*, Bundespolizeigesetz, § 22 Rn. 18a.
242 *Rachor*, in: Handbuch des Polizeirechts, Rn. 369.
243 *Krane*, Schleierfahndung, S. 32.
244 *Rachor*, in: Handbuch des Polizeirechts, Rn. 362.
245 *Krane*, Schleierfahndung, S. 34.

Betrachtung durchaus anzunehmen, dass der Kontrollierende von der Möglichkeit eines Rechtsverstoßes ausgeht, ihm sein Gegenüber also verdächtig vorkommt, da er wohl sonst die Kontrolle nicht durchführen würde.[246] Am treffendsten erscheint noch der Begriff der ereignisunabhängigen Kontrolle, da die Kontrollen auf Grund von Lageerkenntnissen und nicht auf Grund eines konkreten Ereignisses durchgeführt werden.[247] Allerdings sind die Begrifflichkeiten grundsätzlich wohl eher als rein juristische Kategorien zu verstehen.[248]

Bei der Diskussion um die Norm des § 22 Abs. 1a BPolG werden die Begriffe der verdachtsunabhängigen Kontrolle oder verdachtsunabhängigen Befragung weitestgehend synonym verwendet.[249] Welche Bezeichnung insoweit korrekt ist, hängt maßgeblich davon ab, welche Befugnisse der Bundespolizei durch die Norm zuteil werden. Gemäß den Tatbestandsvoraussetzungen, darf die Bundespolizei Personen „kurzeitig anhalten, befragen und verlangen, dass mitgeführte Ausweispapiere oder Grenzübertrittspapiere zur Prüfung ausgehändigt werden, sowie mitgeführte Sachen in Augenschein nehmen". In erster Linie wird damit eine Befragung, d.h. „die zielgerichtete und aufgabenorientierte Aufforderung an eine bestimmte Person (…), eine Auskunft zu erteilen oder eine Aussage zu treffen"[250], erlaubt. Demnach stellt die Befragung oder Kontrolle einen verhältnismäßig niedrigschwelligen Informationseingriff dar, der zur weiteren Lageaufklärung dient.[251] Somit steht jedoch auch fest, dass § 22 Abs. 1a BPolG keine „generalklauselartige Befugnis für Datenerhebungen oder einen Auffangtatbestand für Identitätsfeststellungen" darstellt.[252] Alleine die systematische Stellung des § 22 Abs. 1a BPolG spricht dafür, dass es sich hierbei lediglich

---

246 *Krane*, Schleierfahndung, S. 34; *Krane*, DPolBl. 2004, S. 32.
247 *Krane*, Schleierfahndung, S. 34.
248 *Herrnkind*, in: Innere Sicherheit als Gefahr, S. 253; zustimmend auch *Castillon*, Dogmatik und Verfassungsmäßigkeit neuer Befugnisse zu verdachts- und anlassunabhängigen Polizeikontrollen, S. 68.
249 Vgl. etwa *Graf*, Verdachts- und ereignisunabhängige Personenkontrollen, S. 50, die abwechselnd dort von § 22 Abs. 1a BPolG als Norm zur verdachtsunabhängigen Befragung und Personenkontrolle spricht.
250 *Hoppe/Peilert*, in: Heesen/Hönle/Peinert/Marten, Bundespolizeigesetz, § 22 Rn. 20.
251 *Alter*, NVwZ 2015, S. 1568.
252 *Alter*, NVwZ 2015, S. 1568.

um eine Befugnis zur Befragung, nicht jedoch um eine Ermächtigungsgrundlage für Identitätsfeststellungen handelt. Denn der Gesetzgeber hat sich für einen nachträglich eingefügten Unterabsatz im Rahmen des § 22 BPolG entschieden und eben nicht für eine Ergänzung des § 23 BPolG, der die Identitätsfeststellungen regelt.[253] Aus dieser Systematik ergibt sich auch, dass – wenn der von der Maßnahme betroffene selbst unerlaubt eingereist ist – einer Identitätsfeststellung stets eine Befragung vorausgehen muss.[254]

b) Inhaltliche Ausgestaltung des § 22 Abs. 1 a BPolG

Bei den ereignisunabhängigen Kontrollen nach § 22 Abs. 1 a BPolG handelt es sich um eine sogenannte Standardmaßnahme des Polizeirechts.[255] Diese kommen im Polizeialltag häufig vor.[256]

Allerdings verlangen die anlassunabhängigen Personenkontrollen nach § 22 Abs. 1 a BPolG nicht wie üblicherweise im Polizeirecht das Vorliegen einer Gefahr oder zumindest eines Gefahrverdachts.[257] Stattdessen stellt die Schleierfahndung eine Maßnahme der Gefahrenvorsorge dar, sie setzt also an einem viel früheren Zeitpunkt an.[258] Die kontrollierte Person muss also kein Störer im Sinne des Polizeirechts sein.[259] Adressat der anlassunabhängigen Kontrollen kann vielmehr *„Jedermann"* sein.[260]

Konkreter bestimmt wird der Begriff des Jedermann dadurch, dass die betroffene Person sich an einem für unerlaubte Einreise relevanten Ort aufhalten muss und davon ausgegangen wird, dass diese Person Informationen zur „Unterbindung oder Verhinderung unerlaubter Einreise" geben kann.

---

253 *Alter*, NVwZ 2015, S. 1568.
254 *Alter*, NVwZ 2015, S. 1568; so nun auch OVG Rheinl.-Pfalz, Urteil vom 21.04.2016, 7 A 11108/14.OVG.
255 *Graf*, Verdachts- und ereignisunabhängige Personenkontrollen, S. 56; *Schenke*, in: Schenke/Graulich/Ruthig,Sicherheitsrecht des Bundes, § 22 BPolG S. 159 Rn. 1.
256 *Graf*, Verdachts- und ereignisunabhängige Personenkontrollen, S. 57.
257 *Rachor*, in: Handbuch des Polizeirechts, Rn. 358.
258 *Graf*, Verdachts- und ereignisunabhängige Personenkontrollen, S. 60; *Rachor*, in: Handbuch des Polizeirechts, Rn. 367.
259 Ausführlich hierzu *Park*, Wandel des klassischen Polizeirechts zum neuen Sicherheitsrecht, S. 265 f.
260 Der Wortlaut des § 22 Abs. 1 a BPolG ist „jede Person".

Als solche bedeutenden Orte kommen laut § 22 Abs. 1 a BPolG grundsätzlich nur Züge und Bahnanlagen des Bundes in Betracht, soweit auf Grund von Lageerkenntnissen oder grenzpolizeilicher Erfahrung anzunehmen ist, dass diese zur unerlaubten Einreise genutzt werden, sowie dem Luftverkehr dienende Anlagen oder Einrichtungen eines Verkehrsflughafens mit grenzüberschreitendem Verkehr.

Diskutiert wird vor allem darüber wie das Merkmal „*zur unerlaubten Einreise genutzt*" auszulegen ist. Entscheidend ist die Auslegung des Merkmals für den Bereich der verdachtsunabhängigen Kontrollen in *Zügen* bei der Frage, in welchem räumlichen Anwendungsbereich Kontrollen nach § 22 Abs. 1a BPolG durchgeführt werden dürfen. Dies betrifft eine nicht unerhebliche Anzahl von Kontrollen. Insgesamt wurden alleine im Jahr 2012 und 1. Halbjahr 2013 246.553 Kontrollen im Inland durchgeführt, im Grenzgebiet dagegen nur 44.201 Kontrollen.[261] Würden Kontrollen im Inland bei Zügen, die keine Grenze überschreiten, nicht vom Anwendungsbereich des § 22 Abs. 1a BPolG erfasst, würde dies den Geltungsbereich der Norm und somit die Anzahl der erlaubten Kontrollen erheblich dezimieren.

Das VG Koblenz hat im Oktober 2014 der Klage auf Feststellung der Rechtswidrigkeit einer Befragung nach § 22 Abs. 1a BPolG stattgegeben, bei der die Befragung in einer Regionalbahn von Mainz nach Köln stattgefunden hat. Das Gericht stellte klar, dass Befragungen in Zügen – die mangels Grenzübertritt nicht zur illegalen Einreise geeignet sind – nicht von der Rechtsgrundlage des § 22 Abs. 1a BPolG gedeckt sind.[262] Die Tatsache allein, dass der Zug von Schleusern genutzt werde, reiche nicht aus, vielmehr habe der Gesetzgeber die Befragungen nach § 22 Abs. 1a BPolG gezielt für Situationen in Zusammenhang mit illegaler Einreise konzipiert. Eine derartige Ausweitung auf Binnenzüge aus Zweckmäßigkeitserwägungen sei in Hinblick auf den Grundrechtseingriff und das Gebot der Normenklarheit nicht mit dem Grundgesetz vereinbar.[263] Anders sieht dies das OVG Rheinland-Pfalz das die unterinstanzliche Entscheidung aufhob und erklärte, dass die Formulierung „zur unerlaubten Einreise genutzt" keine Beschränkung auf den

---

261 BT-Durcks. 17/14569, S. 8.
262 VG Koblenz, Urteil v. 22.10.14, Az. 1 K 294/14.KO.
263 Ebenda.

konkreten, selbst die Grenze überschreitenden Zug, fordert.[264] Das Gericht begründet dies mit der Gesetzessystematik. § 22 Abs. 1a BPolG treffe eine systematische Unterscheidung zwischen Verkehrsflughäfen einerseits, sowie Zügen und Bahnhöfen andererseits. Dies verdeutliche, dass letztgenannte inhaltlich den grenzüberschreitenden Verkehr nicht erfordern. Hinzukomme, dass die Formulierung „zur unerlaubten Einreise genutzt" nicht allein auf Züge bezogen verwendet wird, sondern auch Bahnhöfe umfasse. Die Auslegung des Verwaltungsgerichts werde dem nicht gerecht. Gehe es nämlich um Bahnhöfe, die zur unerlaubten Einreise genutzt werden, und verlangt man, dass diese zum Grenzübertritt selbst genutzt werden, so würden Kontrollen an Bahnhöfen nahezu ausscheiden. Es genüge nicht einmal, dass es sich um einen Grenzbahnhof handle, da auch diese regelmäßig im Inland – und damit nach dem Grenzübertritt – liegen. Ein Bahnhof könnte in diesem Sinne nur zur „unerlaubten Einreise genutzt" werden, wenn der Grenzübertritt im Bahnhof selbst erfolgt. Selbst wenn einzelne Anwendungsfälle für „grenzüberschreitende" Bahnhöfe blieben, könne – so das OVG Rheinland-Pfalz – nicht von einem Willen des Gesetzgebers für einen derart beschränkten Geltungsbereich für Maßnahmen nach § 22 Abs. 1a BPolG ausgegangen werden.[265] Auch die Gesetzgebungshistorie spreche für einen räumlichen Anwendungsbereich der sich auch auf rein inländisch verkehrende Züge erstreckt. Im ursprünglichen Gesetzesentwurf sollten Züge, Bahnhöfe und Verkehrsflughäfen ohne weitergehende Einschränkung zum räumlichen Geltungsbereich für verdachtsunabhängige Kontrollen zur Verhinderung und Unterbindung illegaler Einreise erklärt werden. Nach Kritik seitens des Bundesrats aus Gründen der Bedenken über die Verhältnismäßigkeit erfolgte ein Änderungsvorschlag, der letztlich die Vorlage für den späteren Gesetzesbeschluss bildete. In der Begründung wird – anders als im korrespondierenden Vorschlag für den später verabschiedeten Gesetzeswortlaut – nicht zwischen Zügen und Bahnhöfen einerseits und Verkehrsflughäfen andererseits unterschieden. Stattdessen wird für alle die Formulierung „grenzüberschreitender Verkehr" benutzt. Der anschließende Absatz enthielt eine gesonderte Begründung für die nur in Bezug auf Züge und Bahnhöfe normierte Lagebindung, die gewährleistete, dass keine flächendeckenden Personenkontrollen im Bahnreiseverkehr erfolgen.

---

264 OVG Rheinl.-Pfalz, Urteil v. 21.04.2016, Az. 7 A 11108/14.OVG.
265 Ebenda.

Das OVG Rheinland-Pfalz argumentiert, dass es einer derartigen gesondert formulierten und begründeten Begrenzung nicht bedurft hätte, wenn – gleich den Verkehrsflughäfen mit grenzüberschreitendem Verkehr – von vorneherein nur grenzüberfahrende Züge und grenzübergreifende Bahnhöfe erfasst werden sollten.[266]

Was genau *Lageerkenntnisse* oder *grenzpolizeiliche Erfahrung* im Sinne des § 22 Abs. 1a BPolG sind, hat der Gesetzgeber nicht definiert. Eine allgemein anerkannte polizeirechtliche Definition gibt es nicht.[267] Grundsätzlich sind *Lageerkenntnisse* als Feststellungen und Analyse von gegenwärtigen Situationen und Tatsachen zu verstehen, welche die Annahme rechtfertigen, dass dieser Ort zur unerlaubten Einreisen genutzt wird.[268] Die Quellen für die Gewinnung solcher Lageerkenntnisse sind vielfältig. Darunter fallen Erkenntnisse aus Aufklärungsergebnissen, einzelfallbezogenen Datenerhebungen, Informationen von anderen Behörden oder Meldediensten, Fahndungshinweisen, Medienberichten, Mitteilungen aus der Bevölkerung oder Zeugenaussagen.[269] Ein tatsächliches Lagebild, d.h. eine systematisch verdichtete Beschreibung eines Kriminalitätsaufkommens, das in örtlicher und zeitlicher Hinsicht bestimmt ist[270], ist nicht gefordert. Die Bewertungen und Tatsachen oder tatsächlichen Anhaltspunkte, auf denen die Lageerkenntnisse oder die grenzpolizeilichen Erfahrungen beruhen, müssen in einer die inhaltliche Kontrolle ermöglichender Weise belegt werden können.[271]

---

266 Ebenda.
267 *Wehr*, Bundespolizeigesetz, § 22 Rn. 10; *Hoppe/Peilert*, in: Heesen/Hönle/Peilert/Martens, Bundespolizeigesetz, § 22 Rn. 34.
268 *Graf*, Verdachts- und ereignisunabhängige Personenkontrollen, S. 117.; *Krane*, Schleierfahndung, S. 124.
269 *Krane*, Schleierfahndung, S. 125; *Drewes/Malmberg/Walter*, Bundespolizeigesetz, § 22 Rn. 22; *Graf*, Verdachts- und ereignisunabhängige Personenkontrollen, S. 117; *Hoppe/Peilert*, in: Heesen/Hönle/Peilert/Martens, Bundespolizeigesetz, § 22 Rn. 32.
270 *Graf*, Verdachts- und ereignisunabhängige Personenkontrollen, S. 117; *Hoppe/Peilert*, in: Heesen/Hönle/Peilert/Martens, Bundespolizeigesetz, § 22 Rn. 32; *Drewes/Malmberg/Walter*, Bundespolizeigesetz, § 22 Rn. 22.
271 OVG Rheinl.-Pfalz, Urteil v. 21.04.2016, Az. 7 A 11108/14; SächsVerfGH, Urteil v. 10.07.2003, Vf. 42-11-00.

Grenzpolizeiliche Erfahrung kann sich aus früheren einschlägigen Fällen oder aus bereits bekannten Methoden kriminellen Verhaltens ergeben.[272] Es handelt sich um „Folgerungen intuitiver Art"[273], die auf Auswertung und Analyse von relevanten Vorgängen der Vergangenheit beruhen. Auf Grundlage dieser Erfahrungen können Aussagen über den „typischen Fall"[274] gemacht werden.

Von den Befugnissen des § 22 Abs. 1 a BPolG darf nur zu dem Zweck Gebrauch gemacht werden, die *unerlaubte Einreise* in das Bundesgebiet zu *verhindern* oder zu *unterbinden*, dies ergibt sich schon aus dem Wortlaut der Norm. Die Zweckbestimmung stellt demnach eine subjektive Befugnisbegrenzung dar.[275] Ein ungezieltes Befragen, d.h. ein Befragen ohne konkreten Bezug zur Aufgabe der Verhinderung oder Unterbindung der illegalen Einwanderung, ist unzulässig.[276] Außerdem muss die Befragung offen stattfinden, der Befragte muss also wissen, dass er von einem Bundespolizeiangehörigen befragt wird.[277]

Eine *unerlaubte Einreise* liegt dann vor, wenn der Betroffene die für die Einreise und einen Aufenthalt erforderlichen Dokumente nicht besitzt und sich auch nicht auf eine Befreiung berufen kann (vgl. § 14 Abs. 1 AufenthG).[278] Eine Einreise liegt vor, wenn der Betroffene die Grenze überschritten hat. An zugelassenen Grenzübergangsstellen ist dies dann der Fall, wenn die Grenze überschritten wurde und die Grenzkontrolle passiert ist (§ 13 Abs. 2 S. 3 3 AufenthG). Durch den Schengener Grenzkodex, der abweichend von § 13 Abs. 1 AufenthG regelt, dass Binnengrenzen nicht nur an Grenzübergangsstellen, sondern an „jeder Stelle" ohne Personenkontrollen überschritten werden können und es grundsätzlich keine Grenzübergangsstellen mehr gibt, erfolgt

---

272 *Graf*, Verdachts- und ereignisunabhängige Personenkontrollen, S. 118; *Wehr*, Bundespolizeigesetz, § 22 Rn. 10; *Hoppe/Peilert*, in: Heesen/Hönle/Peilert/Martens, Bundespolizeigesetz, § 22 Rn. 33.
273 *Drewes/Malmberg/Walter*, Bundespolizeigesetz, § 22 Rn. 22
274 *Wehr*, Bundespolizeigesetz, § 22 Rn. 10.
275 *Graf*, Verdachts- und ereignisunabhängige Personenkontrollen, S. 122; *Hoppe/Peilert* in: Hesse/Hönle/Peilert/Martens, § 22 Rn. 24; *Stephan*, DVBl 1998, 81.
276 *Hoppe/Peilert* in: Heesen/Hönle/Peilert/Martens, Bundespolizeigesetz, § 22 Rn. 23.
277 *Hoppe/Peilert*, in: Heesen/Hönle/Peilert/Martens, Bundespolizeigesetz, § 22 Rn. 23.
278 *Graf*, Verdachts- und ereignisunabhängige Personenkontrollen, S. 128.

die Einreise nach Deutschland mit dem fahrenden Zug mangels Grenzkontrollen immer bereits mit dem Grenzübertritt.[279] Unerlaubt einreisen könne nur Ausländer, da sich aus Art. 11 GG und § 10 Abs. 3 PassG ergibt, dass für Deutsche Einreisefreiheit besteht.[280]

Eine *Verhinderung* unerlaubter Einreise bedeutet, dass eine unmittelbar bevorstehende unerlaubte Einreise vereitelt wird, so dass es gar nicht erst zu einer solchen kommen kann.[281] Mit Überschreiten der Grenze ist die unerlaubte Einreise vollendet und beendet.[282] Bei der Alternative der Verhinderung gemäß § 22 Abs. 1 a BPolG wird also zeitlich vor dem Grenzübertritt angesetzt[283]. Rein örtlich gesehen kann die Bundespolizei jedoch vor dem Grenzübertritt gar nicht tätig werden. Sobald der Betroffene also die Grenze überschritten hat läuft die „Verhinderung unerlaubter Einreise" leer.[284] Die Alternative kann also lediglich dann zur Anwendung kommen, wenn sie sich an einen Adressaten richtet, der Informationen über eine geplante Einreise geben kann, die noch nicht stattgefunden hat. Die Maßnahmen müssten demnach entweder auf fremdem Hoheitsgebiet durchgeführt werden, oder die Bundespolizei müsste eine Zurückweisung nach § 15 AufenthG aussprechen.[285]

Die anlassunabhängigen Kontrollen können auch mit der Zielsetzung durchgeführt werden, eine unerlaubte Einreise zu *unterbinden*, d.h. ihr entgegenzuwirken mit dem Ziel, die Fortsetzung der Tat zu beenden.[286] Zwar ist eigentlich eine Unterbindung der unerlaubten Einreise nicht möglich, da diese bereits mit Grenzübertritt beendet ist (§ 13 Abs. 2 AufenthG),

---

279 OVG Rheinl.-Pfalz, Urteil v. 21.04.2016, Az. 7 A 11108/14.OVG.
280 *Graf*, Verdachts- und ereignisunabhängige Personenkontrollen, S. 128; *Rachor*, in: Handbuch des Polizeirechts, Rn. 364.
281 *Drewes/Malmberg/Walter*, Bundespolizeigesetz, § 22 Rn. 19; *Hoppe/Peilert*, in: Heesen/Hönle/Peilert/Martens, Bundespolizeigesetz, § 22 Rn. 30.
282 Gegen die Verwendung dieses strafrechtlich geprägten Begriffspaares spricht sich das OVG Rheinl.-Pfalz aus, OVG Rheinl.-Pfalz, Urteil v. 21.04.2016, Az. 7 A 11108/14.OVG.
283 *Wehr*, Bundespolizeigesetz, § 22 Rn. 8.
284 *Graf*, Verdachts- und ereignisunabhängige Personenkontrollen, S. 129; *Wehr*, Bundespolizeigesetz, § 22 Rn. 8.
285 *Drewes/Malmberg/Walter*, Bundespolizeigesetz, § 22 Rn. 19.
286 *Graf*, Verdachts- und ereignisunabhängige Personenkontrollen, S. 129; *Drewes/Malmberg/Walter*, Bundespolizeigesetz, § 22 Rn. 19.

allerdings geht man weitgehend davon aus, dass stattdessen die Unterbindung des unerlaubten *Aufenthalts* gemeint ist.[287] Ein solcher unerlaubter Aufenthalt kann durch eine Zurückschiebung nach § 57 AufenthG beendet werden.[288]

Insgesamt stellen alle diese Begriffe unbestimmte Rechtsbegriffe dar, die verwaltungsgerichtlich überprüfbar sind.[289] Im Streitfall muss die Behörde darlegen und glaubhaft machen, dass die Voraussetzungen vorliegen.[290]

c) Anwendung der Norm

Allerdings ist es kaum durchführbar, *alle* Personen zu kontrollieren, die sich an einem Ort im Sinne von § 22 Abs. 1a BPolG aufhalten. Eine Totalkontrolle könnte zu erheblichen Kapazitätsproblemen führen. In den 70er Jahren wurden im Rahmen der Terroristenfahndung solche Totalkontrollen durchgeführt. Dies führte jedoch zu der Erkenntnis, dass diese extrem personalintensiv sind, massive Verkehrsstörungen zur Folge haben und sich zudem die Aufgriffserfolge in Grenzen halten.[291] Auch dürfen die anlassunabhängigen Kontrollen nach dem Schengener Grenzkodex keine „Ersatzgrenzkontrollen" darstellen, bei denen der Grenzübertritt allein als Grund für die Kontrolle ausreicht.[292]

Es muss daher eine gewisse *Selektion* vorgenommen werden.[293] Da es sich dem Namen nach um anlassunabhängige Kontrollen handelt, könnte

---

287 *Drewes/Malmberg/Walter*, Bundespolizeigesetz, § 22 Rn. 19; *Graf*, Verdachts- und ereignisunabhängige Personenkontrollen, S. 129; äußerst kritisch dazu *Wehr*, Bundespolizeigesetz, § 22 Rn. 8; *Hoppe/Peilert*, in: Heesen/Hönle/Peilert/Martens, Bundespolizeigesetz, § 22 Rn. 30.
288 *Drewes/Malmberg/Walter*, Bundespolizeigesetz, § 22 Rn. 19.
289 *Castillon*, Dogmatik und Verfassungsmäßigkeit neuer Befugnisse zu verdachts- und anlassunabhängigen Polizeikontrollen, S. 42; *Hoppe/Peilert*, in: Heesen/Hönle/Peilert/Martens, Bundespolizeigesetz, § 22 Rn. 34; *Drewes/Malmberg/Walter*, Bundespolizeigesetz, § 22 Rn. 22.
290 So auch im Urteil des VG Koblenz v. 28.02.2012 – 5k 1026/11.ko.; *Hoppe/Peilert*, in: Heesen/Hönle/Peilert/Martens, Bundespolizeigesetz, § 22 Rn. 34.
291 *Castillon*, Dogmatik und Verfassungsmäßigkeit neuer Befugnisse zu verdachts- und anlassunabhängigen Polizeikontrollen, S. 67.
292 *Drewes/Malmberg/Walter*, Bundespolizeigesetz, § 22 Rn. 27.
293 *Roggan*, in: Handbuch zum Recht der Inneren Sicherheit, S. 272; *Krane*, Schleierfahndung, S. 127; *Castillon*, Dogmatik und Verfassungsmäßigkeit

man annehmen, dass die Befragungen stichprobenartig, d.h. z.b. jeder zehnte Passagier, oder nach dem Zufallsprinzip durchgeführt werden.[294] Dies ist jedoch nicht der Fall. Stattdessen werden, anders als die Terminologie vermuten lassen würde, gezielt Personen befragt, die verdächtig erscheinen bzw. von denen zu erwarten ist, dass sie sachdienliche Hinweise geben können.[295] Dies ist im Rahmen effektiver Polizeiarbeit durchaus zweckmäßig, da es allein aus Gründen der Schonung polizeilicher Ressourcen, wenig Sinn hat, Personen zu kontrollieren, die offensichtlich nicht mit dem Zweck der Norm in Verbindung stehen.[296]

Klassische Adressaten einer Maßnahme des § 22 Abs. 1a BPolG sind daher zum einen Pendler, welche die besagte Strecke häufig nutzen und dementsprechend Aussagen über Auffälligkeiten oder Unregelmäßigkeiten bzw. Muster geben können.[297] Zum anderen sind typischerweise solche Personen Adressaten der Maßnahmen nach § 22 Abs. 1a BPolG, gegen welche die Beamten den unausgesprochen Verdacht hegen, dass sie selbst unerlaubt einreisen.[298]

In der Praxis wird sich der Polizeibeamte zur möglichst effektiven und effizienten Durchführung der ihm übertragenen Aufgabe bei der Auswahl von Personen auf seine Berufserfahrung, „seinen geschulten Blick"[299] und häufig auch auf sein „Bauchgefühl"[300] verlassen. Aus Befragungen einzelner Polizeibeamter zum Ablauf der Selektionspraxis ergibt sich, dass erfahrene Beamte sich meist auf ihre durch langjährige Berufserfahrung

---

neuer Befugnisse zu verdachts- und anlassunabhängigen Polizeikontrollen, S. 67.
294 *Herrnkind*, in: Innere Sicherheit als Gefahr, S. 253.
295 *Drohla*, ZAR 2012, S. 412; *Gnüchtel*, NVwZ 2013, S. 980.
296 Exemplarisch hierfür das Zitat des ehemaligen bayerischen Innenministers Beckstein: „Wir wollen nicht jeden kontrollieren, der unauffällig ist, (…), uns interessiert, wenn etwas nicht zusammenpasst", in *Herrnkind*.
297 *Drewes/Malmberg/Walter*, Bundespolizeigesetz, § 22 Rn. 20; *Hoppe/Peilert*, in: Heesen/Hönle/Peilert/Martens, Bundespolizeigesetz, § 22 Rn. 36.
298 *Wagner*, DÖV 2013, S. 115; *Krane*, Schleierfahndung, S. 127; *Rachor*, in: Handbuch des Polizeirechts, Rn. 372; *Wehr*, Bundespolizeigesetz, § 22 Rn. 12; *Krane*, DPolBl. 2004, S. 32.
299 *Herrnkind*, Kritische Justiz, 2002/2, S.
300 So der als Zeuge geladene zweite Beamte im OVG Rheinl.-Pf. Fall, OVG Rheinl.-Pf., Az.: 7A10532/12.OVG, S. 13.

ausgeprägte Intuition verlassen.[301] Insgesamt lässt sich jedoch feststellen, dass die Erklärungsversuche bezüglich der Selektionskriterien eher schwammig ausfallen. Herrnkind spricht sogar von „weitgehend nebulösen Ergebnissen"[302] und Erklärungsansätzen, die sich in „metaphysischen Dimensionen"[303] bewegen.

d) Selektionsprozess als Form von Racial Profiling

Die Frage ist, ob dieser *Selektionsprozess* nicht einen Fall von *Racial Profiling* darstellt. Insbesondere im Falle des zweiten klassischen Adressaten der Maßnahme, dem „potentiellen illegalen Einwanderer", besteht die Gefahr, dass lediglich oder zumindest verstärkt solche Personen befragt werden, die in den Augen des Beamten vom Phänotyp her mit gesteigerter Wahrscheinlichkeit Ausländer sein könnten.[304] Dadurch, dass nur zur Verfolgung der in der Befugnisnorm genannten Zwecke kontrolliert werden darf, d.h. zur Verhinderung oder Unterbindung der illegalen Einreise, und nur Nicht-Deutsche illegal einreisen können, reduziert sich der Pool an möglichen illegalen Einwanderern, und damit zugleich der Pool an zu kontrollierenden Personen, auf Ausländer.[305] Es bietet sich daher eine Differenzierung nach Personen an, die eine gesteigerte Nähe zum Normzweck haben, d.h. eine Differenzierung nach der Staatsangehörigkeit.[306] Eine Kontrolle beschränkt auf ausländisch aussehende Personen erscheint daher auch auf den ersten Blick zweckmäßig, sofern die Wahrscheinlichkeit, dass es sich bei ausländisch aussehenden Menschen auch tatsächlich um Ausländer handelt, durchaus erhöht ist.[307] Zwar entwickelt sich Deutschland immer mehr zu einer multikulturellen Gesellschaft und das stereotypische Bild des großgewachsenen blonden Deutschen ist bestimmt längst mehr wirklich zeitgemäß, dennoch kann wohl davon ausgegangen werden, dass die Mehrheit der Deutschen phänotypisch europäisch aussehend ist.

---

301 Ausführlich hierzu *Herrnkind*, Kritische Justiz, 2002/2, S. 192 f.
302 *Herrnkind*, Kritische Justiz, 2002/2, S. 199.
303 *Herrnkind*, Kritische Justiz, 2002/2, S. 199.
304 *Graf*, Verdachts- und ereignisunabhängige Personenkontrollen, S. 338.
305 So auch *Krane*, DPolBl., 5/2004, S. 32; *Drohla*, ZAR 2012, S. 414.
306 So auch OVG Rheinl.-Pfalz, Urteil v. 21.04.2016, Az. 7 A 11108/14.OVG.
307 Zur Frage, ob dies auch verfassungsrechtlich zulässig ist, im nächsten Abschnitt.

Laut Aussagen der Bundesregierung findet allerdings eine solche Selektion an Hand von phänotypischen Merkmalen bzw. ethnischer Herkunft ohnehin nicht statt.[308] Zwar können sich die Beamten bei der Auswahl der zu kontrollierenden Personen immer nur an äußerlichen Merkmalen festhalten. Statt der Hauptfarbe als ausschlagendes Kriterium sollen dabei aber beispielsweise der Zustand der Kleidung, Aufschriften von mitgeführten Einkaufstüten oder Proviant und auffällige, auf Reisestrapazen zurückführende Erschöpfungserscheinungen herangezogen werden.[309] Weitere Kriterien können außerdem mangelnde Ortskenntnis, sichtliche Nervosität beim Erkennen von Polizeibeamten, Mimik, Gestik, sowie ausweichende Blicke sein.[310] Dabei kann sowohl ein einzelnes gewichtiges Indiz ausreichend sein, sowie auch mehrere Umstände, die für sich betrachtet wenig aussagekräftig sind, jedoch insgesamt ein Gesamtbild ergeben.[311]

4. Kognitionswissenschaft, Implicit Bias und § 22 Abs. 1 a BPolG

Fraglich ist jedoch, inwieweit eine Selektion – insbesondere eine solche nach der Staatsangehörigkeit – überhaupt ohne Einbeziehung des Merkmals Hautfarbe erfolgen kann. Zwar sollen nach Angaben der Bundespolizei und den Ausführungen der Bundesregierung[312] eben gerade nicht die Hautfarbe oder ethnische Herkunft einer Person darüber bestimmen, ob diese Objekt einer Befragung nach § 22 Abs. 1a BPolG wird. Dies steht jedoch klar im Widerspruch zu den Erkenntnissen aus der Kognitionswissenschaft.

Wie die Kognitionswissenschaft zeigt, haben die meisten Menschen unterbewusste Stereotype und Vorurteile, die unsere Wahrnehmungen, unser Verhalten

---

308 BT-Drucksache 17/11971.
309 *Rachor*, in: Handbuch des Polizeirechts, Rn. 383; *Gnüchtel*, NVwZ 2013, 981.
310 *Gnüchtel*, NVwZ 2013, 981; *Rachor*, in: Handbuch des Polizeirechts, Rn. 383.
311 *Rachor*, in: Handbuch des Polizeirechts, Rn. 383.
312 BT-Drucksache 17/11971.

und unsere Entscheidungen beeinflussen.[313] Dieses *Bias* zeigt sich besonders stark in Zusammenhang mit ethnischer Herkunft bzw. Hautfarbe.[314]

Auf Grund der Besonderheit der Verdachtsunabhängigkeit der Kontrollen nach § 22 Abs. 1a BPolG und der Notwendigkeit einer zahlenmäßigen Einschränkung der zu befragenden Personen durch gezielte Selektion befindet sich der betreffende Polizeibeamte in einer Situation, in der ihm verhältnismäßig viel Beurteilungsspielraum bei der Ausführung seiner Aufgabe eingeräumt wird. Durch die Abwesenheit strenger Vorgaben, wie etwa das Vorliegen einer konkreten Gefahr im polizeirechtlichen Sinne, wird die Verantwortung auf den einzelnen Beamten verlagert, der in seiner Entscheidung, wen er kontrollieren oder befragen soll, in herausragender, für das Polizeirecht untypischer Weise frei ist.[315]

Aus Effektivitätsgründen wird ein vernünftiger Polizeibeamter dazu übergehen, nur solche Personen zu befragen, bei denen eine erhöhte Wahrscheinlichkeit vorliegt, dass sie hilfreiche Informationen in Bezug auf illegale Einwanderung liefern können oder selbst illegale Einwanderer sind. Dazu knüpft der Polizeibeamte in der Regel an eine der zuvor genannten Verhaltensweisen oder Merkmale an, die in diesem Fall als Indizien dienen können. Es gibt jedoch kein starres Muster, nach dem diese Verhaltensweisen immer gleich aufschlussreich sind, da sie je nach Zusammenhang vollkommen unterschiedlich gedeutet werden können.

So trifft etwa das Kriterium „erkennbare Müdigkeit wegen Reisestrapazen" auf praktisch jeden zu, der eine längere Zugfahrt hinter sich hat, und sagt – für sich genommen – nichts darüber aus, ob eine Person illegal eingereist ist. Kommen jedoch andere der oben genannten Punkte, wie etwa Vermeiden von Blickkontakt und das Mit-sich-führen von Einkaufstüten ausländischer Geschäfte hinzu, erscheint eine illegale Einreise wahrscheinlicher. Allerdings sind auch bei kumulativem Vorliegen mehrerer solcher Merkmale immer die Umstände entscheidend. So können dieselben Merkmale bei verschiedenen Personen vollkommen unterschiedlich gewertet werden. Insbesondere Alter,

---

313 *L. Song Richardson*, Police Efficiency and the Fourth Amendment, Indiana Law Journal, Vol. 87, S. 1144.
314 Ein ähnlicher starkes *bias* zeigt sich u.a. auch bei den Merkmalen Alter und Geschlecht.
315 *Herrnkind*, in: Innere Sicherheit als Gefahr, S. 254.

Geschlecht und äußeres Erscheinungsbild können dabei eine entscheidende Rolle spielen. Bei einer Gruppe von Jugendlichen in Begleitung einer erwachsenen Person deuten die Merkmale „Müdigkeit durch Reisestrapazen", Tragen von ausländischen Tüten und vermeiden von Blickkontakt wohl eher auf eine Klassenfahrt in Begleitung einer schulischen Aufsichtsperson hin, als auf illegale Einwanderung unter Führung eines Schleusers. Handelt es sich jedoch um eine Gruppe ausländisch aussehender Personen unterschiedlicher Altersstufen, liegt der Verdacht der illegalen Einwanderung näher.

Fraglich ist jedoch, ob dem Betreffenden in diesem Fall zuerst Dinge wie ausweichender Blick, Gepäck bzw. kein Gepäck, oder Erschöpfung auffallen, oder ob nicht viel mehr das fremdländische Aussehen einer Person dafür sorgt, dass wir unser Augenmerk überhaupt auf diese richten. Auch gilt es zu hinterfragen, ob nicht auch unsere Wahrnehmung unterschiedlich ausfallen kann, je nachdem, welche Hautfarbe unser Gegenüber hat. Der zuvor schon erwähnte Fall vor dem OVG Rheinland-Pfalz aus dem Jahr 2016, bei dem die Rechtmäßigkeit einer Maßnahme nach § 22 Abs. 1a BPolG überprüft wurde, bietet ein anschauliches Exempel[316]: Der betreffende Polizeibeamte gab an, dass er sich noch im Einstiegsbereich stehend einen Überblick über den Waggon verschafft habe, dabei sei ihm die (dunkelhäutige) Familie des Klägers aufgefallen, die direkt vor ihm in der ersten Vierer-Sitzgruppe auf der rechten Seite gesessen habe. Im Einstiegsbereich sei ihm nichts aufgefallen, insbesondere kein Gepäck. Als er bei der Familie gestanden habe, seien ihm Plastiktüten (es stellte sich später heraus, es handelte sich um eine Plastiktüte, in der am Bahnhof gekaufter Reiseproviant war) und eine Handtasche aufgefallen. Schon im Eingangsbereich habe er registriert, dass die Kläger sich in sehr gutem Englisch unterhalten hätten. Die Kläger seien zudem gut gekleidet gewesen. Dies sei für ihn ein Anhaltspunkt gewesen, da dies auf ein Bemühen deute bei der illegalen Einreise oder Durchreise nicht aufzufallen. Das bedeutet, dass die Merkmale „schlechtes Englisch" und „schlechte Kleidung" als Indiz für eine illegale Einreise gelten, gleichzeitig jedoch die Merkmale „gutes Englisch" und „gute Kleidung" in Verbindung mit ausländischem Aussehen als Anzeichen für die Verschleierung einer ebensolchen illegalen Einreise stehen.

---

316   OVG Rheinl.-Pfalz, Urteil v. 21.04.2016, Az. 7 A 11108/14.OVG.

Dieser Fall zeigt, wie auch die in Kapitel 3 genannten Beispiele, dass genau diese Situationen, in denen wir auf Grund eines ersten Eindrucks entscheiden müssen, äußerst anfällig für unbewusst stereotypisch geprägtes Denken sind. Laut *Herrnkind* drängt sich „angesichts der Äußerungen der SchleierfanderInnen (...) eine Verbindung zwischen ihren kognitiven Schemata und einfachen Stereotypen geradezu auf"[317].

Die Kognitionswissenschaft legt nahe, dass *Implicit Racial Bias* in der Gestalt wirkt, dass Menschen das Verhalten einer Person unterschiedlich beurteilen, je nachdem welche Hautfarbe sie hat bzw. welcher ethnischen Herkunft sie ist.[318] Auch Polizeibeamte sind nicht ausgenommen von diesem Phänomen. Zwar sind diese unbewussten Vorurteile omnipräsent, jedoch sind sie auch, abhängig von Person und Situation, unterschiedlich stark ausgeprägt.[319]

Die Routinesituation, in der Polizeibeamte durch ein vollbesetztes Zugabteil gehen und in Sekundenschnelle die Passagiere scannen, um mögliche Personen herauszufiltern, die der Aufgabenerfüllung des § 22 Abs. 1a BPolG zuträglich sein könnten, zeichnet sich durch ein sehr reduziertes kognitives Prüfungsraster aus.[320] Der zeitliche Druck und die Beschränkung auf Äußerlichkeiten bieten einen optimalen Nährboden für *Implicit Racial Bias*.

a) Auswirkung der Hautfarbe auf die Wahrnehmung und Deutung von Verhalten im Rahmen der Kontrollen des § 22 Abs. 1a BPolG

Diese Ergebnisse aus den in Kapitel 3 genannten Studien, stützten die These, dass in einer Situation wie jener der anlassunabhängigen Kontrollen des § 22 Abs. 1 a BPolG – und auch im Beispiel aus dem Fall von 2016 – sich das Augenmerk eines Polizeibeamten verstärkt auf farbige Passagiere richtet. Die verstärkte Fokussierung der Aufmerksamkeit geschieht zudem automatisch und ohne bewusstes Zutun des betreffenden Polizeibeamten. Auch unabhängig von den kognitionswissenschaftlichen Erkenntnissen lässt sich nur schwer

---

317 *Herrnkind*, Kritische Justiz, 2002/2, S. 200.
318 *L. Song Richardson*, Indiana Law Journal, Vol. 87, S. 1145; *L. Song Richardson*, Minnesota Law Review, Vol. 97, S. 2044.
319 *L. Song Richardson*, Indiana Law Journal, Vol. 87, S. 1146.
320 *Herrnkind*, in: Innere Sicherheit als Gefahr, S. 257.

abstreiten, dass in einem Land mit der demographischen Zusammensetzung Deutschlands, dunkelhäutige Personen – trotz wachsender multikultureller Einflüsse – noch immer in vielen Gegenden eine Seltenheit sind. Zudem sind Mitglieder von Minderheiten gerade per Definition selten.

Neben der Tatsache, dass unser *Implicit Racial Bias* dazu führt, dass wir eher auf einen dunkelhäutigen, als auf einen weißen Menschen aufmerksam werden, zeigen Erkenntnisse aus der Kognitionswissenschaft auch, dass wir einem daraufhin beobachteten Verhalten unterschiedliche Bedeutung beimessen, je nachdem welche Hautfarbe die entsprechende Person hat.

Insbesondere in der Situation des § 22 Abs. 1a BPolG gewinnt diese Erkenntnis an Wichtigkeit. Der Beamte, der in einem Zug im Grenzgebiet durch die Abteile geht, um stichprobenartig[321] Kontrollen zur Verhinderung und Unterbindung unerlaubter Einreise durchzuführen, wird demnach viel eher auf einen dunkelhäutigen Fahrgast aufmerksam und – so legen es die einschlägigen kognitionswissenschaftlichen Studien nahe – deutet das Verhalten des dunkelhäutigen Fahrgastes als tendenziell verdächtiger oder aggressiver als das vergleichbare Verhalten eines weißen Fahrgastes. Insoweit wird auf die in Kapitel 3 aufgezeigten Beispiele zur Wahrnehmung verwiesen. Auch im Fall der dunkelhäutigen Familie, deren Zusammentreffen mit der Bundespolizei Gegenstand einer Fortsetzungsfeststellungsklage – zunächst vor dem VG Koblenz[322] – und später einer Berufung vor dem OVG Rheinland-Pfalz war, lässt sich dieses Phänomen erkennen. Der Polizeibeamte gab an, dass ihn mitunter die mitgeführte Handtasche, die Plastiktüte, die Tatsache, dass die Kläger ansonsten kein Gepäck bei sich führten und gut gekleidet waren, dazu veranlasst hat, diese anzusprechen.[323] Wären die Kläger phänotypisch „deutsch" aussehend, so würden diese Umstände wohl keinesfalls die Assoziation der illegalen Einwanderung auslösen.

b) *Problematik der Übertragbarkeit der amerikanischen Implicit Bias Forschung auf die Situation in Deutschland*

Problematisch ist, dass die zitierten kognitionswissenschaftlichen Studien ausschließlich in den Vereinigten Staaten durchgeführt wurden und durchaus

---

321 Vgl. zum Begriff der Stichprobenartigkeit oben.
322 VG Koblenz, Urteil v. 23.10.2014, Az. 1 K 294/KO.
323 OVG Rheinl.-Pfalz, Urteil v. 21.04.2016, Az. 7 A 11108/14.OVG.

fraglich ist, ob die gewonnenen Erkenntnisse sich passgenau auf die Situation in Deutschland übertragen lassen. Stereotype sind stark kulturabhängig und keinesfalls immer universell gültig. Ein klassisches Beispiel ist die in Nordamerika bekannte Assoziation von Asiaten und einer Begabung im Bereich Mathematik und Naturwissenschaften. Andere Stereotype sind dagegen zumindest in weiten Bereichen der Welt gleich, wie etwa die Assoziation Frauen und körperliche Schwäche. Speziell im Bereich der Stereotype mit Bezug auf gewisse Ethnien kann es jedoch – allein auf Grund der unterschiedlichen demographischen Zusammensetzung in den verschiedenen Ländern – dazu kommen, dass Stereotype sich von Region zu Region unterscheiden.

Fast alle Studien, die sich mit *Implicit Racial Bias* befassen, wurden mit amerikanischen Testpersonen in den USA durchgeführt. Zudem beziehen sich die Studien meist auf *Implicit Racial Bias* gegenüber Schwarzen. In den USA sind dies überwiegend Afro-Amerikaner, deren gesellschaftliche Stellung – und damit auch das damit zusammenhängende Stereotyp – sich über Jahrzehnte hinweg auf Grund der Besonderheiten der amerikanischen Geschichte entwickelt hat. In Europa dagegen – und insbesondere in Deutschland – ist die historische Entwicklung eine ganz andere.

Die Stereotype, um die es vor allem im *Shooter-Bias-Experiment* geht – nämlich, dass Schwarze in den USA als gefährlich gelten – sind zum großen Teil durch die historischen und kulturellen Gegebenheiten in den USA geprägt. Schwarze machen nur 13% der amerikanischen Bevölkerung aus, jedoch sind sie in amerikanischen Gefängnissen stark überrepräsentiert. 58% aller Insassen dort sind schwarz.[324] Diese Statistik und der damit verbundene Glaube daran, dass Schwarze in den USA überdurchschnittlich viele Verbrechen begehen, sind in der amerikanischen Gesellschaft weit verbreitet.[325] Statistisch gesehen ist die Wahrscheinlichkeit, dass ein schwarzer Mann in den USA im Laufe seines Lebens in Haft kommt, sechsmal höher als für einen Weißen.[326] Diese Tatsachen spiegeln sich auch in der

---

324 NAACP Criminal Jusice Fact Sheet, abrufbar unter: http://www.naacp.org/pages/criminal-justice-fact-sheet.
325 *Russell-Brown*, The Color of Crime, S. 132.
326 NAACP Criminal Justice Fact Sheet, abrufbar unter: http://www.naacp.org/pages/criminal-justice-fact-sheet.

amerikanischen Nachrichtenberichterstattung wieder.[327] Das Klischee des kriminellen schwarzen Mannes wird durch die amerikanischen Medien ständig in Erinnerung gerufen und dadurch am Leben gehalten und weiter bekräftig.[328] *Russel-Brown* nennt dieses Phänomen den „*Criminalblackman*", da ihrer Ansicht nach in den Vereinigten Staaten der Begriff junger Afroamerikaner und Verbrecher synonym gebraucht werden.[329] Zum anderen ist auch die Darstellung des schwarzen Mannes in der amerikanischen Popkultur mit für die Vermittlung eines solchen Bildes verantwortlich. Man denke dabei bloß an das Quasi-Zelebrieren von Gang-Kultur und *Gangsta-Rap*, in der sich junge schwarze Männer mit Waffen zeigen und Drogen verherrlichen.

Während in den USA sich dieses Stereotyp speziell gegen die Bevölkerungsgruppe der Afroamerikaner richtet, fehlt in Deutschland eine Gruppierung mit vergleichbarem geschichtlichem und gesellschaftlichem Hintergrund. Zwar findet die amerikanische Popkultur auch in Deutschland regen Anklang und der Kleidungsstil sowie die Musik der afroamerikanischen Rapper haben auch hier viele Nachahmer gefunden, jedoch fehlt es an einer kulturellen Inkorporation des afroamerikanischen Stereotypes.

Nichtsdestotrotz gibt es auch in Deutschland Stereotype gegenüber Dunkelhäutigen. Wie die Umfragen der Antidiskriminierungsstelle zeigen, geben 24% der Deutschen an, dass sie Angst haben, wenn ihnen schwarze Männer auf der Straße begegnen, und 26% geben an, dass schwarze Menschen nicht nach Deutschland passen.[330] Die Zahlen spiegeln dabei lediglich die bewussten Stereotype sowie Vorurteile wieder und es lässt sich lediglich darüber spekulieren, wie hoch die Zahl derjenigen ist, die ihre Antwort je nach sozialer Erwünschtheit anpassen. Der länderspezifische IAT zeigt, dass auch in Deutschland eine unterbewusste Assoziation von dunkler Hautfarbe und negativen Einstellungen verbreitet ist.[331]

---

327 *Russell-Brown*, The Color of Crime, S. 128.
328 *Russell-Brown*, The Color of Crime, S. 107.
329 *Russell-Brown*, The Color of Crime, S. 101.
330 *Antidiskriminierungsstelle des Bundes,* Diskriminierung im Alltag, S. 57.
331 *Florack/Scarabis,* When do Associations Matter? The Use of Automatic Associations toward Ethnic Groups in Person Judgements, Journal of Experimental Social Psychology, 2001, Vol. 37, S. 518 ff.

Zudem stammt die zunehmende Zahl der nach Deutschland kommenden Flüchtlinge vorwiegend aus arabischen und afrikanischen Ländern.[332] Die Anzahl der Übergriffe und Anschläge auf Flüchtlingsunterkünfte zeigen deutlich, dass die deutsche Bevölkerung den Ankommenden nicht durchweg wohlgesonnen ist. Meinungsumfragen und Interviews mit Anwohnern von benachbarten Flüchtlingsunterkünften, sowie die neueren politischen Entwicklungen verdeutlichen, dass Stereotype und Vorurteile das Meinungsbild vieler Deutscher beeinflussen und prägen.

Auch wird häufig ein Zusammenhang zwischen bestimmten ethnischen Gruppierungen und terroristischen Organisationen hergestellt. So führten etwa die Anschläge in Paris im November 2015 sofort dazu, dass die deutschen Medien sich mit der Frage beschäftigen, wie sich die Vorfälle in Paris auf den Umgang mit der Flüchtlingssituation hierzulande auswirken würden. Speziell für den deutschen Raum wurden zudem auch Race-IATs mit türkischen und deutschen Gesichtern durchgeführt.[333] Hier zeigten sich ähnliche Ergebnisse wie bei den Race-IATs in den USA bezogen auf Afroamerikaner.

c) Auswertung und Ergebnis der Implicit-Bias-Forschung für § 22 Abs. 1a BPolG

Das Ergebnis der Zusammenschau aus kognitionswissenschaftlicher Analyse und Auslegung der Norm ist, dass – entgegen der Ansicht der Bundespolizei und Bundesregierung – eine Durchführung der Kontrollen aus § 22 Abs. 1a BPolG ohne Einbeziehung des Merkmals der ethnischen Herkunft nicht möglich ist. Die Aussage der Bundespolizei dürfte nicht lauten, dass spezifische äußere Kriterien, d.h. „Rasse" oder Ethnie, nicht ausschlaggebend für die Befragungen sind, sondern dass – auch wenn die Hautfarbe auf bewusster Ebene nicht die Auswahl beeinflusst – sie durchaus unbewusst Einfluss auf die Auswahl der zu kontrollierenden Personen hat. Nach intensiver Auseinandersetzung mit der kognitionswissenschaftlichen Betrachtungsweise steht fest, dass kein Mensch in Bezug auf das Merkmal

---

332 Kleine Anfrage der LINKEN, BT-Drucksache 18/4149, 27.02.2015, S. 10.
333 *Florack/Scarabis*, When do Associations Matter? The Use of Automatic Associations toward Ethnic Groups in Person Judgements, Journal of Experimental Social Psychology, 2001, Vol. 37, S. 518 ff.

Hautfarbe tatsächlich „farbenblind" ist. Dies gilt auch für die Beamten der Bundespolizei. Die Beurteilung einer Person kann unter Umständen wie denen des § 22 Abs. 1a BPolG, in denen eine Entscheidung rein auf Äußerlichkeiten getroffen werden muss, bei den meisten Menschen nicht ohne Berücksichtigung der Hautfarbe erfolgen. Die Wahrnehmung der Hautfarbe führt automatisch zu unterbewussten stereotypischen Assoziationen. Dieser *Implicit Racial Bias* beeinflusst unser Verhalten und unsere Entscheidungen in einer Weise die wir selbst nicht vorhersehen können und die sich uns auch in der Retrospektive nicht erschließt. Durch die unterbewusst stereotypisch geprägte Wahrnehmung werden Minderheiten automatisch als verdächtiger und gefährlicher wahrgenommen und somit steigt auch das Risiko, dass sie zum Objekt der bundespolizeilichen Kontrollen nach § 22 Abs. 1a BPolG werden.

Dadurch, dass es – anders als beispielsweise im *Shooter-Bias-Experiment* – im Diskriminierungskontext oft keine richtige oder falsche Entscheidung gibt, sondern viel größere Spielräume bestehen, ist auch *Casuistry* wahrscheinlicher und Korrekturen durch bewusstes Gegensteuern umso schwerer.

Da bestimmte Gruppierungen im Rahmen des § 22 Abs. 1a BPolG auf Grund ihrer ethnischen Herkunft tendenziell eher „Opfer" einer präventiven polizeilichen Maßnahme werden, liegt – nach der hier zu Grunde gelegten Definition[334] – ein Fall von *Racial Profiling* vor. Insbesondere macht es keinen Unterschied, ob dies in Folge einer bewussten oder unbewussten Entscheidung geschieht, sondern wichtig ist lediglich, *dass* bestimmte Gruppierungen solchen Maßnahmen ausgesetzt werden.

Die Frage, ob es sich um *Racial Profiling* handelt, ist – anders als in der amerikanischen Diskussion – strikt von der Frage der Rechtmäßigkeit eines solchen Vorgehens zu trennen. In den USA ist *Racial Profiling* in zahlreichen Staaten per Gesetz verboten, daher verlagert sich Diskussion über die Zulässigkeit eines selektiven Vorgehens gegenüber Minderheiten in die

---

334 Der Begriff des *Racial Profiling* beschreibt den Fall, dass Personen auf Grund ihrer ethnischen Zugehörigkeit einer präventiven polizeilichen Maßnahme ausgesetzt werden. Die ethnische Zugehörigkeit muss dabei nicht der alleinige Grund sein, vielmehr reicht es aus, wenn sie als einer der Faktoren identifiziert werden kann.

Frage der Definition von *Racial Profiling*.[335] In Deutschland dagegen gibt es kein einfachgesetzliches Verbot von *Racial Profiling*, so dass eine Überprüfung des einzelnen Exekutivaktes oder Legislativaktes am Maßstab des Art. 3, Abs.1 und Abs. 3 GG stattfinden muss.

Zusammenfassend lässt sich also feststellen, dass es sich bei § 22 Abs. 1a BPolG um eine Norm handelt, die durch die Kombination ihrer Zweckrichtung – nämlich illegale Einwanderung und Einreise zu unterbinden – und ihrer Konzeption als verdachts- und ereignisunabhängige Befugnisnorm *Racial Profiling* begünstigt und sogar fördert.

---

335 Hierzu genauer in Kapitel 2.

5. Kapitel: Verfassungsmäßigkeit der Verdachts- und ereignisunabhängigen Personenkontrollen – Art. 3 GG

Wenn also das äußere Erscheinungsbild und insbesondere die Hautfarbe einer Person die Entscheidung des Polizisten beeinflussen, wen er auf Grundlage des § 22 Abs. 1a BPolG kontrolliert, stellt sich die Frage, ob der Norm ein Verstoß gegen das Diskriminierungsverbot des Art. 3 Abs. 3, Abs. 1 GG immanent ist.

Von vielen Seiten wird eine vermeintliche Verfassungswidrigkeit der auf § 22 Abs. 1a BPolG beruhenden Kontrollen angeprangert.[336] Zum Zeitpunkt Mai 2016 sind sieben Verfahren gegen einzelne Exekutivakte in mehreren deutschen Städten anhängig, in denen der Polizei diskriminierendes Verhalten bei einer Kontrolle vorgeworfen wird.[337] Ultimatives Ziel der Kläger dürfte ein Gang vor das Bundesverfassungsgericht sein, um eine endgültige Klärung der Verfassungsmäßigkeit der Rechtsgrundlage für diese verdachtsunabhängigen Kontrollen (§ 22 Abs. 1a BPolG) zu erreichen.[338] Während bisher bei den verwaltungsgerichtlichen Verfahren die Rechtmäßigkeit der einzelnen Kontrollen im Vordergrund stand, beschäftigte sich nun im April 2016 erstmals das OVG Rheinland-Pfalz intensiv mit der Frage der Verfassungsmäßigkeit der Rechtsgrundlage.[339]

Zunächst wird in diesem Kapitel kurz die praktische Vorgehensweise erläutert, in der eine Verfassungswidrigkeit von § 22 Abs. 1a BPolG durch das Bundesverfassungsgericht festgestellt werden könnte (I.). Im nächsten

---

336 Amnesty International, http://www.amnesty.de/files/Racial_Profiling_Positions papier.pdf; Deutsches Institut für Menschenrechte, http://www.institut-fuer-menschenrechte.de/uploads/tx_commerce/Studie_Racial_Profiling_Menschen rechtswidrige_Personenkontrollen_nach_Bundespolizeigesetz.pdf.
337 BT-Drucks. 18/8037, S. 4, drei Verfahren richten sich gegen eine Kontrolle, bei der § 23 I Nr. 3 BPolG als Rechtsgrundlage genannt wird, vier Verfahren gegen § 22 Abs. 1a BPolG.
338 Brühl, SZ vom 27.04.2015, http://sz.de/1.2453876; *Adam*, Vorgänge 2013, S. 69.
339 OVG Rheinl.-Pfalz, Urteil v. 21.04.2016, Az. 7 A 11107/14.OVG.

Schritt (II.) folgen sodann Ausführungen zur Systematik von Art. 3 GG. Dabei wird § 22 Abs. 1a BPolG konkret auf einen Verstoß gegen Art. 3 GG überprüft. Zuletzt wird die Möglichkeit einer verfassungsrechtlichen Rechtfertigung einer Benachteiligung wegen der „Rasse" durch die verdachts- und ereignisunabhängigen Personenkontrollen des § 22 Abs. 1a BPolG diskutiert (III.).

I. Wege vor das Bundesverfassungsgericht

Im Fall der vermeintlich diskriminierenden Kontrollen nach § 22 Abs. 1a BPolG mangelt es bisher an Rechtsprechung und bis auf zwei Einzelfälle vor dem OVG Rheinland-Pfalz aus den Jahren 2012[340] und 2016[341] scheuen sich die Verwaltungsgerichte bisher, die *Racial-Profiling-Thematik* anzusprechen. Zwar wurden nunmehr zwei Kontrollen wegen eines Verstoßes gegen das Diskriminierungsverbot aus Art. 3 Abs. 3 GG für rechtswidrig erklärt. Bezüglich der Verfassungsmäßigkeit der Rechtsgrundlage steht eine endgültige Klärung durch das Bundesverfassungsgericht aber noch aus.

Eine Verfassungsbeschwerde eines Einzelnen gegen das Gesetz scheidet dabei aus Fristgründen aus, da § 22 Abs. 1a BPolG schon zu lange in Kraft ist und eine Verfassungsbeschwerde gegen Gesetze nach § 93 Abs. 1 S.1 BVerfGG nur binnen eines Jahres nach Inkrafttreten der Norm möglich ist. Zudem könnte eine Verfassungsbeschwerde unmittelbar gegen das Gesetz an der Beschwerdebefugnis im Rahmen der Zulässigkeit – genauer an der fehlenden qualifizierten Betroffenheit – scheitern. Der Beschwerdeführer müsste substantiiert darlegen, dass er durch die Norm selbst, gegenwärtig und unmittelbar betroffen ist.[342] Problematisch ist hier die Voraussetzung der Unmittelbarkeit der Betroffenheit. Das Erfordernis der Unmittelbarkeit ist erfüllt, wenn das angegriffene Gesetz in den Rechtskreis des Beschwerdeführers einwirkt, die Betroffenheit des Beschwerdeführers also nicht erst mittels eines weiteren Aktes bewirkt wird oder vom Ergehen

---

340 OVG Rheinl.-Pf., Beschluss v. 29.12.2012, Az. 7 A 10532/12.OVG.
341 OVG Rheinl.-Pfl., Urteil v. 21.04.2016, Az. 7 A 11108/14.OVG.
342 Ständige Rechtsprechung des Bundesverfassungsgerichts, vgl. hierzu BVerfG, Beschluss v. 19.12.1951, E 1, 97 (101) = NJW 1952, S. 297; BVerfG, Beschluss v. 29.06.1983, E 64, 301 (319) = NJW 1984, S. 165.

eines solchen Aktes abhängig ist.[343] Dies soll die Verfassungsbeschwerde von der Normenkontrolle – und auf Landesebene von der Popularklage – abgrenzen.[344] Im Fall der verdachtsunabhängigen Kontrollen und Befragungen nach § 22 Abs. 1a BPolG stellt die Interaktion zwischen Polizist und Bürger jedoch einen solchen weiteren Akt dar. Aus diesem Grund erklärte das Landesverfassungsgericht Sachsen-Anhalt eine Klage gegen das landesrechtliche Pendant zur § 22 Abs. 1a BPolG für unzulässig.[345] Anderer Ansicht war dagegen das Landesverfassungsgericht Mecklenburg-Vorpommern, welches eine unmittelbare Betroffenheit bejahte.[346] Der Grundsatz schließe nicht aus, dass eine bestimmte Rechtsnorm, obwohl sie eines Vollziehungsaktes bedarf, unabhängig davon unter bestimmten Voraussetzungen die Rechtsposition des Betroffenen schon (nachteilig) verändere.[347] Das Gericht argumentiert weiter, dass im Rahmen der Schleierfahndung jedermann die Pflicht auferlegt werde, unvorhergesehene ordnungsrechtliche Eingriffe zu dulden, ohne dass das Gesetz einen Anhaltspunkt für eine durch die Tatbestandserfüllung vorgezeichnete Individualisierung enthalte, so dass dadurch das Erfordernis des Vollzugsaktes für die Frage nach der unmittelbaren Betroffenheit eines Beschwerdeführers seine Bedeutung verliere.[348] Durch die Schleierfahndung seien potentiell alle Bürger betroffen, ohne dass sie selbst einen bestimmten Anlass gegeben haben oder ein sonstiger, den Betreffenden zurechenbarer Umstand eine Rolle spiele. Daher sei der Bürger auch ohne polizeilichen Vollzugsakt bereits in seinem Rechtskreis betroffen. Tatsächlich kann dies jedoch für den Fall des § 22 Abs. 1a BPolG dahinstehen, da eine Verfassungsbeschwerde aus Fristgründen ohnehin ausscheidet.

Ebenso scheint eine Überprüfung des Gesetzes im Rahmen einer abstrakten Normenkontrolle unwahrscheinlich. Antragsberechtigt im Rahmen einer abstrakten Normenkontrolle ist gemäß Art. 93 Abs. 1 Nr. 2 GG, §§ 13 Nr. 6, 76 ff. BVerfGG die Bundesregierung, Landesregierung oder ein

---

343 BVerfG, Urteil v. 14.05.1989, E 70, 35 (50) = NJW 1985, S. 2315; BVerfG, Beschluss v. 09.03.1994, E 90, 128 (135f.) = NVwZ 1994, S. 889.
344 MVVerfG, Zwischenurteil v. 06.05.1999, NVwZ-RR 1999, S. 617.
345 LVerfG Sachsen-Anhalt, Urteil vom 13.11.2001, NVwZ 2002, S. 1370.
346 MVVerfG, Zwischenurteil v. 06.05.1999, NVwZ-RR 1999, S. 617.
347 MVVerfG, Zwischenurteil v. 06.05.1999, NVwZ-RR 1999, S. 617.
348 MVVerfG, Zwischenurteil v. 06.05.1999, NVwZ-RR 1999, S. 617.

Viertel der Mitglieder des Bundestages. In Anbetracht der Stellungnahmen der Bundesregierung in den kleinen Anfragen erscheint es unwahrscheinlich bis ausgeschlossen, dass ein solcher Kontrollantrag von Seiten der Bundesregierung kommen wird. Gleiches gilt für die Landesregierungen. Der im Senegal geborene Abgeordnete Karamba Diaby versucht nun schon – mitunter motiviert durch persönliche Erfahrungen mit verdachtsunabhängigen Befragungen – seit Jahren im Bundestag das für eine abstrakte Normenkontrolle notwendige Quorum von einem Viertel der Mitglieder zu mobilisieren, bisher jedoch ohne Erfolg.[349]

Möglich wäre des Weiteren eine Verfassungsbeschwerde nach Erschöpfung des Rechtswegs gegen den Einzelakt. Bisher ist es zu einer solchen nicht gekommen, da die einzelnen Kontrollen stets in erster oder zweiter Instanz für rechtswidrig erklärt wurden, wenngleich auch – bis auf einen Fall vor dem OVG Rheinland-Pfalz im April 2016[350] – nie wegen eines Verstoßes gegen Art. 3 GG, sondern aus anderen Gründen.[351]

Am wahrscheinlichsten und somit am erfolgversprechendsten scheint daher eine Vorlage durch ein Gericht im Rahmen einer *konkreten Normenkontrolle* nach Art. 100 GG, §§ 13 Nr. 11, 80 ff. BVerfGG. Eine solche kommt dann in Betracht, wenn es für die Entscheidung auf die Gültigkeit der Norm ankommt – dies ist in den anhängigen Verfahren der Fall, da es jeweils um die Rechtmäßigkeit eines Einzelaktes beruhend auf § 22 Abs. 1a BPolG geht – und das vorlegende Gericht von deren Nichtigkeit überzeugt ist.[352]

Im Folgenden sollen die Tragfähigkeit eines solchen Vorwurfs der Verfassungswidrigkeit geprüft werden, d.h. die Frage geklärt werden, inwieweit § 22 Abs. 1a BPolG mit Art. 3 GG vereinbar ist.

---

349 http://www.tagesspiegel.de/politik/menschenrechtsausschuss-im-bundestag-regierung-racial-profiling-gibt-es-nicht/11938924.html.
350 OVG Rheinl.-Pfalz, Urteil v. 21.04.2016, Az. 11108/14.OVG.
351 Z.B.: VG Stuttgart, Urteil. v. 22.10.2015, Az. 1 K 5060/13 erklärte die Maßnahme für rechtswidrig, weil der Schengener Grenzkodex der Anwendung der Befugnisnorm entgegenstehe; VG Koblenz, Urteil v. 23.10.2014, Az. 1 K 294/14.KO erklärte die Maßnahme für rechtswidrig, weil § 22 Abs. 1a BPolG nicht auf Züge im Inland anwendbar sei.
352 Keinen Zweifel hegte scheinbar das OVG Rheinl.-Pfalz, das Gericht prüfte aber immerhin umfassend die Verfassungsmäßigkeit der Norm.

II. Vereinbarkeit des § 22 Abs. 1a BPolG mit Art. 3 GG
1. Über Art. 3 Abs. 3 GG

Aus Art. 3 Abs. 3 GG ergibt sich, dass niemand wegen „seines Geschlechts, seiner Abstammung, seiner Rasse, seiner Sprache, seiner Heimat und Herkunft, seines Glaubens, seiner politischen oder religiösen Weltanschauungen benachteiligt oder bevorzugt" werden darf. Art. 3 Abs. 3 GG enthält demnach besondere Differenzierungsverbote, die den allgemeinen Gleichheitsgedanken – „Alle Menschen sind vor dem Gesetz gleich." – aus Abs. 1 konkretisieren.[353] Das Grundgesetz erklärt damit bestimmte naturgegebene, historisch bedingte, oder in eigener freier Entscheidung begründete menschliche Verschiedenheiten für rechtlich unbeachtlich.[354] Die Entscheidung des Verfassungsgesetzgebers, eben diese typischen Ungleichheiten der Menschen unter den Schutz eines Differenzierungsverbotes zu stellen, entspringt nach wohl herrschender Auffassung direkt der Idee der Menschenwürde, so dass Art. 3 Abs. 3 GG einen besonders engen Zusammenhang zu Art. 1 Abs. 1 GG aufweist.[355] Zudem erwähnen die in Art. 3 Abs. 3 GG genannten Merkmale jedoch auch einen Freiheitsschutz in Hinblick auf besonders gefährdete Eigenschaften und Verhaltensweisen dar.[356] Dies betrifft zum einen die Freiheit, anders zu sein (Geschlecht, Abstammung, Rasse, Herkunft), und zum anderen die Freiheit, anders zu bleiben (Sprache, Glaube, religiöse und politische Weltanschauung).[357]

Bei Absatz 3 handelt es sich im Anspruchssystem der Grundrechte um eine *lex specialis* zu Art. 3 Abs. 1 GG.[358] Die Diskriminierungsverbote aus Art. 3 Abs. 3 GG sind nach herrschender Meinung als Konkretisierungen des allgemeinen Gleichheitssatzes zu sehen und teilen auch dessen allgemeinen

---

353 *Langenfeld*, in: Maunz/Dürig, GG, Art. 3 Abs. 3 Rn. 14; *Starck*, in: v. Mangoldt/Klein/Starck, GG, Art. 3 Abs. 3 Rn. 366.
354 *Starck*, in: v. Mangoldt/Klein/Starck, GG, Art. 3 Abs. 3 GG, Rn. 366.
355 *Langenfeld*, in: Maunz/Dürig, GG, Art. 3 Abs. 3, Rn. 25; *Starck*, in: v. Mangoldt/Klein/Starck, GG, Art. 3 Abs. 3 GG, Rn. 366; *Osterloh/Nußberger*, in: Sachs, GG, Art. 3 Rn. 236.
356 *Osterloh/Nußberger*, in: Sachs, GG, Art. 3 Rn. 236; *Langenfeld*, in: Maunz/Dürig, GG, Art. 3 Abs. 3 Rn. 25.
357 *Dürig/Scholz*, in: Maunz/Dürig, GG EL Stand Mai 2013, Art. 3 Abs. 3 Rn. 1.
358 *Langenfeld*, in: Maunz/Dürig, GG, Art. 3 Abs. 3 Rn. 14.

Schutzzweck.[359] Sobald „wegen" eines der Unterscheidungsmerkmale aus Art. 3 Abs. 3 GG diskriminiert wird, darf die differenzierende Regelung nicht mehr auf die Vereinbarkeit mit dem allgemeinen Gleichheitssatz überprüft werden, sondern darf nur noch an Abs. 3 gemessen werden.

Die vorhergehenden Aussagen zur kognitionswissenschaftlichen *Implicit-Bias-Forschung* lassen jedoch schon erahnen, dass es höchst problematisch ist, wann tatsächlich *„wegen"* eines bestimmten Merkmales diskriminiert wird. Bereits unabhängig von diesen naturwissenschaftlichen Erkenntnissen darüber, wie menschliche Gedankenprozesse ablaufen, herrscht ohnehin Uneinigkeit in der juristischen Debatte darüber, wann eine Diskriminierung *„wegen"* eines der in Art. 3 Abs. 3 GG genannten Merkmale gegeben ist.

2. Benachteiligung „wegen" eines Merkmals aus Art. 3 Abs. 3 GG

Als problematischer Anknüpfungspunkt kommt für den Fall der verdachtsunabhängigen Kontrollen nach § 22 Abs. 1a BPolG das Merkmal „Rasse" in Frage. Das Merkmal der „Rasse" wurde wie die meisten der in Absatz 3 genannten Merkmale vor dem Hintergrund der nationalsozialistischen Vergangenheit aufgenommen.[360] Dem Verfassungsgesetzgeber war daran gelegen, die Abkehr vom vergangen Unrecht durch die Schaffung von besonderen Diskriminierungsverboten nochmals hervorzuheben, auch wenn dies rein verfassungsdogmatisch nicht zwingend notwendig gewesen wäre, da bereits der allgemeine Gleichheitssatz vor Benachteiligungen aus diesen Gründen schützt.[361]

Aus diesem Grund meint der Begriff der *„Rasse"* im Grundgesetz auch keinen wissenschaftlich fundierten Begriff, sondern definiert sich im Wesentlichen nach dem allgemeinen Sprachgebrauch während des Nationalsozialismus.[362] Dies soll nicht bedeuten, dass das Grundgesetz Theorien unterstützt, die von einer Einteilung von Menschen in Rassen ausgehen, sondern vielmehr soll durch diese Wortwahl jegliche Anknüpfung an die

---

359 *Osterloh/Nußberger*, in: Sachs, GG, Art. 3 Rn. 236.
360 *Langenfeld*, in: Maunz/Dürig, GG, Art. 3 Abs. 3 Rn. 9; *Krieger*, in: Schmidt-Bleibtreu/Hofmann/Henneke, GG, Art. 3 Rn. 53.
361 *Osterloh/Nußberger*, in: Sachs, GG, Art. 3 Rn. 226.
362 *Heun*, in: Dreier, GG, Art. 3 Rn. 129; *Starck*, in: v.Mangoldt/Klein/Starck, GG, Art. 3 Abs. 3 Rn. 387.

Ideologien des Nationalsozialismus verhindert werden.[363] Im Wesentlichen versteht man unter dem Begriff der Rasse im Sinne von Art. 3 Abs. 3 GG daher jede Gruppe von Menschen mit gemeinsamen, tatsächlich oder auch nur vermeintlich biologisch vererbbaren Eigenschaften[364]. Verboten werden soll eine Differenzierung nach Kategorien wie „Farbige", „Zigeuner", Araber oder Juden.[365]

Bisher fristet das verpönte Merkmal „Rasse" jedoch – wie Art. 3 Abs. 3 GG allgemein – ein „merkwürdiges Schattendasein"[366] in der Rechtsprechungspraxis des Bundesverfassungsgerichts.[367] Eine verfassungswidrige Diskriminierung wegen der Rasse nahm das Bundesverfassungsgericht bisher lediglich für den Fall der Ausbürgerung von Juden nach der 11. Verordnung des Reichsbürgergesetzes von 1941 an.[368] Abgesehen von diesem Fall ist die Thematik jedoch bisher unangetastet.

Art. 3 Abs. 3 GG verbietet eine Bevorzugung oder Benachteiligung *„wegen"* eines der in Absatz 3 genannten Merkmale. Wann genau jedoch eine Andersbehandlung *„wegen"* eines solchen Merkmals vorliegt, ist strittig. Alle vertretenen Ansichten stimmen jedoch zumindest in dem Punkt überein, dass die Voraussetzung des *„wegen"* ein gewisses Maß an Kausalität zwischen Ungleichbehandlung und Abstellen auf das Kriterium voraussetzt.[369] Der Grad dieser Kausalität ist jedoch höchst umstritten. Im Wesentlichen spaltet sich das Meinungsfeld in Anhänger eines Anknüpfungs[370]- oder Begründungsverbotes.[371] Das *Bundesverfassungsgericht* verfolgt indes keine klare Linie, sondern greift in unterschiedlich großem Maße auf die

---

363 *Heun*, in: Dreier, GG, Art. 3 Rn. 129; *Starck*, in: v.Mangoldt/Klein/Starck, GG, Art. 3 Abs. 3 Rn. 387.
364 *Englisch*, in: Stern/Becker, GG, Art. 3 Rn. 79; *Boysen*, in: v. Münch/Kunig, GG, Bd. 1, Art. 3 Rn. 175; *Osterloh/Nußberger*, in: Sachs, GG, Art. 3 Rn. 293.
365 *Englisch*, in: Stern/Becker, GG, Art. 3 Rn. 79.
366 *Simon*, Sondervotum, BVerfG, Beschluss v. 08.03.1983, E 63, 266 (303) = NJW 1983, S. 1540,
367 Ausführlich hierzu *Milej*, NVwZ 2013, 690f.
368 BVerfG, Beschluss v. 14.02.1968, E 23, 98 (106f.) = NJW 1968, S. 1036.
369 Ausführlich hierzu *Sachs*, S. 416 ff.; *Starck*, in: v. Mangoldt/Klein/Starck, GG, Art. 3 Abs. 3 Rn. 379; *Krane*, Schleierfahndung, S. 243; *Rüfner* in: FS Friauf, S. 332.
370 Hier ist vor allem *Sachs* zu nennen.
371 Hier ist *Dürig* wohl als Hauptvertreter zu nennen.

diversen Modelle zurück.[372] Im Folgenden werden die unterschiedlichen Interpretationsansätze kurz dargestellt.

a) Anknüpfungsverbot

Nach dem rigorosesten Verständnis wird Art. 3 Abs. 3 GG als absolutes Anknüpfungsverbot verstanden.[373] Nach dieser Ansicht ist es verboten, dass das tatsächliche oder vermeintliche Vorliegen eines Merkmals aus Art. 3 Abs. 3 GG eine benachteiligende Rechtsfolge auslöst.[374] Damit eine Anknüpfung im Sinne des Anknüpfungsverbotes vorliegt, muss die Handlung also durch die – wirkliche oder vermeintliche – Eigenschaft des Benachteiligten verursacht werden.[375]

Sachs begründet diese Art der Auslegung des Art. 3 Abs. 3 GG als Anknüpfungsverbot mit dem Argument, dass ein solches Verständnis die größtmögliche Flexibilität biete, um typischen Willkürakten der Vergangenheit entgegenzutreten.[376] Der Verfassungsgeber wollte demnach durch Schaffung des Abs. 3 bestimmte eng umgrenzte Eigenschaften aus dem allgemeinen Gleichheitssatz des Art. 3 Abs. 1 GG herausheben, um einen Mindeststandard unzulässiger Differenzierungen zu fixieren und „den Rationalisierungskünsten der Träger öffentlicher Gewalt"[377] zu entziehen. Relativierende Abwägungen zugunsten von potentiell nur vorgeschobenen Sachgründen sollen dadurch ausgeschlossen werden.[378] Dies könne nur durch ein Verbot, das jegliche Anknüpfung an eines der Merkmale aus Art. 3 Abs. 3 GG untersagt, erreicht werden.

---

372 Ausführlich hierzu *Sachs*, S. 391; *Heun*, in: Dreier, GG, Art. 3 Rn. 120; zusammenfassend zur Rechtsprechung des BVerfG auch *Krieger*, in: Schmidt-Bleibtreu/Hofmann/Henneke, GG, Art. 3 Rn. 57; OVG Rheinl.-Pfalz, Urteil v. 21.04.2016, Az. 7 A 11108/14.OVG.
373 *Sachs*, HStR Bd. VIII, § 182 Rn. 77; *Tischbirek/Wihl*, JZ 5/2013, S. 222; *Grünberger/Block*, in: Beck'scher Großkommentar, AGG, § 1 Rn. 12.
374 *Krane*, Schleierfahndung, S. 246 mit Verweis auf BVerfG, Urteil v. 14.03. 2000, 1 BvR 284, 1659/96 Abs. 73.
375 *Kempny/Reimer*, Die Gleichheitssätze, S. 91.
376 *Sachs*, HStR Bd. VIII, § 182 Rn. 77.
377 *Sachs*, HStR Bd.VIII, § 182 Rn. 77.
378 *Osterloh/Nußberger*, in: Sachs, GG, Art. 3 Rn. 240.

Ausnahmen vom absoluten Anknüpfungsverbot sollen dabei im Wege der teleologischen Reduktion möglich sein, d.h. etwa bei Täterbeschreibungen, da dort an einen konkreten Verdacht angeknüpft werde und nicht an Stereotypen, so dass keine Stigmatisierungsgefahr bestehe.[379]

Kritisiert wird das Modell des absoluten Anknüpfungsverbots vor allem deswegen, weil es vermeintlich zu starr sei und keinen Raum für Abwägungen lasse.[380] Zudem wird als problematisch gesehen, dass mittelbare Diskriminierungen bei einer Auslegung des Art. 3 Abs. 3 GG als absolutes Anknüpfungsverbot nicht erfasst werden könnten.[381]

b) Relatives Anknüpfungsverbot

Es gibt auch Stimmen in der Literatur, die ein absolutes Anknüpfungsverbot im Rahmen des Art. 3 Abs. 3 GG als zu eng ablehnen und stattdessen für eine Interpretation des Abs. 3 als „grundsätzliches Anknüpfungsverbot" bzw. „relatives Anknüpfungsverbot" plädieren.[382] Laut *Osterloh* und *Nußberger* spreche bereits allein die historische bedingte Heterogenität der einzelnen verpönten Merkmale gegen eine pauschalisierende Einheitslösung durch ein absolutes Anknüpfungsverbot.[383] So herrschen etwa große Unterschiede zwischen dem Differenzierungsmerkmal „Geschlecht" und den Merkmalen „religiöse oder politische Anschauungen", die dafür sorgen, dass die Merkmale in Hinsicht auf Dimension und Qualität der Gefährdungslage so nicht unmittelbar vergleichbar seien.

Insbesondere wenn es um die Belange gesellschaftlicher Minderheiten gehe, greife nach dieser Auffassung ein absolutes Anknüpfungsverbot zu kurz. Denn Art. 3 Abs. 3 GG müsse immer vor allem auch „fremdartige" Minderheiten schützen. Eine differenzierungsblinde ausschließliche Gewährung von Rechtsgleichheit im formellen Sinne, d.h. ein generalisierendes

---

379 *Tischbirek/Wihl*, JZ 5/2013, S. 222.
380 *Schmidt*, in: Erfurter Kommentar zum AGG, Art. 3 GG Rn. 75; *Michael/Morlock*, Rn. 816.
381 Ebenda; ausführlich zur Thematik der mittelbaren Diskriminierung in Zusammenhang mit dem Merkmal Rasse später.
382 *Osterloh/Nußberger*, in: Sachs, GG, Art. 3 Rn. 239 ff.; *Nickel*, S. 214 ff; *Schmidt*, in: Erfurter Kommentar zum AGG, Art. 3 GG Rn. 75.
383 *Osterloh/Nußberger*, in: Sachs, GG, Art. 3 Rn. 243 ff.

Verbot jeglicher Anknüpfung, sei daher nicht zielführend.[384] Vielmehr müsse eine abwägende Bewertung von Gründen, Zielen und Wirkungen einer Ungleichbehandlung möglich sein.[385]

c) Begründungsverbot

Ein Teil der Literatur interpretiert Art. 3 Abs. 3 GG als Begründungsverbot.[386] Danach muss eine Ungleichbehandlung begründet werden können, ohne dass auf die genannten Merkmale als Kriterium abgestellt wird, da einer dementsprechenden Begründung ein Unwerturteil gegenüber einer bestimmten Personengruppe zum Ausdruck gebracht werde.[387] Sinn und Zweck des Art. 3 Abs. 3 GG sei es jedoch gerade, den Einfluss derartiger Unwerturteile über bestimmte personale Eigenschaften auf die Staatstätigkeit zu unterbinden.[388] Eine Differenzierung sei demnach nur erlaubt, wenn sie nicht *wegen* des Merkmals, sondern *nach* dem Merkmal, aber um anderer Gründe willen erfolge.[389] Die Anknüpfung an das Merkmal ist demnach grundsätzlich erlaubt, die entsprechende Gruppenzugehörigkeit darf nur nicht ein (mit)maßgebliches Motiv für die Benachteiligung sein.[390] Die Begründung einer Differenzierung mit einer Eigenschaft aus Art. 3 Abs. 3 GG drücke nämlich die Annahme aus, dass verschieden wertvolle Klassen oder Gruppen von Menschen existieren.[391] Nach dem Modell des Begründungsverbotes steht Art. 3 Abs. 3 GG dem Zweck nach der Begründung einer Regelung mit empirisch nicht belegten Stereotypen entgegen, die dem verpönten Merkmal zugeschrieben werden.[392]

---

384 *Osterloh/Nußberger*, in: Sachs, GG, Art. 3 Rn. 245.
385 *Osterloh/Nußberger*, in: Sachs, GG, Art. 3 Rn. 252.
386 *Heun*, in: Dreier, GG, Art. 3 Rn. 125 ff; *Starck*, in: v. Mangoldt/Klein/Starck, GG, Art. 3 Abs. 3 Rn. 379.
387 *Heun*, in: Dreier, GG, Art. 3 Rn. 125; *Rädler*, Einzelfallgerechtigkeit versus Generalisierung, S. 15.
388 *Huster*, Rechte und Ziele, S. 314.
389 *Krane*, Schleierfahndung, S.245; *Podlech*, Gehalt und Funktionen des allgemeinen verfassungsrechtlichen Gleichheitssatzes, S. 94.
390 *Krane*, Schleierfahndung, S. 245.
391 *Krane*, Schleierfahndung, S. 245; *Huster*, Rechte und Ziele, S. 314.
392 *Englisch* in: Stern/Becker, GG, Art. 3 Rn. 70; *Heun*, in: Dreier: GG, Art. 3 Rn. 125.

Wird die Benachteiligung jedoch mit einem anderen Grund als einer Eigenschaft aus Art. 3 Abs. 3 GG begründet, so muss diese Begründung auf ihre Tragfähigkeit untersucht werden.[393] Kann dabei die betroffene Gruppe gedanklich durch eine andere ausgetauscht werden, liegt kein Verstoß gegen Art. 3 Abs. 3 GG vor. Dieser Test erscheint insoweit sinnvoll, als wenn die Gruppe theoretisch durch eine beliebige andere ausgetauscht werden kann, die Benachteiligung nichts mit Vorurteilen oder Stereotypen bezüglich dieser speziellen Gruppe zu tun hat und somit kein Fall eines Unwerturteils vorliegt.[394] Auf Grundlage eines solchen Verständnisses des Diskriminierungsverbots ist kein Raum mehr für eine Rechtfertigungsprüfung, da beim Vorliegen eines sachlichen Grundes schon der Diskriminierungsvorwurf entfällt.[395]

3. Benachteiligung „wegen" Rasse i.S.v. Art. 3 Abs. 3 GG im Fall der verdachtsunabhängigen Kontrollen nach § 22 Abs. 1a BPolG?

a) Das Verhältnis Einzelakt zu Rechtsgrundlage – Das Urteil des OVG Rheinland-Pfalz vom April 2016

Bei der Frage danach, ob die einzelne Maßnahme gegen Art. 3 Abs. 3 GG verstößt und der Frage ob die Rechtsgrundlage des § 22 Abs. 1a BPolG als solche mit Art. 3 Abs. 3 GG unvereinbar ist stellen sich unterschiedliche Probleme. Bei der einzelnen Kontrolle wird überprüft, ob ein Ermessensfehler in Form eines Verstoßes gegen Art. 3 Abs. 3 GG vorliegt. Dies ist dann der Fall, wenn der Betroffene „wegen" eines Merkmals nach Art. 3 Abs. 3 GG benachteiligt, d.h. in diesem Fall auf Grund seiner Hautfarbe kontrolliert wurde. Für den Fall des Einzelaktes stellt sich daher im Wesentlichen die Frage, wer die Beweislast für die Beweggründe der Kontrolle trägt.

In diesem Zusammenhang stellt das Urteil des OVG Rheinland-Pfalz aus dem Jahr 2016 einen bedeutenden Wendepunkt dar. Hier kam das Gericht zu dem Entschluss, dass es nicht darauf ankomme, ob die Hautfarbe der einzige

---

393 *Heun*, in: Dreier, GG, Art. 3 Rn. 125
394 So auch *Streibel*, Rassensdiskriminierung als Eingriff in das allgemeine Persönlichkeitsrecht, S. 70.
395 *Englisch* in: Stern/Becker, GG, Art. 3 Rn. 70.

Grund für die Kontrolle sei, um einen Verstoß gegen Art. 3 Abs. 3 GG zu begründen. Das OVG beurteilt die Anwendung des § 22 Abs. 1a BPolG als ermessensfehlerhaft, weil der Phänotyp des Klägers vom Diskriminierungsverbot des Art. 3 Abs. 3 GG erfasst wird und für die Kontrolle im Sine eines tragenden Kriteriums mitentscheidend war.[396]

Dies ist eine erhebliche Abweichung von der Entscheidung aus dem Jahr 2012, in der die Kontrolle für rechtswidrig erklärt wurde, da die Hautfarbe des Betroffenen – nach Überzeugung des Gerichts – „das alleinige oder zumindest ausschlaggebende Kriterium"[397] für die Maßnahme war. Die Erkenntnis, dass auch die Hautfarbe als Teil eines Motivbündels eine Benachteiligung „wegen" der „Rasse" im Sinne des Art. 3 Abs. 3 GG darstellt, zeigt, dass ein Umdenken stattfindet was das Verständnis von Entscheidungsprozessen mit diskriminierendem Ausgang angeht. Weiterhin stellte das OVG auch grundsätzliche Erwägungen zur Verteilung der Beweislast in den Fällen der verdachts- und ereignisunabhängigen Personenkontrollen an. Im Ergebnis nimmt das OVG Rheinland-Pfalz – unter bestimmten Voraussetzungen – eine Beweislastumkehr zu Gunsten des Betroffenen an. Diese Konsequenzen dieser Entscheidung werden in Kapitel 6 weiter vertieft.

Auch die Frage der möglichen Rechtfertigung einer solchen Benachteiligung ist getrennt von der Rechtfertigungsproblematik bei einer normativen Diskriminierung durch § 22 Abs. 1a BPolG zu betrachten. Das OVG Rheinland-Pfalz lehnt eine Rechtfertigung der durch Hautfarbe motivierten Kontrolle im konkreten Fall zu Recht ab, weil sie unverhältnismäßig sei.[398] Das Gericht führt aus, dass der Normzweck des § 22 Abs. 1a BPolG, nämlich die Verhinderung und Unterbindung illegaler Einreise, dem Schutz bedeutsamer Güter diene, deren Verletzung strafbewehrt sei. Dabei sei nicht nur die Strafandrohung für die unerlaubte Einreise selbst so beachten, sondern auch die Strafandrohung von bis zu zehn Jahren für Schleuserkriminalität als Begleiterscheinung miteinzubeziehen. Dies stehe jedoch in keinem Verhältnis zur Intensität der durch die Kontrolle verursachten Ungleichbehandlung. Ausschlaggebend sei dabei insbesondere die verschwindend geringe

---

396 *Liebscher*, NJW 2016, S. 2781.
397 OVG Rheinl.-Pf., Beschluss v. 29.10.2012, Az. 71 10532/12.OVG.
398 Ebenda; so auch *Liebscher*, NJW 2016, S. 2781.

Erfolgsquote von 0,3 % (2013), 1,1 % (2014) und 4,4 % (2015).[399] Durch diese Begründung zeigt das OVG, dass es grundsätzlich wohl davon ausgeht, dass unter bestimmten Voraussetzungen die Hautfarbe einer Person entscheidungserheblich sein kann. Allerdings ist dies nur unter sehr strengen Voraussetzungen möglich. Durch die erwiesene Ineffizienz der Kontrollen nach § 22 Abs. 1a BPolG scheidet eine Rechtfertigung für die betreffende Maßnahme aus.

b) Benachteiligung „wegen" Rasse durch die Norm

Zu trennen von der Frage nach der Benachteiligung „wegen" Rasse bei der einzelnen Kontrolle im konkreten Fall, ist die Frage danach, ob die Norm als solche gegen Art. 3 Abs. 3 GG verstößt. Zu prüfen ist daher, ob § 22 Abs. 1a BPolG Menschen *„wegen"* ihrer Rasse im Sinne von Art. 3 Abs. 3 GG benachteiligt. Problematisch ist an dieser Stelle jedoch bereits, dass § 22 Abs. 1a BPolG nicht von „ausländisch aussehenden" Personen oder gar von Personen mit „dunkler Hautfarbe"[400] spricht, sondern überhaupt keinen Bezug auf die „Rasse" einer Person nimmt, so dass sich eine solche potentielle Benachteiligung keinesfalls bereits direkt aus dem Wortlaut der Norm ergibt. Die Problematik einer Ungleichbehandlung wegen der ethnischen Herkunft ist daher nicht unmittelbar im Text angelegt.[401] Stattdessen eröffnet sich das Problemfeld erst in der polizeilichen Praxis bei der Vornahme der Identitätsfeststellungen.[402]

Die anlassunabhängigen Befragungen der Bundespolizei nach § 22 Abs. 1 a BPolG sind als „Jedermannkontrollen" konzipiert. Da kein Gefahrverdacht im polizeirechtlichen Sinne erforderlich ist, muss eine Auswahl der zu kontrollierenden Personen nach anderen Kriterien getroffen werden. Wie eine sinnvolle Eingrenzung potentieller Adressaten aussehen könnte, ergibt sich schon aus der Zielsetzung der Norm. Zweck des § 22 Abs. 1 a BPolG

---

399 OVG Rheinl.-Pf., Beschluss v. 29.10.2012, Az. 71 10532/12.OVG.
400 *Drohla*, ZAR 2012, S. 413.
401 *Krane*, Schleierfahndung, S. 238; *Graf*, Verdachts – und ereignisunabhängige Personenkontrollen, S. 338; *Castillon*, Dogmatik und Verfassungsmäßigkeit neuer Befugnisse zu verdachts- und anlassunabhängigen Polizeikontrollen, S. 204.
402 *Krane*, Schleierfahndung, S. 238.

ist es, illegale Einwanderung zu verhindern oder zu unterbinden. So ist zwar der Kreis der Adressaten der Norm denkbar weit gefasst, denn grundsätzlich kann „jedermann" kontrolliert werden. Der Wortlaut des § 22 Abs. 1 a BPolG macht jedoch klar, dass die Bundespolizei dennoch lediglich „zur Verhinderung oder Unterbindung unerlaubter Einreise" Befragungen durchführen darf.[403]

Zwar können Adressaten der Norm grundsätzlich alle Reisenden in einem Zug sein, d.h. beispielsweise auch Pendler oder andere Passagiere, die Hinweise bezüglich Auffälligkeiten geben können, allerdings wird wohl vor allem in Hinblick auf die hohe Zahl der Personen, die Züge als Verkehrsmittel zur illegalen Grenzüberquerung nutzen,[404] eine Befragung solcher Reisender am sinnvollsten sein, die selbst den Eindruck erwecken, dass sie illegal nach Deutschland einreisen.[405]

Unter Berücksichtigung der Tatsache, dass lediglich Ausländer den Tatbestand der illegalen Einreise erfüllen können, bietet es sich daher an, das Aussehen einer Person als Anhaltspunkt für ihre Staatsangehörigkeit– und somit für eine potentielle illegale Einreise – zu nehmen.[406] Zwar können auch andere Faktoren wie Sprache und Kleidung bei der Auswahl hilfreich sein, jedoch ist wohl kein anderes Merkmal in Hinblick auf die Staatsangehörigkeit so offensichtlich und aussagekräftig wie das phänotypische Erscheinungsbild im Sinne von Hautfarbe oder Ethnie. Insbesondere unter zahlenmäßiger Berücksichtigung der Herkunftsländerverteilung der nach Deutschland kommenden Einwanderer lassen sich Schlüsse darüber ziehen, dass die meisten dieser Einwanderer sich in Sachen Ethnie von Zentraleuropäern unterscheiden.[407] Die Top 10 der Staatsangehörigkeiten, die im

---

403 Ausführlich hierzu Kapitel 5.
404 Im Rahmen des G7 Gipfels wurden vorrübergehend die Grenzkontrollen an der deutsch-österreichischen Grenze wiedereingeführt.
405 Einleuchtend *Krane*, DPolBl. 2004, S. 32; so auch *Graf*, Verdachts- und ereignisunabhängige Personenkontrollen, S. 338; *Cremer*, „Racial Profiling" – Menschenrechtswidrige Personenkontrollen nach § 22 Abs. 1a Bundespolizeigesetz, S. 27; *Castillon*, Dogmatik und Verfassungsmäßigkeit neuer Befugnisse zu verdachts- und anlassunabhängigen Polizeikontrollen, S. 204.
406 So auch OVG Rheinl.-Pfalz, Urteil v. 21.04.2016, Az. 7 A 11108/14.OVG.
407 BT-Drucks. 18/4149, 27.02.2015, S. 10.

Zusammenhang mit unerlaubten Aufenthalten im Jahr 2014[408] ermittelt wurde, stützt diese These. Danach stammten die meisten Einwanderer aus Nordafrika.[409]

Auch die demographische Zusammensetzung Deutschlands lässt immer noch darauf schließen, dass eine Person, die fremdländisch aussieht, mit hoher Wahrscheinlichkeit Ausländer ist.[410] Eine Auswahl der zu kontrollierenden Personen nach Ethnie scheint daher nicht nur sinnvoll, sondern in Hinblick auf Effektivität und Effizienz polizeilichen Arbeitens quasi geboten.

Diese Überlegungen könnten dafür sprechen, dass sich bereits direkt aus der Norm ein gesetzlicher Auftrag zur Diskriminierung bei der Aufgabenausführung ergibt, ohne dass die Norm explizit an das Merkmal „Rasse" anknüpft.[411] Denn ist nicht davon auszugehen, dass der Gesetzgeber bei der Schaffung einer Norm auch die bestmögliche Umsetzung des damit verfolgten Ziels vor Augen hat?

Jedoch wehren sich sowohl die Bundesregierung als auch die Bundespolizei gegen eine solche Lesart des § 22 Abs. 1a BPolG.[412] Zum einen wird angeführt, dass ein solches hypothetisches Vorgehen – entsprechend der (knappen) Ausführungen des OVG Rheinland-Pfalz – verfassungswidrig wäre, und zum anderen, dass eben nicht nur fremdländisch aussehende Personen befragt würden, sondern tatsächlich „jedermann". Klassischer Adressat – so die Bundespolizei – seien vor allem Pendler, die Hinweise zu Auffälligkeiten geben könnten die zur Verhinderung oder Unterbindung illegaler Einreise genutzt werden könnten.[413]

---

408 BT-Drucks. 18/4149, 27.02.2015, S. 10.
409 Zahlenmäßige Aufteilung bzgl. unerlaubter Einreise im Jahr 2014: 1. Syrien (14 029), 2. Eritrea (7 945), 3. Afghanistan (3 756), 4. Kosovo (2 946), 5. Türkei (1 377), 6. Serbien (1 376), 7. Russische Föderation (1 359), 8. Ukraine 1 351, 9. Somalia (1 309), 10. Nigeria (1 030).
410 Krane, DPolBl. 2004, S. 32.
411 So auch *Cremer*, „Racial Profiling" – Menschenrechtswidrige Personenkontrollen nach § 22 Abs. 1a Bundespolizeigesetz, S. 25; *Castillon*, Dogmatik und Verfassungsmäßigkeit neuer Befugnisse zu verdachts- und anlassunabhängigen Polizeikontrollen, S. 203 diskutiert dies bezüglich einer direkten Ausländerdiskriminierung, lehnt dies jedoch im Ergebnis ab.
412 BT-Drucks. 17/11971, S. 7.
413 BT-Drucks. 17/14569, S. 3.

Die subjektiven Erfahrungsberichte über einzelne Kontrollen nach Hautfarbe – auch wenn sich diese zunehmend häufen – lassen noch nicht zwingend auf eine generelle Praxis schließen. Solange Bundespolizei und Bundesregierung daran festhalten, dass bei den Befragungen die Hautfarbe einer Person keine Rolle spielt, geht der *Grundsatz der verfassungskonformen Auslegung* der Norm vor. Denn grundsätzlich besteht die Möglichkeit, die Norm so anzuwenden, dass kein Verstoß gegen Art. 3 GG vorliegt.

Auch die Studien zum Thema *Implicit Bias* können dies nicht widerlegen. Unbewusste Vorurteile und Stereotype zwingen den Bundespolizisten nicht dazu, eine Person auf Grund ihrer Hautfarbe anzusprechen und zu kontrollieren. Zwar verändert *Implicit Bias* die Wahrnehmung von Personen und ihrem Verhalten. Aber anders als in den Tests, auf denen die Studien beruhen, handelt es sich bei den verdachts- und ereignisunabhängigen Befragungen nach § 22 Abs. 1a BPolG nicht um eine quasi reflexartige Entscheidung. Vielmehr kann jeder Polizist sein Bauchgefühl, das durch *Implicit Bias* beeinflusst wird, auf der bewussten Ebene korrigieren und die aktive Entscheidung treffen eine dunkelhäutige Person nicht zu kontrollieren.

Dies gilt – wie die Studien aus der Kognitionswissenschaft zeigen – keinesfalls für alle Situationen in denen unbewusste Stereotype unser Denken und Handeln beeinflussen. Der Fall der verdachtsunabhängigen Kontrollen unterscheidet sich jedoch dahingehend, dass – anders als im Fall des *Shooter-Bias*-Experiments – keine Spontanreaktion verlangt wird. Insbesondere durch die mediale Aufmerksamkeit, die die *Racial-Profiling*-Debatte in den letzten Jahren erfahren hat, dürfte ein gewisses Bewusstsein innerhalb der Bevölkerung und insbesondere der Bundespolizei vorhanden sein. Das Risiko besteht immer, dass der Polizeibeamte dennoch eine auf unbewussten Stereotypen basierende Entscheidung trifft, da es ihm selbst nicht möglich ist zu erkennen, was der Auslöser dafür ist, dass ihm eine Person verdächtig erscheint. Ein bewusstes Gegensteuern ist nur bedingt möglich, etwa dadurch, dass die Polizisten nach einem stichprobenartigen Muster – d.h. etwa jeden zehnten Passagier, oder nur Personen die auf vorher ausgewählten Sitzplätzen im Zug sitzen – kontrollieren.

Allerdings, und darauf kommt es hier entscheidend an, ist nicht unmöglich eine nicht von *Implicit Bias* beeinflusste Entscheidung zu treffen. Es ist der Bundespolizei daher durchaus möglich, nichtdiskriminierende Auswahlentscheidungen zu treffen, so dass eine verfassungskonforme Auslegung der

Norm als nicht unmittelbar diskriminierend möglich ist. Nichtsdestotrotz scheint die Realität der verdachts- und ereignisunabhängigen Personenkontrollen eine andere zu sein. Die Verfahren zu § 22 Abs. 1a BPolG vor den Verwaltungsgerichten,[414] die Berichte der einschlägigen Betroffenengruppierungen und Menschenrechtsorganisationen[415] zeichnen ein anderes als das von der Bundespolizei und Bundesregierung beschriebene Bild.

Mag die Norm auch nicht unmittelbar Bezug auf die „Rasse" einer Person nehmen und dies auch vom Gesetzgeber so nicht intendiert sein, so kann trotzdem ein Verstoß gegen Art. 3 GG gegeben sein, wenn eine Regelung eine Gruppierung im Verhältnis ungleich mehr, oder härter, trifft.

4. Mittelbare Diskriminierung

Im Gegensatz zu einer unmittelbaren Diskriminierung, d.h. einer direkten Anknüpfung an eines der verpönten Merkmale, liegt eine mittelbare Diskriminierung dann vor, wenn eine neutral formulierte Regelung oder Maßnahme an andere Merkmale anknüpft, die aber sich überwiegend bzw. typischerweise zu Lasten eines in Art. 3 Abs. 3 GG genannten Merkmalsträgers auswirken.[416]

Die Frage, ob auch mittelbare Diskriminierungen vom Diskriminierungsverbot des Art. 3 Abs. 3 GG erfasst werden ist eng mit der Frage der Kausalität bzw. der Auslegung des *„wegen"* in Art. 3 Abs. 3 GG verbunden. Während die mittelbare Diskriminierung mittlerweile in vielen Bereichen, insbesondere im Europarecht und in der Rechtsprechung des Bundesarbeitsgerichts, unstreitig vom Schutzbereich diverser Diskriminierungsverbote erfasst ist,[417] ist dies für den Fall des Art. 3 Abs. 3 GG ebenso umstritten wie die Frage danach,

---

414 VG Koblenz, Urteil v. 28.02.2012, Az. 5 K 1026/11.KO; VG Stuttgart, Urteil v. 22.10.2015, AZ 1 K 5060/13; OVG Rheinland-Pfalz, Urteil v. 21.04.2016, Az 7 A 11108/14.OVG
415 Insbesondere der Initiative Schwarzer Menschen in Deutschland, Amnesty International, Deutsches Institut für Menschenrechte, Büro zur Umsetzung und Gleichbehandlung e.V.
416 *Osterloh/Nußberger*, in: Sachs, GG, Art. 3 Rn. 255; *Streibel*, S. 70; *Englisch* in: Stern/Becker, GG, Art. 3 Rn. 85; *Boysen*, in: v. Münch/Kunig, GG, Bd. 1, Art. 3 Rn. 143; *Sachs*, JuS 2008, S. 1014.
417 Zusammenfassend am Beispiel der mittelbaren Diskriminierung von Frauen in der Rechtsprechung des BAG und EuGH vgl. *Pfarr*, NZA 1986, S. 585.

ob es sich bei der Formulierung „wegen" um ein Anknüpfungs- oder Begründungsverbot handelt.[418] Für das Merkmal „Geschlecht" geht zwar nunmehr auch das Bundesverfassungsgericht von einem Verbot auch der nur mittelbaren Diskriminierung aus[419], die anderen Bereiche des Art. 3 Abs. 3 GG waren jedoch bisher noch nicht Gegenstand einer Entscheidung, so dass nach wie vor Unklarheit herrscht.[420]

Geht man von einem Verständnis des Art. 3 Abs. 3 GG als *absolutes Anknüpfungsverbot* aus, dürften konsequenterweise mittelbare Diskriminierungen nicht vom Verbot umfasst sein, da sich die Gesetzesformulierung eben gerade nicht auf eines der Merkmale bezieht, d.h. nicht an ein verbotenes Merkmal angeknüpft wird.[421] Von vielen Stimmen – darunter konsequenterweise vor allem die Anhänger der eines Verständnisses von Art. 3 Abs. 3 GG als Anknüpfungsverbot – wird die mittelbare Diskriminierung im Rahmen von Art. 3 Abs. 3 GG daher entschieden abgelehnt.[422]

Vereinzelt wird diese strikte Ablehnung aufgeweicht, indem eingeräumt wird, dass eine mittelbare Diskriminierung in Fällen anzuerkennen sei, in denen es um das Merkmal „Geschlecht" ginge, da sich eine Sonderstellung dieses Merkmals bereits aus Art. 3 Abs. 2 GG ergebe.[423] In allen anderen Fällen des Abs. 3 wird eine generelle Einbeziehung der faktischen Diskriminierung in Art. 3 Abs. 3 GG jedoch mit dem

---

418 Befürwortend: *Englisch*, in: Stern/Becker, Grundrechte-Kommentar, Art. 3 Rn. 85, *Jarass*, in: Jarass/Pieroth, GG, Art. 3 Rn. 119; *Osterloh/Nußberger*, in: Sachs, GG, Art. 3 Rn. 255ff.; *Fehling*, FS Würtenberger 2013, 669 (681ff.); ablehnend *Heun*, in: Dreier, GG, Art. 3 Rn. 125; *Kischel*, in: Epping/Hillgruber, BeckOK, GG, Art. 3 Rn. 215; *Rüfner*, in: FS Friauf, 1996, S. 331 (333ff.); *Sachs*, HStR VIII, 3. Aufl. 2010, § 182 Rn. 95f.
419 BVerfG, Beschluss v. 27.11.1997, E 97, 35 (43f.) = NJW 1998, 1215; BVerfG, Beschluss v. 05.04.2005, E 113, 1 (16ff.) = NJW 2005, 2443.
420 *Payandeh*, JuS 2015, S. 695 (696); *Langenfeld*, in: Maunz/Dürig, GG Art. 3 Abs. 3 Rn. 38.
421 *Sachs*, S. 479; *Huster*, S. 316; *Boysen*, in: v.Münch/Kunig, GG, Bd. 1, Art. 3 Rn. 143; *Langenfeld*, in: Maunz/Dürig, GG Art. 3 Abs. 3 Rn. 38; *Machado*, Verhältnismäßigkeitsprinzip vs. Willkürverbot: der Streit um den allgemeinen Gleichheitssatz, S. 132.
422 *Kischel*, in: Epping/Hillgruber, BeckOK GG, Art. 3 Rn. 215; *Heun*, in: Dreier, GG, Art. 3 Rn. 125.
423 *Langenfeld*, in: Maunz/Dürig, GG Art. 3 Abs. 3 Rn. 38.

Argument abgelehnt, dass die Anzahl der denkbaren mittelbaren Diskriminierungen und damit verbundener Beseitigungsansprüche einfach zu hoch seien. Gegen eine Ausweitung des Verbots auch auf mittelbare Diskriminierungen wird angeführt, dass staatliche Aktivitäten dadurch über Gebühr eingeschränkt würden, da grundsätzlich – würde man mittelbare Diskriminierungen mit einbeziehen – jede Maßnahme daraufhin überprüft werden müsste, ob sie besondere Auswirkungen auf Gruppen hat, die von Art. 3 Abs. 3 GG geschützt wird.[424] So wären etwa Strafvorschriften für typische Männer- oder Frauendelikte genauso bedenklich wie Regelungen zur Einbürgerung, die bestimmte Anforderungen an die Deutschkenntnisse oder berufliche Ausbildung stellen und dadurch Menschen aus bestimmten Herkunftsländern und damit unweigerlich auch bestimmten „Rassen" benachteiligen.[425]

Es mehren sich jedoch in jüngster Vergangenheit die Stimmen, die sich für eine Einbeziehung der mittelbaren Diskriminierung in Art. 3 Abs. 3 GG aussprechen.[426] Neutral formulierte Regelungen, die typischerweise Menschen einer bestimmten ethnischen Zugehörigkeit treffen, könnten demnach am Maßstab des Art. 3 Abs. 3 GG mit abgeschwächten Rechtfertigungsvoraussetzungen überprüft werden.[427]

Es sprechen gute Gründe dafür, auch de-facto Diskriminierungen vom Schutz des Art. 3 Abs. 3 GG als erfasst zu sehen. Überzeugendstes Argument ist dabei, dass nur so das Ziel einer Verwirklichung eines möglichst umfassenden Gleichheitsschutzes erreicht werden kann.[428] So ist es durch ein Verbot von mittelbaren Diskriminierungen möglich, auch sogenannte

---

424 *Heun*, in: Dreier, GG, Art. 3 Rn. 125.
 Rüfner in: FS Friauf, S. 335.
425 *Rüfner* in: FS Friauf, S. 335.
426 *Osterloh/Nußberger*, in: Sachs, GG Kommentar, Art. 3 Rn. 255 f.; *Streibel*, S. 74 f.; *Schmidt*, in: Erfurter Kommentar zum AGG, Art. 3 Rn. 76; *Heinrich/Wilms*, in: Hümmerich/Boecken/Düwell, NomosKommentar zum Arbeitsrecht, GG Art. 3 Rn. 33; *Jarass*, in: Jarass/Pieroth, GG, Art. 3 Rn. 119; *Michael/Morlock*, Grundrechte, Rn. 809; *Krieger*, in: Schmidt-Bleibtreu/Hofmann/Henneke, GG, Art. 3 Rn. 58.
427 *Osterloh/Nußberger*, in: Sachs, GG Kommentar, Art. 3 Rn. 256.
428 *Koch/Nguyen*, EuR 2010, 366; vgl. hierzu *Boysen*, in: v. Münch/Kunig, GG Kommentar, Bd. 1, Art. 3 Rn. 144, obwohl dieser im Ergebnis mittelbare Diskriminierungen unter Art. 3 Abs. 3 GG ablehnt; speziell zum Thema mittelbare

„verdeckte Diskriminierungen" zu reduzieren, bei denen auf scheinbar neutrale Differenzierungsmerkmale abgestellt wird, tatsächlich aber bestimmte Gruppierungen gezielt ausgeschlossen oder benachteiligt werden sollen.[429] Durch das Verbot von de-facto Diskriminierungen können nach und nach diskriminierende Strukturen abgebaut und aufgeweicht werden, ohne dass – wie im Falle von *affirmative action* Regelungen – Ungleichheiten aktiv kompensiert werden sollen.[430]

Besonders deutlich wird dies gerade beim Merkmal Rasse.[431] Durch die gesellschaftliche Sensibilisierung, vor allem bedingt durch die deutsche Vergangenheit, und die dadurch entstandene Quasitabuisierung des Themas finden sich – erfreulicherweise – keinerlei gesetzliche Regelungen mehr, die direkt und explizit eine Person wegen ihrer „Rasse" benachteiligen. In der Realität stellen *unmittelbare* Diskriminierungen wegen des Merkmals „Rasse" daher einen Ausnahmefall dar.[432]

Das Konzept der mittelbaren Diskriminierung wurde in der Rechtsprechung des amerikanischen Supreme Courts im Bereich der Rassendiskriminierung entwickelt und wird dort unter dem Stichwort *„disparate impact"* – abzugrenzen von *„disparate treatment"*, d.h. unmittelbaren Diskriminierungen – diskutiert. Wegweisend hierfür war die Entscheidung Griggs v. Duke Power Co aus dem Jahr 1971, in der der Supreme Court eine Verletzung des Titel VII des Civil Rights Act feststellte, da die Firma Duke Power für Einstellungen und Beförderungen ein High School Diploma verlangte, was dazu führte, dass Afro-Amerikaner – die durch die Rassentrennung jahrzehntelang benachteiligt orden waren – nicht eingestellt bzw. befördert

---

Diskriminierungen wegen des Merkmals „Rasse" *Krieger*, in: Schmidt-Bleibtreu/Hofmann/Henneke, GG, Art. 3 Rn. 62 f.
429 *Koch/Nguyen*, EuR 2010, 366; *Sacksofsky*, Mittelbare Diskriminierung und das Allgemeine Gleichbehandlungsgesetz, S. 17. http://www.antidiskriminierungsstelle.de/SharedDocs/Downloads/DE/publikationen/Expertisen/Expertise_Mittelbare_Diskriminierung.pdf?__blob=publicationFile
430 Zeichen dafür ist auch, dass sich das BVerfG seit 1941 nicht mehr mit dem Merkmal Rasse i.S.v.. Art. 3 Abs. 3 GG beschäftigt hat; *Koch/Nguyen*, EuR 2010, 366; *Sacksofsky*, Mittelbare Diskriminierung und das Allgemeine Gleichbehandlungsgesetz, S. 17.
431 So auch *Krieger*, in: Schmidt-Bleibtreu/Hofmann/Henneke, GG, Art. 3 Rn. 58.
432 *Payandeh*. JuS 2015, 697.

wurden.[433] Der Supreme Court stellte in seiner Entscheidung klar, dass die *disparate-treatment*-Doktrin logische Konsequenz des Civil Rights Act sei, da nur so die faktisch weiter bestehende Rassentrennung beendet werden könne.[434]

Anders entschied der Supreme Court in einem ähnlichen Szenario dagegen im Fall *Washington v. Davis (1976)*. Auch hier ging es um eine Benachteiligung von Afro-Amerikanern in einem arbeitsrechtlichen Setting, der Unterschied lag jedoch darin, dass den vermeintlich Benachteiligten nicht ein privater Arbeitgeber gegenüberstand, sondern das Washington DC Police Department.[435] Die Rechtmäßigkeit einer Ungleichbehandlung bemaß sich daher nicht am Maßstab von Titel VII Civil Rights Act, sondern an der amerikanischen Verfassung.[436] Der Supreme Court entschied in Washington v. Davis, dass die in der Titel VII- Rechtsprechung etablierte „*disparate impact doctrine*" nicht für die *equal protection clause* gilt. „*Disproportiante impact*" sei zwar nicht bedeutungslos, jedoch müsse trotzdem ein „*discriminatory motive*" nachgewiesen werden.[437] Eine Begründung dafür, warum im Verhältnis zwischen Privaten auch mittelbare Diskriminierungen verboten sind, während im Verhältnis Staat – Privater eine vorsätzliche Benachteiligung vorliegen muss, blieb der Supreme Court schuldig. Stattdessen stellt das Gericht in seiner Entscheidung bezüglich der „*disparate impact doctrine*" lediglich fest: „*This is not the constitutional rule. We never held that the constitutional standard for adjudicating claims of invidious racial discrimination is identical to the standards applicable under Title VII, and we decline to do so today.*"[438]

---

433 *Sacksofsky*, S. 226 f.; *Koch/Nguyen*, EuR 2010, 366.
434 *Sacksofsky*, S. 226 f.; *Koch/Nguyen*, EuR 2010, 366.
435 Hinzu kommt, dass – da Washington DC kein Bundesstaat ist, sondern Bundesgebiet – nicht der 14. Zusatzartikel anwendbar ist, da dieser nur für die Bundesstaaten gilt, sondern die „Due Process Clause" aus dem 5. Zusatzartikel. In Bollinger v. Sharpe hatte der Supreme Court jedoch zuvor entschieden, dass auch der 5. Zusatzartikel eine „equal protection" Komponente beinhaltet. Die Prüfung entspricht daher der des 14. Zusatzartikels.
436 Washington v. Davis 426 U.S. 229 (1976).
437 Ebenda.
438 Ebenda.

In *McCleskey v. Kemp (1987)* wiederholte und bekräftigte der Supreme Court diese Entscheidung gegen eine Verwendung der *disparate-impact-Doktrin* im verfassungsrechtlichen Kontext.[439] Warren McCleskey – ein Afro-Amerikaner, der wegen bewaffneten Raubüberfall und Mord an einem weißen Polizisten zum Tode verurteilt wurde – brachte vor, dass im Bundesstaat Georgia die Entscheidung, gegen wen die Todesstrafe verhängt wird, zum großen Teil davon beeinflusst wird, welche Hautfarbe der Täter hat, und deshalb seine Verurteilung wegen eines Verstoßes gegen die *equal protection clause* aufgehoben werden sollte. In diesem Fall entschied der Supreme Court, dass die umfangreiche wissenschaftliche Studie, die belegt, dass die Todesstrafe am häufigsten gegen Afro-Amerikaner verhängt wird, die ein weißes Opfer getötet hatten, nicht ausreicht, um die Verurteilung des Antragsstellers aufzuheben.[440] Vielmehr hätte McCleskey im Rahmen des 14. Zusatzartikels *„purposeful discrimination"* nachweisen müssen.[441]

Zusammenfassend lässt sich also bezüglich der mittelbaren Diskriminierung im amerikanischen Recht festhalten, dass unzweifelhaft die *disparate impact* Doktrin im Verhältnis zwischen Privaten anerkannt ist, jedoch im Verhältnis Staat und Bürger nach wie vor ein gezieltes und bewusstes Vorgehen erforderlich ist, um einen Verstoß gegen die *equal protection clause* zu bejahen.

Ähnlich verhält es sich auch im deutschen Recht. Während im AGG die mittelbare Diskriminierung unstreitig vom Diskriminierungsverbot erfasst ist, galt bisher im Verfassungsrecht im Rahmen des Art. 3 Abs. 3 GG, dass nur unmittelbare Diskriminierungen wegen eines verpönten Merkmals verboten sind. Dies lässt sich zum Teil dadurch erklären, dass das AGG auf Grund von europarechtlichen Richtlinien seinen Einzug in das deutsche Rechtssystem gefunden hat und diese ein Verbot von mittelbarer Diskriminierung vorsahen.[442] Das Konstrukt der mittelbaren Diskriminierung wurde dem deutschen Gesetzgeber somit im AGG vorgegeben und

---

439 McKleskey v Kemp 481 U.S. 279 (1987).
440 Ebenda.
441 Ebenda.
442 Richtline 2000/43/EG des Rates vom 29. Juni 2000 zur Anwendung des Gleichbehandlungsgrundsatzes ohne Unterschied der Rasse oder der ethnischen Herkunft, abrufbar unter: http://eur-lex.europa.eu/legal-content/DE/TXT/?uri=CELEX:32000L0043

entspringt keiner selbständig auf nationaler Ebene entwickelten Dogmatik. Zudem lässt sich die fehlende Aufnahme der mittelbaren Diskriminierung in Art. 3 Abs. 3 GG mit der Verfassungssystematik des Verhältnisses von Art. 3 Abs. 3 zu Art. 3 Abs. 1 GG erklären. So führt eine Ablehnung einer mittelbaren Diskriminierung im Rahmen von Art. 3 Abs. 3 GG nicht zwingend dazu, dass die sich benachteiligend auswirkende Maßnahme verfassungsrechtlich gar nicht überprüft wird. Stattdessen verlagert sich, nach Ablehnung eines Verstoßes gegen den speziellen Gleichheitssatz, die Prüfung in den allgemeinen Gleichheitssatzes des Art. 3 Abs. 1.[443] Innerhalb von Art. 3 Abs. 1 GG ist das Verbot von nur mittelbaren Diskriminierungen im Gegensatz zu Abs. 3 durchgehend anerkannt.[444] Dieser Auffangmechanismus des Art. 3 Abs. 1 GG ist mithin der Grund dafür, dass im Rahmen von Art. 3 Abs. 3 GG mittelbare Diskriminierungen nicht erfasst sind: Es besteht keine Notwendigkeit, mittelbare Diskriminierungen unter Art. 3 Abs. 3 GG zu subsumieren, da solche durch Art. 3 Abs. 1 GG aufgefangen werden können.

Das Bundesverfassungsgericht hat zwar inzwischen entschieden, dass neben Art. 3 Abs. 2 GG nun auch Art. 3 Abs. 3 GG für das Konzept der mittelbaren Diskriminierung geöffnet ist, jedoch bleibt unklar, ob dies für alle Merkmale im Rahmen des Art. 3 Abs. 3 GG gilt, oder ob dies lediglich für das – in diesem Fall einschlägige – Merkmal „Geschlecht" gilt.[445] So heißt es in der Entscheidung, in der es inhaltlich um Regelungen zur Ruhegehaltsversorgung teilzeitbeschäftigter Beamter geht:

> „Wenn der Gesetzgeber eine Gruppe nach sachlichen Merkmalen bestimmt, die nicht in Art. 3 Abs. 3 GG genannt ist, so ist diese Regelung an Art. 3 Abs. 1 GG zu messen. Etwas anderes gilt, wenn der vom Gesetzgeber gewählte, durch Art. 3 Abs. 3 GG nicht verbotene sachliche Anknüpfungspunkt in der gesellschaftlichen Wirklichkeit weitgehend nur für eine Gruppe zutrifft, oder die differenzierende

---

443 *Boysen*, in: v. Münch/Kunig, GG, Bd. 1, Art. 3 Rn. 106.
444 *Streibel*, S. 74; *Osterloh/Nußberger*, in: Sachs, GG, Art. 3 Rn. 256.
445 BVerfG, Beschluss v. 18.06.2008, E 121, 241 (254f.) = JuS 2008, S. 1014; so interpretiert dies *Heun*, in: Dreier, GG Kommentar, Art. 3 Rn. 117; *Sachs*, HStR Bd. VIII, § 182 Rn. 95, deutet die Entscheidung als nur für das Merkmal Geschlecht geltend; wohl für eine Öffnung des Art. 3 Abs. 3 GG für mittelbare Diskriminierungen für alle Merkmale dagegen *Pieroth/Schlink/Kingreen/Poscher*, S. 117, Rn. 481; *Sachs*, JuS 2008, S. 1015.

Regelung sich weitgehend nur für eine Gruppe im Sinne einer faktischen Benachteiligung auswirkt, deren Ungleichbehandlung nach Art. 3 Abs. 3 GG strikt verboten ist (mittelbare Diskriminierung). Eine Anknüpfung an das Geschlecht kann deshalb auch vorliegen, wenn eine geschlechtsneutral formulierte Regelung überwiegend Frauen trifft und dies auf natürliche oder gesellschaftliche Unterschiede zwischen Geschlechtern zurückzuführen ist."[446]

Letztendlich sprechen – unter Berücksichtigung der derzeit vertretenen dogmatischen Ansätze – die besseren Gründe dafür, mittelbare Diskriminierungen im Zusammenhang mit dem Merkmal Rasse nicht unter den Schutz des Art. 3 Abs. 3 GG zu subsumieren, sondern stattdessen auf eine Prüfung im Rahmen des allgemeinen Gleichheitssatzes zurückzufallen.[447] Zum einen lässt sich aus der Einzelentscheidung des Bundesverfassungsgerichts nicht eindeutig ein Wille zur Öffnung des Art. 3 Abs. 3 GG für mittelbare Diskriminierungen aller Art herauslesen, da Art. 3 Abs. 2 GG die Förderung der Gleichstellung von Männern und Frauen explizit zum Ziel macht und daher insoweit eine Sonderstellung des Merkmals Geschlecht innerhalb der verpönten Merkmale besteht.

Zum anderen gestaltet es sich nach allen derzeit vertretenen Auslegungsmethoden zu Art. 3 Abs. 3 GG dogmatisch schwierig, mittelbare Diskriminierungen in Art. 3 Abs. 3 GG unterzubringen.[448] Auch der Vergleich mit dem amerikanischen Antidiskriminierungsrecht zeigt, dass auch dort ein Unterschied zwischen dem Schutz vor Benachteiligung im AGG bzw. Titel VII und dem Verfassungsrecht gezogen wird. Insoweit handelt es sich also nicht um eine Lücke im deutschen Verfassungsrecht, sondern es scheint sich um eine sich durch mehrere Rechtsordnungen ziehende verfassungsgesetzgeberische Entscheidung zu handeln.

---

446 BVerfG, Beschluss v. 18.06.2008, E 121, 241 (254f.) = JuS 2008, S. 1014.
447 So auch *Sachs*, HStR Bd. VIII, § 182, Rn. 96; *Osterloh/Nußberger*, in: Sachs, GG Kommentar, Art. 3 Rn. 256; *Langenfeld*, Maunz/Dürig, GG, Art. 3 Abs. 3 Rn. 38; *Milej*, NVwZ 2013, 690. Allerdings hängt dies weniger damit zusammen, dass dies nicht wünschenswert wäre – denn das ist der Fall, sondern damit, dass weder das Anknüpfung- noch das Begründungsverbot eine solche Subsumtion zulassen.
448 Bei Deutung des Art. 3 Abs. 3 GG als Anknüpfungsverbot vollkommen ausgeschlossen, beim Begründungsverbot schwierig, vgl. *Langenfeld*, in: Maunz/Dürig, GG, Art. 3 Abs. 3, Rn. 38.

Insbesondere ist zudem – seitdem das Bundesverfassungsgericht im Rahmen der Rechtfertigungsprüfung von Art. 3 Abs. 1 GG die Trennung zwischen der Prüfung nach der Willkürformel und neuen Formel aufgegeben hat und stattdessen eine sogenannte „stufenlose" Prüfung mit einem gleitenden Prüfungsmaßstab durchführt – die Überprüfung von Ungleichbehandlungen im Rahmen von Art. 3 Abs. 1 GG sehr viel leichter handhabbar geworden.[449] Im Endeffekt ist aber die Frage, ob mittelbare Diskriminierungen wegen eines Merkmals aus Art. 3 Abs. 3 GG unter Abs. 1 oder Abs. 3 zu subsumieren sind, wohl ohnehin nur von dogmatischem Interesse und nicht ergebnisrelevant, da der Prüfungsmaßstab zumindest ähnlich wäre.[450]

5. Art. 3 Abs. 1 GG

Da ein Verstoß gegen Art. 3 Abs. 3 GG nicht gegeben ist, stellt sich die Frage ob § 22 Abs. 1a BPolG gemessen an Art. 3 Abs. 1 GG verfassungsgemäß ist. Art. 3 Abs. 1 GG ist verletzt, wenn eine Gruppe von Normadressaten anders behandelt wird als andere Normadressaten, obwohl zwischen beiden Gruppen keine Unterschiede von solcher Art und solchem Gewicht bestehen, dass sie eine ungleiche Behandlung rechtfertigen können.[451]

a) Vergleichsgruppenbildung

Die Struktur des Gleichheitssatzes ist geprägt durch seinen relationalen Charakter.[452] Um das Vorliegen einer Benachteiligung überprüfen zu können, muss zunächst eine Vergleichsgruppe gebildet werden. Es muss daher ein gemeinsamer Oberbegriff (*tertium comparationis*) gefunden werden, unter den die rechtlich verschieden behandelten Personengruppen oder Situationen fallen. Die Festlegung eines Oberbegriffes bzw. einer Vergleichsgruppe gestaltet sich jedoch bisweilen schwierig, da der Gleichheitssatz keine Vorgaben dazu macht, wie diese zu bestimmen sind.[453]

---

449 *Langenfeld*, in: Maunz/Dürig, GG Art. 3 Abs. 3 Rn. 38; mehr zum Prüfungsmaßstab unter III.
450 So auch *Streibel*, S. 74; *Osterloh/Nußberger*, in: Sachs, GG Kommentar, Art. 3 Rn. 256.
451 st. Rspr., vgl. BVerfG, Beschluss v. 07.10.1980, E 55, 72 (88) = NJW 1981, 271.
452 *Krieger*, in: Schmidt-Bleibtreu/Hofmann/Henneke, GG, Art. 3 Rn. 21.
453 *Krieger*, in: Schmidt-Bleibtreu/Hofmann/Henneke, GG, Art. 3 Rn. 22.

Im Fall der verdachtsunabhängigen Kontrollen nach § 22 Abs. 1a BPolG gibt es verschiedene Möglichkeiten, Oberbegriffe und Vergleichsgruppen zu bilden. Es geht in jedem Fall um Personen, die kontrolliert werden, im Verhältnis zu Personen, die nicht kontrolliert werden.[454] Den Vergleich zwischen der Situation eines von einer Maßnahme Betroffenen und der Allgemeinheit zu ziehen, ist jedoch in Hinblick auf die gleichheitsrechtliche Fragestellung wenig sinnvoll, da diese Konstellation weniger ein Gleichheitsproblem aufwirft, als die Rechtfertigung eines Eingriffs in ein Freiheitsrecht betrifft.[455]

Stattdessen muss für die Vergleichsgruppe der Kreis enger gezogen werden. Unter gleichheitsrechtlichen Aspekten kann es nur auf den Vergleich zu Personen ankommen, die sich in räumlicher Nähe und im Bereich befinden, den § 22 Abs. 1a BPolG bestimmt, die nicht kontrolliert werden.[456] Vor dem Hintergrund der *Racial-Profiling*-Thematik verlagert sich der Schwerpunkt der Vergleichsgruppenbildung dahingehend, dass möglicherweise ausländisch aussehende Personen kontrolliert werden, stereotypisch deutsch aussehende Fahrgäste dagegen nicht.

b) Ungleichbehandlung

Da – anders als in anderen Ländern[457] – keine Statistiken über die ethnische Herkunft der auf Grundlage von § 22 Abs. 1a BPolG befragten Personen vorliegen, besteht auch keine Möglichkeit nachzuweisen, dass überwiegend Menschen mit fremdländischen Aussehen kontrolliert werden.[458] Die Erfahrungsberichte über einzelne Kontrollen nach Hautfarbe – auch wenn

---

454 *Krane*, Schleierfahndung, S. 234.
455 *Krane*, Schleierfahndung, S. 234; anders *Waechter*, LKV 2000, S. 389; Wissenschaftliche Dienste BT, 2014, WD 3 – 3000 – 244/14, S. 17, der davon ausgeht, dass laut Norm „jeder" potentieller Adressat ist und die Unterscheidung nach dem Aufenthaltsort zu ziehen ist.
456 *Krane*, Schleierfahndung, S. 234.
457 Z.B. in den USA oder in England, mehr dazu aber im nächsten Kapitel.
458 Zwar wird durchaus die Staatsangehörigkeit – die Anlass für Mutmaßungen über die Ethnie geben kann – der Personen festgehalten, bei denen im Rahmen der Befragungen und Kontrollen nach §§ 22 Abs. 1a, 23 Abs. 1 Nr. 3 BPolG ein unerlaubter Aufenthalt oder eine unerlaubte Einreise festgestellt wird, es gibt jedoch keine Statistiken über die ethnische Herkunft aller Personen – d.h. insbesondere nicht derjenigen, die kein „Treffer" waren – die befragt oder kontrolliert wurden.

sich diese häufen – lassen noch nicht zwingend auf eine generelle Praxis schließen. Solange Bundespolizei und Bundesregierung daran festhalten, dass bei den Befragungen die Hautfarbe einer Person keine Rolle spielt, und es keine zahlenmäßigen Belege gibt, dass das Gegenteil der Fall ist, kann nicht von einer mittelbaren Benachteiligung auf Grund der „Rasse" ausgegangen werden, da es an einer belastbaren Grundlage für dies Behauptung fehlt. Zwar sind einschlägige Statistiken gesetzlich nicht zwingend vorgesehen, um eine mittelbare Diskriminierung nachzuweisen, letztendlich stellt dies jedoch die sinnvollste – und sofern Daten verfügbar sind – einfachste Option dar.

Welches Ausmaß eine häufigere Betroffenheit erreichen muss, um als mittelbare Diskriminierung zu gelten, wurde bisher vom Bundesverfassungsgericht nicht ausdrücklich entschieden.[459] Einziger Anhaltspunkt bisher ist die vage Andeutung, dass „weitgehend nur" ein bestimmter Personenkreis betroffen sein muss.[460] Im Rahmen von mittelbaren Diskriminierungen muss die angegriffene Praxis also zumindest eine gewisse Signifikanz aufweisen, um einen Verstoß gegen Art. 3 Abs. 1, Abs. 3 GG zu begründen.[461] Nur dann, wenn im Ergebnis (fast) immer oder in einer Mehrzahl der Fälle, eine Benachteiligung vorliegt, kann von einem Verstoß ausgegangen werden.[462] Hier fehlt es jedoch an eben diesem Nachweis.

Bei der Frage danach, ob die Befragungen nach § 22 Abs. 1a BPolG selektiv auf Grund von Hautfarbe durchgeführt werden und somit durch die Norm zumindest mittelbar bestimmte ethnische Gruppen benachteiligt werden, könnten möglicherweise entsprechende IAT-Ergebnisse den nötigen Beweis liefern, ohne auf tatsächliche Zahlen von Befragten zurückgreifen zu müssen. Üblicherweise werden in Diskriminierungsfällen Statistiken angeführt, die belegen sollen, dass eine bestimmte Maßnahme eine Gruppe im Ergebnis überproportional häufig trifft (Bsp.: Teilzeitbeschäftigte bekommen weniger von bestimmter Leistung, 80% der Teilzeitbeschäftigten sind Frauen, d.h., dass Frauen übermäßig betroffen

---

459 *Englisch*, in: Becker/Stern: Grundrechte-Kommentar, Art. 3 Rn. 87.
460 BVerfG, Beschluss v. 18.06.2008, E 121(241) Rn. 49 =JuS 2008, S. 1014.
461 *Castillon*, Dogmatik und Verfassungsmäßigkeit neuer Befugnisse zu verdachts- und anlassunabhängigen Polizeikontrollen, S. 205.
462 Ebenda.

sind). Kognitionswissenschaftliche Studien könnten über die Problematik der fehlenden Statistiken in Zusammenhang mit den Kontrollen nach § 22 Abs. 1a BPolG aus folgenden Gründen hinweghelfen: Die Studien zum Thema *Implicit Bias* legen zum einen nahe, dass unser Verhalten häufig von unbewussten Stereotypen und Vorurteilen gesteuert wird, ohne dass wir selbst darauf Einfluss haben (*Pervasive Implicit Bias*), und zum anderen, dass wir die Hautfarbe einer Person – anders als die Bundespolizei und Bundesregierung behaupten – nicht einfach ausblenden können. Durch die Einführung von Ergebnissen, die aus kognitionswissenschaftlichen Tests gewonnen werden, wird am anderen Ende angesetzt. IAT-Ergebnisse sollen belegen bzw. vorhersehen, dass ein bestimmtes Stereotyp oder Vorurteil vorhanden ist, dass wiederum dazu führt, dass in benachteiligender Art und Weise gehandelt wird.[463]

aa) Amerikanische Erfahrungen mit Implicit Bias als Nachweis für mittelbare Diskriminierung

In den USA wurde in jüngerer Vergangenheit zum ersten Mal versucht, IAT-Ergebnisse als Beweis in ein Verfahren einzuführen.[464] Der größte und wohl bekannteste Fall ist Wal-Mart Stores, Inc. v. Dukes (2011)[465], in dem sich sogar der amerikanische Supreme Court mit dem Thema *Implicit Bias* auseinander setzte. Gegenstand von Wal-Mart v. Dukes war eine Sammelklage (*Class Action Suit*) von 1,5 Millionen weiblichen Wal-Mart Angestellten, die behaupteten, dass das Unternehmen Wal-Mart Frauen diskriminiere und dabei gegen Title VII des Civil Rights Acts von 1964 verstoße. Genauer rügten die Klägerinnen, dass Wal-Mart seinen regionalen Geschäftsführern Ermessensspielräume bezüglich Gehalt und Beförderungen einräume und dies dazu führe, dass männliche Angestellte bevorzugt würden, was

---

463 Ausführlich hierzu *Wexler/Bagard/Totten/Damrell*, Implicit Bias and Employment Law: A Voyage into the Unknown, Daily Labor Report, 2013, S. 1.
464 Supreme Court Entscheidung Wal-Mart Stores, Inc. v. Dukes; Bundesstaatliche Gerichtsentscheidung Pippen v. Iowa; ausführlich hierzu *Amalfe*, The Limitations on implicit bias Testimony Post-Dukes, abrufbar unter: http://www.americanbar.org/content/dam/aba/events/labor_law/2013/03/employment_rightsresponsibilitiescommitteemidwintermeeting/1_amalfe.authcheckdam.pdf (Stand 03.11.2015).
465 Wal-Mart Stores, Inc. v. Dukes, 131 S.Ct. 2541 (2011).

wiederrum „*Disparate Impact*" für die weiblichen Angestellten zur Folge habe. Problematisch war jedoch die *Class Certification*, bei der nach amerikanischem Recht die Kläger nachweisen müssen, dass es „*a single common reason*" für die Benachteiligung gibt, um überhaupt als „*class*" anerkannt zu werden. Dies versuchten die Kläger durch das Gutachten eines Soziologen darzulegen, der aussagte, dass das Wal-Mart System auf Grund seiner stark ausgeprägten „*corporate structure*" anfällig für *Implicit Gender Bias* sei.[466] Der Supreme Court lies sich jedoch nicht von den Ausführungen des Soziologen überzeugen und stellte fest, dass die – recht generell gehaltenen – Erläuterungen des Soziologen „*worlds away from siginificant proof*"[467] seien. Die bloße Möglichkeit, dass ein System auf einige diskriminierende Wirkung haben könnte, führt nicht zwangsläufig dazu, dass alle Angestellten notwendigerweise einen gemeinsamen „*disparate impact claim*" haben.[468]

Aus ähnlichen Gründen scheiterte auch eine Klage wegen Altersdiskriminierung vor dem District Court in Minnesota.[469] Auch hier argumentierte das Gericht, dass die Kläger nicht tatsächlich nachweisen konnten, dass derartige Vorurteile oder stereotypisch behaftetes Denken im Unternehmen vorherrschen. Der Verweis auf Studien, die belegen, dass Menschen grundsätzlich negative Assoziationen bezüglich Alter haben, reiche nicht aus.[470]

In *Pippen v. Iowa (2012)* beschäftigte sich ein Gericht des Bundesstaates Iowa mit der Frage, ob die Praxis eines Unternehmens diskriminierend gegenüber afro-amerikanischen Angestellten wirkt.[471] In diesem Fall rügten die Angestellten von 37 Einrichtungen innerhalb der Exekutive des Bundesstaates Iowa, dass dieser systematisch eine Einstellungs- und Beförderungspraxis betreibe, die sich benachteiligend auf Afro-Amerikaner auswirke. Dadurch

---

466 Ebenda.
467 Ebenda.
468 Zusammenfassend *Amalfe*, Implicit Bias Testimony Post-Dukes, S. 4.
469 Peterson v. Seagate US LLC, 809 F. Supp. 2d 996, 998 (D. Minn. 2011).
470 Zusammenfassend *Amalfe*, Implicit Bias Testimony Post-Dukes, S. 5, abrufbar unter: http://www.americanbar.org/content/dam/aba/events/labor_law/2013/03/employment_rightsresponsibilitiescommitteemidwintermeeting/1_amalfe.authcheckdam.pdf.
471 Pippen v. Iowa, No. LACL 107038, slip op. (Iowa Dist. Ct. Polk County Apr. 17, 2012)

verletze der Bundesstaat Iowa das in Title VII des Iowa Civil Rights Act garantierte Recht auf Gleichbehandlung.[472] Anstelle eine bestimmte Praxis anzugreifen, legten die Kläger ein kognitionswissenschaftliches Gutachten des Psychologie-Professors und IAT-Begründers Anthony Greenwald vor, welches belegen sollte, dass alle Menschen eine automatische Präferenz für eine bestimmte Hautfarbe hätten, was wiederrum dazu führe, dass Benachteiligungen eine zwingende Folge von subjektiven Entscheidungen im „Employment"-Kontext sind.[473] Jedoch konnte auch Anthony Greenwald keinen Nachweis darüber erbringen, welche Entscheidungsträger in welchen konkreten Situationen eine durch *Implicit Bias* beeinflusste Entscheidung getroffen haben. Zudem sagte Greenwald aus, dass die Tatsache, dass eine Person beim IAT *Implicit Racial Bias* zeige, nicht zwangsläufig dazu führe, dass jede ihrer Verhaltensweisen von Vorurteilen oder Stereotypen beeinflusst werde. Auch in diesem Fall kam das Gericht jedoch zu dem Ergebnis, dass die bloße Möglichkeit, dass ein weiter Beurteilungsspielraum im Rahmen von Beförderungs- und Einstellungsentscheidungen zu Disparität in Sachen Hautfarbe führen kann, nicht ausreicht.[474] Das Gericht fügte weiter hinzu, dass es bei sich bei Greenwalds Aussage lediglich um *„an opinion of conjecture, not proof of causation"*[475] handle.

Erste Erfolge für *Implicit-Bias*-Studien in einem Verfahren können jedoch im Fall *Ellis v. Costco Wholesale Corp. (2012)* festgestellt werden.[476] Auch hier ging es um eine *Class Certification*, welche jedoch vom 9th Circuit in diesem Fall – anders als in den vorhergegangenen Fällen – auf Grund eines *Implicit-Bias*-Gutachtens stattgegeben wurde. Die Klägerinnen im Fall Ellis v. Costco behaupteten, dass Costcos Beförderungs- und Managementpraktiken mittelbar nachteilig auf Frauen wirken.[477] Die *Implicit-Bias*-Expertin, die die Behauptung der Klägerin stützte sagte aus, dass Costcos Unternehmenskultur stereotypengeprägtes Denken unterstütze und fördere, so dass *Gender Bias* den Beförderungsprozess strukturell *„from the top down"*[478]

---

472 Zusammenfassend *Amalfe*, Implicit Bias Testimony Post-Dukes, S. 5.
473 *Amalfe*, Implicit Bias Testimony Post-Dukes, S. 6.
474 Ebenda.
475 Pippen v. Iowa, No. LACL 107038.
476 Ellis v. Costco Wholesale Corp., 285 F.R.D. 492 (2012).
477 Ellis v. Costco Wholesale Corp., 285 F.R.D. 492 (2012), 17697.
478 *Amalfe*, Implicit Bias Testimony Post-Dukes, S. 7.

beeinflusse.[479] Der Unterschied zwischen dem Fall Ellis und den anderen Fällen, insbesondere Wal-Mart v. Dukes, ist, dass es sich zum einen um eine vergleichsweise kleine *Class* handelt und zum anderen, dass der Bereich der Beförderungspolitik, in dem vermeintlich Frauen diskriminiert wurden sich auf eine konkrete Position innerhalb der Firma bezog und nicht von alle Frauen in allen Positionen.[480] Besonders, dass im Fall Ellis eine spezielle Praxis herausgearbeitet wurde, die Costco firmenweit implementiert, die vom Topmanagement kontrolliert und beeinflusst wird, führte dazu, dass in diesem Fall anders entschieden wurde.[481]

Zusammenfassend lässt sich feststellen, dass zwar in fast allen Fällen die zuständigen Gerichte den Nachweis von diskriminierend wirkenden Strukturen durch *Implicit-Bias*-Studien im konkreten Fall ablehnten ab, dies ändert jedoch nichts daran, dass die Möglichkeit, *Implicit-Bias*-Studien als Beweis für die Existenz von Strukturen, die mittelbare Diskriminierung zur Folge haben, zuzulassen grundsätzlich in Erwägung gezogen wird.[482]

Allerdings ist es bei realistischer Betrachtung wohl noch ein langer Weg, bis der *Implicit-Bias*-Ansatz vom amerikanischen Arbeitsrecht ins deutsche Verfassungsrecht übertragen wird. Fast undenkbar scheint es, dass dieser Impuls aus dem amerikanischen Recht zu einer erfolgreichen Feststellung von mittelbarer Diskriminierung vor deutschen Gerichten führt. Nachweis von mittelbarer Diskriminierung durch *Implicit-Bias*-Studien im Fall der verdachts- und ereignisunabhängigen Personenkontrollen nach § 22 Abs. 1a BPolG.

Während eine unmittelbare Diskriminierung nach gängiger verfassungsrechtlicher Dogmatik ausscheidet, da § 22 Abs. 1a BPolG keinen Bezug auf die „Rasse" von Menschen nimmt, könnte möglicherweise durch *Implicit-Bias*-Studien der Beweis einer sich tatsächlich auswirkenden *mittelbaren* Diskriminierung erbracht werden.

Wie bereits zuvor ebenso festgestellt, bietet § 22 Abs. 1a BPolG in seiner Fassung als verdachtsunabhängige Befugnisnorm ein Einfallstor für *Implicit*

---

479 Ellis v. Costco Wholesale Corp., 285 F.R.D. 492 (2012).
480 *Amalfe*, Implicit Bias Testimony Post-Dukes, S. 8.
481 Ebenda.
482 *Wexler/Bagard/Totten/Damrell*, Implicit Bias and Employment Law: A Voyage into the Unknown, Daily Labor Report, 2013, S. 1.

Bias, da dem einzelnen Bundespolizisten ein enorm weiter Entscheidungsspielraum eingeräumt wird. Innerhalb kurzer Zeit muss der Beamte alleine an Hand äußerer Merkmale eine Entscheidung darüber treffen, wen er kontrolliert. Da einer Befragung nach § 22 Abs. 1a BPolG üblicherweise keine Interaktion zwischen Polizisten und Betroffenen vorangeht, kann eine Auswahl nur nach äußeren Merkmalen geschehen. Zwar kommen dabei auch Kleidung und Verhaltensweisen in Betracht, das äußere Merkmal, welches jedoch am schnellsten ins Auge sticht, ist die Hautfarbe einer Person. Einmal wahrgenommen, kann die Hautfarbe auch nicht einfach wieder ausgeblendet werden, sondern stattdessen werden sofort unterbewusste Assoziationen getroffen.

Angenommen, die einzelnen Bundespolizisten verhalten sich entsprechend der offiziellen Bundespolizei-Policy und selektieren nicht bewusst und gezielt nach phänotypischen Maßnahmen, d.h. sie sprechen nicht bewusst vorwiegend Menschen mit ausländischem Aussehen an, so könnte sich dennoch diskriminierendes Verhalten durchsetzen, da die Norm des § 22 Abs. 1a BPolG durch die Konzeption als verdachtsunabhängige Kontrollbefugnis mit weitem Auswahlermessen dazu geeignet ist, einen einschlägigen *Implicit Bias* zu aktivieren.

Eine Benachteiligung auf Grund des Merkmals „Rasse" ist alleine schon deswegen wahrscheinlich, da selbst wenn die Bundespolizei als Ganzes eine gezielte Selektion an Hand der Hautfarbe entschieden ablehnt, es dem Einzelnen durch die Art der Konzeption des § 22 Abs. 1a BPolG als verdachtsunabhängige Norm dennoch unmöglich ist, sich nicht von phänotypischen Merkmalen beeinflussen zu lassen. Wie jedoch bereits zuvor diskutiert[483], ist die Situation der verdachts- und ereignisunabhängigen Personenkontrollen eine andere, als die der Testsituation im Rahmen von *Implicit-Bias*-Experimenten. Die Entscheidung, wen der einzelne Bundespolizist anspricht und kontrolliert, ist eine bewusste. Zwar beeinflusst unser vorurteilsbeladenes und vereinfacht stereotypisch „denkendes" Unbewusstsein unsere Wahrnehmung, dies kann jedoch auf bewusster Ebene korrigiert werden. Gibt sein Bauchgefühl einem Polizisten vor, dass eine Person verdächtig wirkt, so

---

483 Vgl. hierzu S. 79.

muss er nicht zwingend danach handeln. Er kann sich auch bewusst dagegen entscheiden, eine Person auf Grund dieses Bauchgefühls zu kontrollieren.[484] Die These, dass § 22 Abs. 1a BPolG auf Grund von „*Pervasive Implicit Bias*" gegen Art. 3 Abs. 1 GG verstößt, stößt auch auf einige praktische Hindernisse: Aus den amerikanischen Erfahrungen im Umgang mit *Implicit-Bias*-Studien in Verfahren, in denen eine Benachteiligung mittels IAT-Ergebnissen nachgewiesen werden soll, lassen sich Rückschlüsse darüber ziehen, dass auch in Deutschland ein allgemeiner IAT als Diskriminierungsnachweis wohl nicht ausreicht. Es gilt, je konkreter desto besser. Im Fall des § 22 Abs. 1a BPolG müssten gezielt repräsentative *Implicit-Bias*-Studien in Deutschland durchgeführt werden. Möglich wäre zum Beispiel eine Simulation ähnlich dem *Shooter-Bias* Experiment. Bisher lassen sich zwar aus den verfügbaren IAT Ergebnissen und anderen Studien der Kognitionswissenschaft Schlüsse über *Implicit-Bias*-Veranlagungen ziehen, jedoch wären in einem Verfahren präzisere und sich speziell auf Deutschland beziehende Studien notwendig. Zumal handelt es sich um eine für den deutschen Rechtskreis eher unorthodoxe Herangehensweise.

Zwar reichen die *Implicit-Bias*-Studien nicht aus, um eine Benachteiligung tatsächlich nachzuweisen, sie geben jedoch sehr wohl Aufschluss darüber, dass im Fall der verdachts- und ereignisunabhängigen Personenkontrollen eine Diskriminierung von ausländisch aussehende Personen angelegt ist.

Zwischenergebnis: Nach Maßgabe und Möglichkeiten des Art. 3 Abs. 1 GG liegt somit im Fall des § 22 Abs. 1a BPolG auch keine mittelbare Diskriminierung wegen der „Rasse" vor.

6. Überholte Herangehensweise an das Thema Antidiskriminierungsrecht

„First, antidiscrimination law should be behaviorally realistic because a normative theory of nondiscrimination based on faulty premises about how and why decision makers treat people differently because of their social group status cannot

---

484 Die ursprüngliche gesetzgeberische Idee, mit § 22 Abs. 1a BPolG ein Instrument zu schaffen, das durch intuitives auf Erfahrung basierendes Handeln zur besseren und flexibleren Polizeiarbeit beiträgt, wird durch dieses aktive Gegensteuern natürlich zu Nichte gemacht.

realistically perform much normative work. Even if people want to conform their behavior to the norms underlying antidiscrimination law, full compliance with the law's prescriptions is unlikely if the relevant legal doctrines fail to capture accurately how and why discrimination occurs, how targets respond to it, and what can be done to prevent it from occurring."[485]

Zieht man empirische Studien zum Thema Diskriminierung heran, steht schnell fest, dass juristische Dogmatik und wissenschaftliche Erkenntnisse zu Entscheidungsprozessen mit diskriminierendem Ausgang nicht weiter voneinander entfernt sein könnten. Während sich der juristische Meinungsstreit mit der Frage beschäftigt, wie das Wort „*wegen*" im Rahmen des Art. 3 Abs. 3 GG auszulegen ist und welcher Grad an Kausalität zu Grunde zu legen ist, hat die verhaltenspsychologische Forschung bereits vor Jahrzehnten erkannt, dass einer Diskriminierung selten ein Fall bewusster Entscheidung vorangeht, sondern dass vielmehr unterbewusst verschiedenste Faktoren Einfluss auf unsere Handlung nehmen. Wenn die Rechtswissenschaft menschliches Verhalten interpretiert und versucht, dieses unter juristische Kategorien zu subsumieren, dann sollte dies nicht losgelöst von grundlegenden verhaltenswissenschaftlichen Erkenntnissen geschehen.[486] Speziell im Fall von Antidiskriminierungsrecht sollten die Fragen, wann genau eine Diskriminierung vorliegt, durch was eine solche hervorgerufen wird und wie diskriminierendes Verhalten verhindert werden kann, nicht ohne die Einbeziehung psychologischer Erkenntnisse beantwortet werden.[487] Die dogmatische Herangehensweise an Antidiskriminierungsrecht muss realistisch sein, da es nur so wirklichen Schutz vor Benachteiligung entfalten kann.

Der Streit um die Frage, ob es sich im Rahmen von Art. 3 Abs. 3 GG um ein Anknüpfungs- oder Begründungsverbot handelt, geht demnach an

---

485 *Krieger/Fiske*, Behavioral Realism in Employment Discrimination Law: Implicit Bias and Disparate Treatment, California Law Review, 2006, Vol. 94, S. 1002.
486 Die Befürworter einer solchen Handhabe bezeichnen das Konezept als Behavioral Realism, hierzu ausführlich: *Krieger/Fiske*, Behavioral Realism in Employment Discrimination Law: implicit bias and Disparate Treatment, California Law Review, 2006, Vol. 94, S. 998.
487 *Krieger/Fiske*, Behavioral Realism in Employment Discrimination Law: Implicit Bias and Disparate Treatment, California Law Review, 2006, Vol. 94, S. 1001.

der Realität vorbei. Die Diskussion, die in diesem Zusammenhang geführt wird, entbehrt jeglichen Bezug zu tatsächlichen Erkenntnissen und kann deshalb auch nicht zu sinnvollen Ergebnissen führen. Die Interpretation des Art. 3 Abs. 3 GG als Anknüpfungsverbot geht davon aus, dass der Akteur gezielt nach bestimmten verbotenen Kriterien differenziert. Diese Theorie setzt jedoch voraus, dass wir unsere Entscheidungen rational und bewusst treffen. Diese Vorstellung eines *homo oeconomicus* entspricht jedoch nicht der Realität diskriminierender Entscheidungssituationen.[488] Auch die Auslegung als Begründungsverbot geht aus denselben Gründen nicht mit den wissenschaftlichen Erkenntnissen zum Thema Diskriminierung d'accord. Denn auch die Idee, dass sich der Handelnde aktiv zu einer benachteiligenden Entscheidung entschließt und diese Entscheidung mit einem Unwerturteil über eine bestimmte Gruppe begründet, setzt Bewusstsein über die Gründe der Entscheidung voraus.

Angebracht wäre daher eine Neuinterpretation des speziellen Gleichheitssatzes, in der nicht die Auslegung des Wortes „*wegen*" im Vordergrund steht, sondern stattdessen die Frage, was wir eigentlich mit Art. 3 Abs. 3 GG bezwecken wollen. Sinnvoller Schutz vor Diskriminierungen kann nur dann gewährleistet werden, wenn verfassungsrechtliche Dogmatik und verhaltenspsychologische Erkenntnisse miteinander in Einklang gebracht werden. Aus diesem Grund plädieren auch Teile der Literatur[489] mittlerweile für einen folgenorientierten Diskriminierungsbegriff.

Betrachtet man die Liste der in Art. 3 Abs. 3 GG als verpönt genannten Merkmale, fällt es zunehmend schwer, sich Fälle vorzustellen, in denen unmittelbar – d.h. *gezielt und bewusst* – auf Grund einer solchen Eigenschaft diskriminiert wird.[490] Auch ein Überblick über die Judikatur des Bundesverfassungsgerichts zu Art. 3 Abs. 3 GG zeigt, dass die grundrechtliche Norm – abgesehen vom Merkmal Geschlecht – keine greifbaren Auswirkungen hat.[491] Dies wirft die Frage auf, ob – mangels Vorliegens solcher Fälle – das

---

488 Vgl. hierzu ausführlich oben, insbesondere Bsp. zum Thema Arbeitsrecht
489 *Baer*, ZRP 2001, 500 ff; *Baer*, Würde oder Gleichheit, S. 235 ff.; *Tischbirek/ Wihl*, JZ 5/2013, S. 219.
490 Natürlich mit Ausnahmen, so etwa die neue Rechtsprechung des Bundesverfassungsgerichts zum Kopftuchverbot, BVerfG, Beschluss v. 27.01.2015, E 138, 296 = NJW 2015, S. 1359.
491 *Sachs*, in: HStR Bd. VIII, § 182 Rn. 78.

vom Verfassungsgesetzgeber intendierte Ziel des Art. 3 Abs. 3 GG schlicht erreicht wurde, oder ob sich die Diskriminierungsproblematik seit Schaffung des Art. 3 Abs. 3 GG verlagert oder verändert hat.

Auch *Tischbirek* und *Wihl* kommen bei ihrer Analyse der *Racial-Profiling* Thematik zu dem Ergebnis, dass beim Fall der verdachtsunabhängigen Kontrollen ein Punkt erreicht wird, an dem die bestehende Dogmatik zu Art. 3 Abs. 3 GG nicht mehr ausreicht und nur unbefriedigende Ergebnisse liefert. Sie sprechen von einer verfassungsdogmatisch notwendigen „Emanzipation der Gleichheit von der Würde (...), die es der Gleichheit erst ermöglicht, ihren vollen Begriff auszuschöpfen, der sich eben nicht in der Beschwörung der allgemeinen Menschengleichheit gegen den Nationalsozialismus erschöpft"[492]. Gemeint ist damit, dass der *Dürig*'sche Ansatz[493] der Bindung der Antidiskriminierung an die Menschwürde nicht ausreicht. Das Grundgesetz müsse sich „von einer posttotalitären in eine reife liberal-egalitäre Verfassung[494]" verwandeln. Eben dieser Ansatz beantwortet auch die zuvor aufgeworfene Frage, ob das Ziel des Art. 3 Abs. 3 GG erreicht wurde oder sich die Problematik schlicht verändert ist. Denn selbst wenn Art. 3 Abs. 3 GG ursprünglich als Zielsetzung die „Gleichheit der Würde" unabhängig von der Rasse einer Person zum Verfassungsgut erhoben hat, so bedeutet dies nicht, dass durch neue gesellschaftliche Wandlungen nicht auch neue Interpretationsmöglichkeiten in Betracht gezogen werden sollten.

Speziell in den Fällen der mittelbaren Diskriminierung zeigen sich die Schwächen der bisherigen Auslegung des besonderen Gleichheitssatzes. Da im Fall einer mittelbaren Diskriminierung eine Schlechterstellung einer Gruppe gar nicht beabsichtigt ist. Auch hier liefern *Tischbirek* und *Wihl* sinnvolle Ansätze: Gefordert wird, Art. 3 GG als Ganzes zu sehen. Dazu gehört auch, Abs. 2 mit seinem Förderungsgebot nicht als Fremdkörper wahrzunehmen, sondern als integralen Bestandteil des Gleichheitsrechts zu sehen.[495] Parallelen werden auch zu verfassungsdogmatischen Entwicklungen bei den Freiheitsrechten gesehen, wo sich inzwischen immer stärker

---

492 *Tischbirek/Wihl*, JZ 5/2013, S. 222.
493 Ebenda.
494 Ebenda.
495 *Tischbirek/Wihl*, JZ 5/2013, S. 223.

Folgen- statt Finalitätsorientierung durchsetzt.[496] Analog dazu soll auch der Unterschied zwischen finaler und nicht-finaler Diskriminierung an Bedeutung verlieren.[497]

Unter dem Stichwort *Postkategoriale Gleichheit und Differenz* entwickelt sich daher ein Ansatz unter Antidiskriminierungsrechtlern,[498] dessen Ziel es ist, weniger in Opferkategorien zu denken – klassisches Beispiel dafür ist Art. 3 Abs. 3 GG – sondern Antidiskriminierungsstrukturen „*postkategorial*" zu begreifen und gezielt Strukturen und Akteure ins Visier zu nehmen.[499] Die existierenden dogmatischen Ansätze des Anknüpfungs- und Begründungsverbotes hätten – so die Verfechter des Postkategorialismus – den Fehler gemein, dass sie am falschen Ende ansetzen. Ungleichheiten müssten mehr als Verhältnisse gesehen werden. Statt Anknüpfungs- und Begründungsverboten müssten verstärkt Hierarchisierungsverbote in den Vordergrund rücken.[500]

Ob dieser Ansatz der richtige Weg ist, um Ungleichheiten zu beseitigen, soll hier nicht abschließend bewertet werden. Zumindest ist es jedoch ein Beitrag im immer dringender notwendig werdenden Diskurs. Der Fall der anlassunabhängigen Kontrollen nach § 22 Abs. 1a BPolG zeigt zum einen,

---

496 Vgl. dazu die Entwicklung vom klassischen zum neuen Eingriffsbegriff, der auch mittelbare-faktische Grundrechtseingriffe umfasst.
497 *Tischbirek/Wihl*, JZ 5/2013, S. 223.
498 *Naguib*, in: Gleichheit und Universalität, S. 179; *Baer*, in: Chancen und Risiken positiver Maßnahmen, Grundprobleme des Antidiskriminierungsrechts und drei Orientierungen für die Zukunft, Dossier Positive Maßnahmen: Von Antidiskriminierung zu Diversity, abrufbar unter: https://heimatkunde.boell.de/sites/default/files/dossier_positive_massnahmen.pdf#page=16; *Liebscher/Lembke*, Postkategoriales Antidiskriminierungsrecht? – Oder: Wie kommen Konzepte der Intersektionalität in die Rechtsdogmatik?, abrufbar unter: http://www.etc-graz.at/typo3/fileadmin/user_upload/ETC-Hauptseite/publikationen/Selbstaendige_Publikationen/LID/Lembke_Liebscher_Post kategoriales_Antidiskriminierungsrecht_formatiert.pdf.
499 *Baer*, in: Chancen und Risiken positiver Maßnahmen, Grundprobleme des Antidiskriminierungsrechts und drei Orientierungen für die Zukunft, Dossier Positive Maßnahmen: Von Antidiskriminierung zu Diversity, abrufbar unter: https://heimatkunde.boell.de/sites/default/files/dossier_positive_massnahmen.pdf#page=16. Sie spricht auch von sogenanntem „Gruppismus" als Wurzel allen Übels.
500 *Naguib*, in: Gleichheit und Universalität, S. 183.

dass sich der Gesetzgeber in keiner Weise darüber im Klaren ist, welches Spannungspotential mit den verdachts- und ereignisunabhängigen Personenkontrollen und *Implicit Bias* einhergeht, und zum anderen, dass es am juristisch dogmatischen Handwerkszeug fehlt, um effektiv gegen Diskriminierung vorzugehen. Der Verfassungstext ist wenig aufschlussreich und die Dogmatik zu Art. 3 GG hinkt um Jahre hinterher. Diskriminierungen wegen der „Rasse" finden eben nicht nur vorsätzlich und aus rassistischen Gründen statt. Vielmehr geht es darum, wie tief in unserem Unbewusstsein verankerte Stereotype und Vorurteile unser Handeln bestimmen. An dieser Stelle muss ein zeitgemäßes Antidiskriminierungsrecht ansetzen. Es gilt Situationen zu beseitigen, in denen dieses *Implicit Bias* besonders stark hervortreten kann, und rechtliche Rahmenbedingungen zu schaffen, die unser *Implicit Bias* im Zaum halten.[501]

7. Verfassungswidrigkeit durch strukturelles Vollzugsdefizit

Selbst wenn § 22 Abs. 1a BPolG nicht wegen eines Verstoßes gegen Art. 3 Abs. 3 GG verfassungswidrig ist, da eine verfassungskonforme Auslegung und Anwendung grundsätzlich möglich ist, könnte aber eine Verfassungswidrigkeit aus anderem Grund vorliegen: Bei dauerhaftem Auseinanderfallen von Verwaltungsvollzug und gesetzlichen Vorgaben kann sich die gesetzeskonforme Behandlung im Einzelfall als gleichheitsrechtlich problematisch erweisen.[502] Hat der Gesetzgeber das Vollzugdefizit zu verantworten, kann daraus die Verfassungswidrigkeit der zugrunde liegenden gesetzlichen Bestimmungen resultieren.[503] Denn insbesondere in Fällen in denen der Exekutive durch das Gesetz Ermessensspielräume eingeräumt werden, ist der Grundsatz der Rechtsanwendungsgleichheit von höchster Relevanz.[504]

Verfassungsrechtlich könnte der Fall der verdachtsunabhängigen Kontrollen nach § 22 Abs. 1a BPolG demnach als ein strukturelles Vollzugsdefizit einzuordnen sein.

---

501 Hierzu ausführlich im Punkt Lösungsansätze.
502 *Englisch*, in: Stern/Becker, GG, Art. 3 Rn. 38.
503 Ebenda.
504 *Englisch*, in: Stern/Becker, GG, Art. 3 Rn. 39.

Das Bundesverfassungsgericht hatte mit dieser Begründung 1991 erstmalig eine Steuernorm für verfassungswidrig erklärt.[505] Es stellte fest, dass der Vollzug der Steuernorm aufgrund prinzipieller struktureller Mängel der Erhebungsregelung den Gleichheitsgrundsatz nach Art. 3 Abs. 1 GG verletze.[506] In dem Fall der dem Bundesverfassungsgericht vorgelegt wurde, ging es um eine Norm aus dem Einkommensteuergesetz, welche die Festsetzung einer Steuer von der Erklärung des Steuerschuldners abhängig machte.[507] Dies setzt erhöhte Anforderungen an die Steuerehrlichkeit des Steuerpflichtigen voraus und erfordert somit auch die steuerliche Belastungsgleichheit gewährleistende Kontrollmöglichkeiten.[508] Dies war jedoch de facto nicht der Fall, da es keine gesetzliche Befugnis zur Kontrolle gab und somit der Nachweis des steuerbaren Vorgangs allein vom Willen des Steuerpflichtigen abhing.[509] Das Bundesverfassungsgericht entschied, dass zur Gleichheitswidrigkeit „nicht ohne weiteres die empirisch festzustellende Ineffizienz von Rechtsnormen, wohl aber das normative Defizit des widersprüchlich auf Ineffektivität angelegten Rechts"[510] führe.

Die Problematik defizitärer Regelungen und deren mangelhaften Vollzugs wurden vom Bundesverfassungsgericht bisher ausschließlich im Steuerrecht thematisiert.[511] Das Bundesverfassungsgericht hat dabei strenge Anforderungen für die Bejahung eines strukturellen Vollzugsdefizits aufgestellt. Erstens muss die unzureichende verfahrensrechtliche Flankierung der materiell pflichtbegründenden Norm dazu führen, dass diese weitgehend nicht durchgesetzt werden kann.[512] Zweitens muss der Gesetzesvollzug vom Gesetzgeber bewusst auf Ineffektivität angelegt worden sein, oder es muss sich zumindest aufdrängen, dass sich Gleichheit als Ziel (im Steuerrecht speziell

---

505 BVerfG, Urteil v. 27.06.1991, E 84, 239 = NJW 1991, S. 2129.
506 *Meyer*, DÖV 2005, S. 551.
507 BVerfG, Urteil v. 27.06.1991, E 84, 239 = NJW 1991, S. 2129.
508 Ebenda.
509 *Hofmann*, NJW 2014, S. 442.
510 BVerfG, Urteil v. 09.03.2004, E 110, 94 = NJW 2004, S. 1022.
511 BVerfG, Urteil v. 27.06.1991, E 84, 239 (272ff.) = NJW 2004, S. 1022; BVerfG, Urteil v. 09.03.2004, E 110, 94 (112 ff.) = NJW 2004, S. 1022; *Hofmann*, NJW 2014, S. 442.
512 BVerfG, Urteil v. 27.06.1991, E 84, 239 (272) = NJW 2004, S. 1022; BVerfG, Urteil v. 09.03.2004, E 110, 94 (112 f.) = NJW 2004, S. 1022; *Englisch*, in: Stern/Becker, GG, Art. 3 Rn. 48.

die Gleichheit des Belastungserfolgs) mit dem gesetzlich vorgesehenen Instrumentarium seitens der Verwaltung nicht erreichen lässt.[513] Ob sich diese Maßstäbe auch auf andere Bereiche außerhalb des Steuerrechts übertragen lassen, hat das Bundesverfassungsgericht offen gelassen.[514]

Zwar ähneln sich die Sachverhalte des § 22 Abs. 1a BPolG und der beschriebenen steuerrechtlichen Norm dahingehend, dass beide Normen im Ergebnis nur mangelhaft – im Sinne von gleichheitswidrig – vollzogen werden können, allerdings sind sie unterschiedlich konzipiert und das Problem der Gleichheitswidrigkeit tritt in verschiedenen Ausprägungen auf. Während die Steuernorm als Adressaten den Steuerpflichtigen hat und die Behörden lediglich die Einhaltung der Verpflichtung kontrollieren sollen, ist Adressat des § 22 Abs. 1 a BPolG die Behörde selbst. Wesentlicher Unterschied ist zudem, dass bei § 22 Abs. 1a BPolG eben kein Vollzugs*defizit* – d.h. *kein* Vollzug der Norm in gewissen Situationen – vorliegt, sondern vielmehr der Vollzug durchaus stattfindet, jedoch in gleichheitswidriger Art und Weise. Es sprechen jedoch auch gute Gründe für eine Übertragbarkeit des Konstrukts auf den vorliegenden Fall. Denn bisher völlig ungeklärt ist, wie die Verfassungsmäßigkeit einer Norm zu beurteilen ist, die zwar vollzogen wird, jedoch im Vollzug regelmäßig verfassungswidrige Einzelakte zur Folge hat. Bei § 22 Abs. 1a BPolG erfolgt die Anwendung mit hoher Wahrscheinlichkeit unbewusst diskriminierend. Für diese Art der Diskriminierungen stehen jedoch keine effektiven Abwehrmöglichkeiten zur Verfügung, da eine solche Diskriminierung weder nachgewiesen werden kann, noch bei bestehenbleibender Konzeption der Norm, verhindert werden kann. Allerdings stellt sich hier dasselbe Problem, dass sich auch bei der mittelbaren Diskriminierung zeigt. Dass die Norm tatsächlich mittelbar diskriminierend – sei es bewusst oder unterbewusst – wirkt, kann nicht nachgewiesen werden.[515] Denn auch wenn die Idee des strukturellen Vollzugsdefizits übertragbar wäre, so kann eine Verfassungswidrigkeit auf

---

513 BVerfG, Urteil v. 27.06.1991, E 84, 239 (272) = NJW 2004, S. 1022; *Englisch*, in: Stern/Becker, GG, Art. 3 Rn. 48.
514 Für eine Übertragbarkeit in andere Bereiche *Englisch*, in: Stern/Becker, GG, Art. 3 Rn. 49; BVerwG, Urteil v. 19.01.2005, E 122, 331 (340f.) = JuS 2005, S. 640.
515 Kapitel 6 ist möglichen Lösungsversuchen dieses Dilemmas gewidmet.

Grundlage einer bloßen Vermutung nicht überzeugen. Vorrang hat auch in diesem Fall die verfassungskonforme Auslegung.

8. Zwischenergebnis

Als Ergebnis ist festzustellen, dass eine Ungleichbehandlung – wie sie in Art. 3 GG vorausgesetzt wird – nicht unmittelbar durch die Norm verursacht wird. Denn solange sich § 22 Abs. 1a BPolG verfassungsgemäß auslegen lässt, ist die Norm auch nicht verfassungswidrig.[516] Aus dem gesetzgeberischen Willen lässt sich nicht darauf schließen, dass gezielt ausländisch aussehende Personen kontrolliert werden sollen. Auch die Aussagen der Bundespolizei und Bundesregierung lassen nicht auf eine andere Intention schließen. Auch die Erkenntnisse aus der *Implicit-Bias*-Forschung stehen einer solchen verfassungskonformen Auslegung nicht entgegen. Adressat der Norm – so steht es in § 22 Abs. 1a BPolG – ist „jedermann". Lässt man solche ermessenfehlerhaften Kontrollen auf Grund der Hautfarbe nunmehr außer Acht, so ist die Norm immer noch ihrem Zweck nach einsetzbar, da der Begriff „jedermann" eben auch Zugführer und Pendler miteinschließt, die Hinweise geben können, die zur Verhinderung oder Unterbindung illegaler Einwanderung dienen können.

Zwar zeigen die psychologischen und sozialwissenschaftlichen Erkenntnisse, dass bei der speziellen Konstruktion der Verdachtsunabhängigkeit der Befragung, ein Einfallstor für unterbewusste Stereotype und Vorurteile gegeben ist, jedoch zwingen diese den einzelnen Bundespolizisten nicht, eine dunkelhäutige Person zu befragen. Die Entscheidung des Polizisten wen er kontrollieren möchte wird durch seine unbewussten Stereotype beeinflusst. Das tatsächliche Ansprechen ist jedoch nicht reflexartig, sondern bedarf der gezielten und bewussten Ausführung. Alleine bedingt durch die Präsenz der Thematik in den Medien herrscht mittlerweile ein gewisses Bewusstsein über die Problematik des *Racial Profiling*. Jeder Polizist kann daher seine eigene Intuition, wen er kontrollieren möchte, auf bewusster Ebene nochmals korrigieren und muss nicht seinem Bauchgefühl gemäß handeln.

---

516 *Bethge*, in: Maunz/Schmidt-Bleibtreu/Klein/Bethge, Bundesverfassungsgerichtsgesetz, § 31 Rn. 258.

Eine Verfassungswidrigkeit des § 22 Abs. 1a BPolG auf Grund einer *mittelbaren* Diskriminierung von Menschen wegen ihrer „Rasse" im Sinne von Art. 3 Abs. 3 GG lässt sich des Weiteren ebenso wenig nachweisen. Weder gibt es Statistiken, die eine solche Benachteiligung belegen können, noch gibt es einschlägige Studien dazu, wie sich die Konzeption der Norm als verdachtsunabhängige Befugnis zur Personenkontrolle in Bezug auf *Implicit Bias* tatsächlich auswirkt. Allerdings sollte in diesem Zusammenhang berücksichtigt werden, dass ähnlich wie bei der Entscheidung des OVG Rheinland-Pfalz vom April 2016 für den Einzelakt, auch für den Fall einer mit hoher Wahrscheinlichkeit diskriminierend wirkenden Norm eine Beweislastumkehr in Betracht gezogen werden sollte. Die Situation ist in dergestalt vergleichbar, als es den Betroffenen ebenso wenig möglich ist den erforderlichen Beweis zu erbringen. Es gestaltet sich sogar im Fall einer mittelbaren normativen Diskriminierung noch schwieriger, da es nicht reicht darzulegen warum in einem konkreten Fall von einer Diskriminierung auszugehen ist, sondern warum die Norm generell diskriminierende Wirkung entfaltet.

Im Folgenden wird daher dennoch die potentielle verfassungsrechtliche Rechtfertigung einer solchen Ungleichbehandlung diskutiert.

III. Rechtfertigung

So wie nicht jeder Eingriff in ein Freiheitsrecht verfassungswidrig ist, so führt auch nicht jede Benachteiligung zu einem Verstoß gegen Art. 3 Abs. 1 GG.[517] Der allgemeine Gleichheitssatz ist nicht verletzt, „wenn hinreichende Sachgründe vorhanden sind, die eine Differenzierung verfassungsrechtlich rechtfertigen können"[518]. Der Gesetzgeber soll und darf differenzieren, jedoch müssen diese Differenzierungen stets durch Sachgründe gerechtfertigt sein, die dem Differenzierungsziel und dem Ausmaß der Ungleichbehandlung angemessen sind.[519] Die Rechtfertigungsprüfung ist so letztlich eine Wertungsfrage, die darüber entscheidet, welche Ungleichbehandlungen gesellschaftlich hinnehmbar und welche dagegen verboten sind.

---

517 *Boysen*, in: v. Münch/Kunig, GG, Bd. 1, Art. 3 Rn. 101.
518 BVerfG Beschluss v. 19.12.2012, E 133, 1 (2) = NJW 2013, 1419.
519 St. Rspr. BVerfG, Beschluss v. 21.06.2011, E 129, 49 (68f.) = NVwZ 2011, 1316.

Zu unterscheiden ist auch hier wieder zwischen der Rechtfertigbarkeit der einzelnen Kontrolle und der Rechtfertigung der durch die Norm verursachten Ungleichbehandlung. Bei der Frage der Rechtfertigung einer Kontrolle, die eine Person „wegen" ihrer Rasse benachteiligt, stellen sich andere Probleme als bei der Frage ob eine normative Diskriminierung durch § 22 Abs. 1a BPolG gerechtfertigt werden kann. Auch diese Unterscheidung hat das OVG Rheinland-Pfalz in seinem Urteil berücksichtigt.

1. Grundsätzliche Rechtfertigbarkeit von Benachteiligungen im Zusammenhang mit einem Merkmal aus Art. 3 Abs. 3 GG - „Rasse"

Cremer geht bei seiner Prüfung der Verfassungsmäßigkeit von § 22 Abs. 1a BPolG davon aus, dass *jede* Ungleichbehandlung im Zusammenhang mit dem Merkmal „Rasse" zur Verfassungswidrigkeit führt, da es sich bei den verpönten Merkmalen aus Art. 3 Abs. 3 GG um absolute Verbote handelt.[520] Diese Ansicht wird auch von einigen Stimmen in der Literatur vertreten.[521] Es sprechen jedoch gute Gründe dafür, eine Rechtfertigung einer Differenzierung nach dem Merkmal „Rasse" nicht ausnahmslos abzulehnen, sondern stattdessen eine verfassungsrechtliche Rechtfertigung zuzulassen und dabei einen besonders strengen Prüfungsmaßstab anzulegen.[522] Dass in manchen Situationen ein stures Festhalten an formeller Gleichbehandlung schlicht unsinnig wäre, zeigt das folgende Beispiel[523]: Angenommen eine bestimmte Krankheit trifft ausschließlich hellhäutige Menschen, so dass lediglich für diese eine Impfpflicht vorgesehen ist. Versteht man Art. 3 Abs. 3 GG als absolutes Anknüpfungsverbot ohne Rechtfertigungsmöglichkeit, dann müsste sich diese Impfpflicht auch auf dunkelhäutige Personen erstrecken, obwohl diese gar nicht erkranken können. Dabei würde es sich jedoch um bloßen Formalismus handeln. Solch unsinnige Ergebnisse können im Rahmen von

---

520 *Cremer*, „Racial Profiling" – Menschenrechtswidrige Personenkontrollen nach § 22 Abs. 1a Bundespolizeigesetz, S. 30.
521 *Cremer,* „Racial Profiling" – Menschenrechtswidrige Personenkontrollen nach § 22 Abs. 1a Bundespolizeigesetz, S. 25; *Riegner/Schnitzer*, JuS 11/2014, S. 1007.
522 So auch *Krieger*, in: Schmidt-Bleibtreu/Hofmann/Henneke, GG Kommentar, Art. 3 Rn. 62.
523 *Kischel*, in: Epping/Hillgruber, BeckOK GG, Art. 3 Rn. 223.1.

Art. 3 Abs. 3 GG nicht gewollt sein, so dass wohl doch unter gewissen Umständen eine Unterscheidung nach Merkmalen des Art. 3 Abs. 3 GG möglich sein muss.[524]

Auch das Bundesverfassungsgericht scheint die Frage nach der Möglichkeit einer Rechtfertigung von Ungleichbehandlungen auf Grund eines Merkmals aus Art. 3 Abs. 3 GG als abschließend geklärt anzusehen. Denn das Gericht prüft im neuen Kopftuchurteil mögliche Rechtfertigungsgründe und lehnt ein Vorhandensein solcher letztendlich ab.[525] Das Gericht impliziert dadurch, dass es von einer grundsätzlichen Rechtfertigungsmöglichkeit ausgeht. Auch in der neuesten Entscheidung des OVG Rheinland-Pfalz zu diskriminierenden Personenkontrollen spricht das Gericht von einer grundsätzlichen Rechtfertigbarkeit von Benachteiligungen wegen der „Rasse" und lehnt dies nur im konkreten Einzelfall ab.[526]

2. Rechtfertigung einer mittelbaren Diskriminierung wegen ethnischer Herkunft gemessen am Maßstab von Art. 3 Abs. 1 GG

Während Art. 3 Abs. 3 GG nach vorzugswürdiger Ansicht keinen Schutz vor mittelbaren Diskriminierungen bietet, sind solche Benachteiligungen vom Schutz des allgemeinen Gleichheitssatzes in Art. 3 Abs. 1 GG erfasst.[527] Nicht jede mittelbare Diskriminierung führt jedoch zur Verfassungswidrigkeit. Vielmehr stellt sich die Frage, ob eine solche Ungleichbehandlung nicht gerechtfertigt sein könnte.

a) *Rechtfertigungsmaßstab im Rahmen von Art. 3 Abs. 1 GG – von der Willkürformel über die „neue Formel" hin zur „Stufenlosigkeit"*

Das Bundesverfassungsgericht hat in seiner Rechtsprechung zum Gleichheitssatz je nach Regelungsgegenstand unterschiedliche Anforderungen an den Differenzierungsgrund entwickelt. Gemeinhin wird dabei unterschieden

---

524 So auch *Kischel*, in: Epping/Hillgruber, BeckOK GG, Art. 3 Rn. 223.1.
525 BVerfG, Beschluss v. 27.01.2015, E 138, 296 = NJW 2015, 1367.
526 OVG Rheinl.-Pfalz, Urteil v. 21.04.2016, Az 7 A 11108/14.OVG.
527 *Krieger*, in: Schmidt-Bleibtreu/Hofmann/Henneke, GG Art. 3 Rn. 58f; *Kischel* in: Epping/Hillgruber, Beck'scher OK GG, Art. 3 Rn. 215.

zwischen der Willkürformel und der sogenannten neuen Formel, teilweise lässt sich auch der Ausdruck „neueste Formel" finden.[528]

b) Willkürformel

Nach der vom Bundesverfassungsgericht entwickelten *Willkürformel* ist der Gleichheitssatz dann verletzt, „wenn sich ein vernünftiger, sich aus der Natur der Sache ergebender oder sonstwie sachlich einleuchtender Grund für die gesetzliche Differenzierung oder Gleichbehandlung nicht finden lässt, kurzum, wenn die Bestimmung als willkürlich bezeichnet werden muss"[529]. Diese weite Umschreibung bringt zum Ausdruck, dass das Bundesverfassungsgericht nicht jede Entscheidung des Gesetzgebers daraufhin überprüfen möchte, ob es sich dabei um die zweckmäßigste oder die vernünftigste Lösung handelt.[530] Vielmehr beschränkt sich das Bundesverfassungsgericht darauf nur die Überschreitung gewisser äußerster Grenzen zu beanstanden, da es grundsätzlich Sache des Gesetzgebers sein soll, Zweckmäßigkeit und Gerechtigkeit zu beurteilen. Der Gleichheitssatz als Kontrollinstrument des Bundesverfassungsgerichts setzt nur bestimmte äußerste Grenzen.[531] Ein Verstoß gegen den Gleichheitssatz soll nur dann gegeben sein, wenn eine Regelung „offensichtlich nicht am Gerechtigkeitsgedanken orientiert ist"[532].

c) Neue Formel

Seit den 1980ern hat das Bundesverfassungsgericht eine Rechtsprechungspraxis übernommen, die sehr der Rechtsprechung des amerikanischen Supreme Court zum *Equal Protection Clause* ähnelt.[533] Nach der sogenannten „*neuen Formel*" ist der Gleichheitssatz dann verletzt, „wenn eine Gruppe von Normadressaten im Vergleich zu anderen Normadressaten anders behandelt wird, obwohl zwischen beiden Gruppen keine Unterschiede von

---

528 *Kischel* in: Epping/Hillgruber, Beck'scher OK GG, Art. 3 Rn. 28.
529 BVerfG, Urteil v. 23.10.1951, E 1, 14 (52) = NJW 1951, 877.
530 BVerfG, Beschluss v. 13.06.2006, E 116, 135 (161) = JuS 2007, 166.
531 *Pietzcker*, in: HdbGR Bd V, Einzelgrundrechte II, S. 905 § 25 Rn. 41; *Machado*, Verhältnismäßigkeitsprinzip vs. Willkürverbot: der Streit um den allgemeinen Gleichheitssatz, S. 91 f.
532 BVerfG, Beschluss v. 15.12.1959, E 10, 234 (246) = NJW 1960, 235.
533 *Pietzcker*, in: HdbGR Bd V, Einzelgrundrechte II, S. 905 § 25 Rn. 43; *Wendt*, in: FS Stern, S. 1553.

solcher Art und solchem Gewicht bestehen, dass sie die ungleiche Behandlung rechtfertigen könnten"[534].

Bedeutsam ist vor allem, dass das Bundesverfassungsgericht hier zum ersten Mal ein Konzept zur Gleichheitsprüfung einführte, anhand dessen überprüft wird, ob eine Ungleichbehandlung und der zur Rechtfertigung herangezogene Grund in einem angemessen Verhältnis zueinander stehen.[535] Dieser Ansatz prägt bis heute die Rechtsprechung des Bundesverfassungsgerichts.[536] Die neue Formel wurde über die Jahre weiter entwickelt, in ihrer Urfassung unterschied sie jedoch nur zwischen Ungleichbehandlungen von Personengruppen auf der einen Seite und Ungleichbehandlungen von Lebenssachverhalten und dem Verhalten von Personen auf der anderen Seite. Letztere unterlag geringeren Rechtfertigungsanforderungen.[537] Die neue Formel wurde durch die nachfolgende Rechtsprechung des Bundesverfassungsgerichts modifiziert und konkretisiert. So stellte das Gericht in der ersten *Transsexuellen-Entscheidung*[538] klar, dass die engere Bindung nicht auf personenbezogene Differenzierungen beschränkt sei, sondern auch dann gelte, wenn Ungleichbehandlungen von Sachverhalten mittelbar eine Ungleichbehandlung von Personengruppen bewirken.[539] Dies führte jedoch auch zu einer Ausweitung des strengen Prüfungsmaßstabes, da die meisten sachverhalts- und verhaltensbezogenen Differenzierungen mittelbar bestimmte Personengruppen benachteiligen, so dass die Unterscheidung zwischen personenbezogenen und sachverhaltsbezogenen Ungleichbehandlungen fließend ist.[540]

Aus der Rechtsprechung des Bundesverfassungsgerichts lassen sich einige Konkretisierungen der neuen Formel herauslesen. Zum einen gilt, je intensiver die Auswirkungen auf eine bestimmte Personengruppe sind, umso strenger ist der Maßstab der Verhältnismäßigkeitsprüfung anzulegen. Besonders streng ist die Prüfung daher bei einer Differenzierung nach personenbezogenen oder personengebundenen Merkmalen, d.h. vor allem bei Unterscheidungsmerkmalen,

---

534 BVerfG, Beschluss v. 26.01.2000, 1 BvR 1918/99 Abs. 2. E 55, 72, 88.
535 *Wendt*, in: FS Stern, S. 1554.
536 *Wendt*, in: FS Stern, S. 1554.
537 *Britz*, NJW 2014, S. 347.
538 BVerfG, Beschluss v. 26.01.1993, E 88, 87 (96ff.) = NJW 1993, S. 1517.
539 BVerfG, Beschluss v. 26.01.1993, E 88, 87 (96) = NJW 1993, S. 1517; *Britz*, NJW 2014, S. 346 (348).
540 *Britz*, NJW 2014, S. 346 (348).

die den verpönten Merkmalen aus Art. 3 Abs. 3 GG ähneln.[541] Es handelt es sich bei diesen Fallgruppen freilich nicht um einen abschließend formulierten Kriterienkatalog. Es lässt sich jedoch daraus ableiten, dass je mehr das Differenzierungskriterium den Menschen in seinen vorgegebenen, unbeeinflussbaren Merkmalen berührt und deshalb den geschützten Kern seiner Individualität betrifft, umso strenger der Rechtfertigungsmaßstab sein muss.[542]

Die dieser Differenzierung zwischen Willkürformel und neuer Formel zugrunde liegende Frage ist, inwieweit der Staat – und insbesondere dabei der Gesetzgeber– in Hinblick auf den Gleichheitssatz einer Überprüfung seiner Entscheidungen ausgesetzt sein soll.[543] Lange Zeit ist das Bundesverfassungsgericht im Rahmen von Art. 3 GG von einem zweigeteilten Prüfungsmaßstab ausgegangen.

d) Gleitender Prüfungsmaßstab – „Stufenlosigkeit"

In der neueren Rechtsprechung hat das Bundesverfassungsgericht jedoch seinen Kurs geändert: Anstatt der Zweiteilung in entweder alte oder neue Formel als „scharfe Gegensätze"[544], legt das Bundesverfassungsgericht nun einen einheitlichen, gleitenden Rechtfertigungsmaßstab zu Grunde.[545] Wo sich Willkürformel und „neue Formel" vorher monolithisch gegenüberstanden, wird nun die Willkürformel als Minimalanforderung genommen und die Prüfung stufenlos bis hin zur neuen Formel verschärft.[546] So hat das Bundesverfassungsgericht mittlerweile von der in der neuesten Formel-Rechtsprechung noch angelegten mehrstufigen Prüfung[547] Abstand

---

541 *Krieger*, in: Schmidt-Bleibtreu/Hofmann/Henneke, GG Kommentar, Art. 3 Rn. 62f.; *Britz*, NJW 2014, S. 346 (348).
542 *Kischel* in: Epping/Hillgruber, Beck'scher OK GG, Art. 3, Rn. 41.
543 *Kischel* in: Epping/Hillgruber, Beck'scher OK GG, Art. 3 Rn. 25.
544 *Pietzcker*, in: HdbGR Bd V, Einzelgrundrechte II, S. 905 § 25 Rn. 46.
545 BVerfG, Beschluss v. 21.06.2011, E 129, 49 (69) = NVwZ 2011, S. 1316; *Kischel* in: Epping/Hillgruber, Beck'scher OK GG, Art. 3 Rn. 26; *Osterloh/Nußberger*, in: Sachs, GG, Art. 3 Rn. 30; *Stern*, Das Staatsrecht der BRD Bd. IV 2, § 120, S. 1537.
546 *Pietzcker*, in: HdbGR Bd V, Einzelgrundrechte II, S. 905 § 25 Rn. 45.
547 Vgl. hierzu ausführlich *Kischel* in: Epping/Hillgruber, Beck'scher OK GG, Art. 3 Rn. 42.

genommen und prüft stattdessen nun stufenlos, d.h. mit einem gleitenden Prüfungsmaßstab[548]:

> „Aus dem allgemeinen Gleichheitssatz ergeben sich je nach Regelungsgegenstand und Differenzierungsmerkmalen unterschiedliche Grenzen für den Gesetzgeber, die stufenlos von gelockerten, auf das Willkürverbot beschränkten Bindungen bis hin zu strengen Verhältnismäßigkeitsanforderungen reichen können."[549]

Das binäre Maßstabsbildungssystem, und die damit verbundene Idee von neuer und alter Formel als Gegenstücke, ist damit offiziell passé.[550] Statt einem „Entweder – Oder" von Willkürformel oder strenger Verhältnismäßigkeitsprüfung geht es nun um ein „Weniger" oder „Mehr".[551] Die Rechtfertigung von Ungleichbehandlungen nähert sich damit auch immer mehr der Rechtfertigung von Eingriffen in ein Freiheitsgrundrecht an.[552] So werden nun alle Ungleichbehandlungen auf der Rechtfertigungsebene einer Art Verhältnismäßigkeitsprüfung unterzogen werden, statt wie früher nur solche, bei denen bereits vorher eine gewisse Intensität der Ungleichbehandlung festgestellt wurde.[553] Die Verhältnismäßigkeitsüberlegungen dienen gewissermaßen erst der Intensivierung der Kontrolle.[554]

Zum Aufbau dieser stufenlosen Prüfung mehr im nächsten Abschnitt.

3. Rechtfertigung der Benachteiligung im Fall des § 22 Abs. 1a BPolG

a) Bestimmung der Kontrolldichte bzw. des Rechtfertigungsmaßstabes im konkreten Fall

Während nach der alten Rechtsprechung des Bundesverfassungsgerichts eine Entscheidung zwischen einer Prüfung nach alter oder neuer Formel notwendig war, wird nach der neuesten sogenannten Stufenlos-Formel ein gleitender Prüfungsmaßstab angelegt.

---

548 Zum Teil wird auch der Begriff der „Je-desto-Formel" verwendet vgl. *Krieger*, in: Schmidt-Bleibtreu/Hofmann/Henneke, GG, Art. 3 Rn. 33.
549 BVerfG, Beschluss v. 21.06.2011, E 129, 49 Ls 1 = NVwZ 2011, S. 1316.
550 *Britz*, NJW 2014, S. 347; *Pieroth/Schlink/Kingreen/Poscher*, S. 120 Rn. 493.
551 *Osterloh/Nußberger*, in: Sachs, GG, Art. 3 Rn. 32.
552 *Epping*, Grundrechte, Rn. 799.
553 *Britz*, NJW 2014, S. 351; *Pieroth/Schlink/Kingreen/Poscher*, S. 120 Rn. 493.
554 *Albers*, JuS 2008, S. 947.

Zwar ergibt sich aus dem Gesetzeswortlaut des § 22 Abs. 1a BPolG keine ausdrückliche Benachteiligung von Menschen mit ausländischem Aussehen, da dem Wortlaut nach „jedermann" potentieller Adressat sein kann. De-facto entfaltet die Norm auf Grund ihrer Konzeption dennoch eine dementsprechende Wirkung.[555] Bei den verdachtsunabhängigen Befragungen nach § 22 Abs. 1a BPolG treffen also zwei Punkte zusammen, nämlich zum einen ein Fall der „nur" *mittelbaren Benachteiligung* und zum anderen eine Benachteiligung im Zusammenhang mit einem der *verpönten Merkmale aus Art. 3 Abs. 3 GG.*

Im Fall von mittelbaren Diskriminierungen von Personengruppen hat das Bundesverfassungsgericht keinen klaren Maßstab vorgegeben. Da bei mittelbaren Diskriminierungen die Benachteiligung wegen einer gewissen Gruppenzugehörigkeit nicht intendiert ist, sondern häufig eine unbeabsichtigte Folge einer an neutrale Kriterien gebundenen Entscheidung ist, liegt es für Teile der Literatur nahe, in solchen Fällen niedrige Rechtfertigungsstandards anzunehmen.[556] Als Argument wird zudem angeführt, dass sich indirekte Ungleichbehandlungen häufig weniger intensiv auswirken als direkte.[557] Auch die Rechtsprechung hat in der Vergangenheit für die Rechtfertigung von mittelbaren Benachteiligungen oft objektive oder sachliche Gründe ohne weitere Anforderungen genügen lassen, auch wenn sie das Bundesverfassungsgericht bisher nicht ausdrücklich zum Fall der mittelbaren Diskriminierungen im Zusammenhang mit dem Merkmal „Rasse" geäußert hat.[558]

Dem ist jedoch nicht zuzustimmen. Gegen das Ansetzen von nur niedrigen Rechtfertigungsanforderungen lässt sich anführen, dass es aus Sicht des Betroffenen wohl keinen Unterschied macht, ob die Benachteiligung bewusst und intendiert war oder rein zufällig. Es ist deshalb fragwürdig, ob die mittelbare Diskriminierung wirklich weniger schwer wiegt und einen

---

555 So auch *Krieger*, in: Schmidt-Bleibtreu/Hofmann/Henneke, GG Kommentar, Art. 3 Rn. 63.
556 So etwa *Osterloh/Nußberger*, in: Sachs, GG, Art. 3 Rn. 256; *Epping*, Grundrechte, S. 404 Rn. 839; *Kischel*, in: Epping/Hillgruber, BeckOK GG, Art. 3 Rn. 218; Jarass, in: Jarass/Pieroth, GG, Art. 3 Rn. 315.
557 *Epping*, Grundrechte, S. 404 Rn. 839.
558 *Peters/König*, in: Dörr/Grote/Marauhn, EMRK, Kap. 21, Rn. 83; *Epping*, Grundrechte, S. 404 Rn. 839.

lockereren Rechtfertigungsmaßstab rechtfertigt.[559] Ob es intendierte Folge des Gesetzgebers oder nur Nebeneffekt einer neutralen (schlecht konzipierten) Norm ist, dass sich § 22 Abs. 1a BPolG benachteiligend auf Menschen mit bestimmter ethnischer Herkunft auswirkt, macht keinen Unterschied für die Intensität der Ungleichbehandlung. In der alltäglichen Praxis wählt auf Grundlage des § 22 Abs. 1a BPolG ein Polizeibeamter eine oder mehrere Personen unter einer Vielzahl an Fahrgästen aus. Diese Person wird dann vor Ort – im Beisein der anderen Fahrgäste – befragt. Mit der Öffentlichkeit dieser Auswahl geht eine Stigmatisierung als „nicht dazugehörig" und „verdächtig" einher. Diese Art der Stigmatisierung abwehren zu können ist eine Rechtsposition von gewissem Gewicht, die unserem Rechtssystem nicht vollkommen unbekannt ist. Dies ergibt sich beispielsweise daraus, dass im Rahmen der Fortsetzungsfeststellungsklage ein Rehabilitationsinteresse und daher auch ein Feststellungsinteresse in Situationen wie diesen bejaht wird. Für einen flüchtigen Beobachter der Situation ergibt sich das Bild einer nicht stereotypisch deutsch aussehenden Person als Polizeipflichtigem. Mag die Befragung auch nur ein geringfügiger Eingriff in ein Freiheitsrecht – namentlich das Recht auf informationelle Selbstbestimmung aus Art. 2 Abs 1 i. V. m. Art 1 Abs. 1 GG – sein, so wiegt die Stigmatisierung nach außen und der persönliche Schaden – bedingt durch die Erfahrung als Mensch auf seine Hautfarbe reduziert zu werden – umso mehr.[560]

Hinzu kommt, dass eine Benachteiligung wegen der „Rasse" i.S.v. Art. 3 Abs. 3 GG ein klassischer Auslöser eines sehr strengen Prüfungsmaßstabes ist. Denn Hintergrund der Merkmale des Absatz 3 ist, dass unveränderliche Eigenschaften einer Person nicht dazu führen sollten, dass sie eine ungleich schlechtere oder bessere Behandlung erfährt als andere Personen. Die „Rasse" einer Person ist nicht nur angeboren und unveränderlich, sie ist zudem auch eine Eigenschaft, die ständig und für jedermann sichtbar ist. Von den Merkmalen aus Art. 3 Abs. 3 GG ist das Merkmal „Rasse" wohl das am wenigsten veränderbare und zugleich das einer Person am offensichtlichsten anhaftende Merkmal.

---

559 So auch in Fn. 314 *Peters/König*, in: Dörr/Grote/Marauhn, EMRK, Kap. 21, Rn. 83; *Epping*, Grundrechte, S. 393 Rn. 811.
560 Als sogar völlig irrelevant sehen *Tischbirek/Wihl*, JZ 5/2013, S. 223 die Schwere der Freiheitsverkürzung.

Im Transsexuellen-Beschluss hat das Bundesverfassungsgericht klargestellt, dass auch wenn Menschen unterschiedlicher sexueller Orientierung (nur) mittelbar ungleich behandelt werden, der Gesetzgeber einer strengeren Bindung unterliegt.[561] Wenn schon für eine mittelbare Benachteiligung wegen eines Analogmerkmals ein strenger Maßstab gilt, so muss auch erst recht im Fall einer mittelbaren Diskriminierung wegen der „Rasse" ein strenger Maßstab für die Rechtfertigung gelten.[562] Für den Sachverhalt des *Racial Profiling* im Rahmen der verdachts- und ereignisunabhängigen Personenkontrollen gilt daher, dass dieser Eingriff in das individuelle Gleichheitsrecht nur unter besonders strengen Voraussetzungen gerechtfertigt werden kann.[563] Dieser strenge Kontrollmaßstab hat zur Folge, dass besonders hohe Anforderungen an die Gründe gestellt werden, die eine Ungleichbehandlung rechtfertigen könnten.

Unklar ist, wie eine Rechtfertigungsprüfung nach dem neuen gleitenden Prüfungsmaßstab konkret aufzubauen ist. So hat das Bundesverfassungsgericht erst ein einziges Mal eine lehrbuchartige dreistufige Verhältnismäßigkeitsprüfung durchgeführt, in allen anderen Fällen folgt die Prüfung keinem klaren Aufbau.[564] Teile der Literatur scheinen jedoch zu einem solchen Schema – analog der Verhältnismäßigkeitsprüfung beim Eingriff in Freiheitsrechte – zu tendieren.[565] Zwar lassen sich viele Parallelen zur Verhältnismäßigkeitsprüfung bei der Prüfung von Freiheitsrechten ziehen. Allerdings handelt es sich bei der Prüfung einer Rechtfertigung von Ungleichbehandlungen um eine modifizierte gleichheitsspezifische Verhältnismäßigkeitsprüfung.[566] Anders als beim Übermaßverbot bei den Freiheitsrechten ist die

---

561 BVerfG, Beschluss v. 26.01.1993, E 88, 87 = NJW 1993, S. 1517.
562 *Krieger*, in: Schmidt-Bleibtreu/Hofmann/Henneke, GG, Art. 3 Rn 63.
563 So auch *Tischbirek/Wihl*, JZ 5/2013, S. 223.
564 BVerfG, Beschluss v. 18.07.2005, E 113, 167 (231ff.) = JuS 2006, 474; BVerfG, v., E
565 *Manssen*, Staatsrecht II, S. 257 Rn. 856; Britz, NJW 2014, S. 350; *Epping*, Grundrechte, S. 388ff.; *Albers*, JuS 2008, S. 947; eine Verhältnismäßigkeitsprüfung lehnt hingegen ab *Heun*, in: Dreier, GG, Bd. 1, Art. 3 Rn. 28; mit einem zweistufigen Aufbau dagegen *Pieroth/Schlink/Kingreen/Poscher*, Grundrechte Staatsrecht II, S. 120 Rn. 493ff.
566 *Peters/König*, in: Dörr/Grote/Marauhn, EMRK, Kap. 21, Rn. 240; *Pietzcker*, in: HdbGR Bd V, Einzelgrundrechte II, S. 905 § 25 Rn. 47; *Albers*, JuS 2008, S. 947; *Englisch*, in: Stern/Becker, GG, Art. 3 Rn. 13.

Prüfung des Gleichheitssatzes geprägt vom Grundsatz der Relativität. Dies muss sich auch in der Verhältnismäßigkeit zeigen, so dass es entscheidend auf die Frage ankommt, ob der Einsatz des Mittels in Hinblick auf den damit verfolgten Zweck angemessen ist.[567] Dies ist dann der Fall, wenn der Betroffene durch das eingesetzte Mittel nicht *übermäßig* beeinträchtigt wird.[568] Zumeist begnügt sich das Bundesverfassungsgericht daher mit der Prüfung der Frage, ob Zweck und Grad der Ungleichbehandlung in einem angemessenen Verhältnis stehen.[569]

Da die Prüfungspunkte der freiheitsrechtlichen Verhältnismäßigkeitsprüfung nicht eins zu eins übertragbar sind, erscheint eine Prüfung nach dem vereinfachten Schema des Bundesverfassungsgerichts aus Gründen der Flexibilität vorzugswürdig. Denn besonders bei den Prüfungspunkten der Geeignetheit und Erforderlichkeit ergeben sich bei der gleichheitsrechtlichen Verhältnismäßigkeitsprüfung einige Schwierigkeiten:

Bei der Verhältnismäßigkeitsprüfung eines Eingriffs in ein Freiheitsrecht wird im Rahmen der Geeignetheit geprüft, ob das gewählte Mittel den Zweck fördert.[570] Dieser Prüfungspunkt ist jedoch im Rahmen einer gleichheitsrechtlichen Verhältnismäßigkeitsprüfung nur begrenzt sinnvoll, wenn die Ungleichbehandlung nur eine unbeabsichtigte Folge der Regelung ist. In diesem Fall kann man eine Ungleichbehandlung nicht an der Eignung zur Zielrealisierung messen.[571] Daran schließt bei der Verhältnismäßigkeitsprüfung eines Freiheitsrechts die Erforderlichkeitsprüfung an, die jedoch auch nur in begrenztem Umfang übertragbar ist. Grundsätzlich würde hier gefragt, ob der Zweck durch ein anderes gleich wirksames, aber weniger belastendes Mittel erreicht werden kann.[572] Bei der gleichheitsspezifischen Verhältnismäßigkeitsprüfung wird geprüft, ob die durch die Ungleichbehandlung bewirkte Belastung nicht weiter reicht, als es der die Verschiedenbehandlung tragende Differenzierungsgrund rechtfertigt. Im Wesentlichen geht es also darum, ob nicht eine weniger einschneidende

---

567 *Ipsen*, Staatsrecht II, S. 231 Rn. 814f.
568 *Ipsen*, Staatsrecht II, S. 231 Rn. 815.
569 Vgl. hierzu auch *Englisch*, in: Stern/Becker, GG, Art. 3 Rn. 13; *Pieroth/Schlink/Kingreen/Poscher*, Grundrechte Staatsrecht II, S. 120 Rn. 493.
570 *Pieroth/Schlink/Poscher/Kingreen*, Grundrechte Staatsrecht II, S. 72 Rn. 301.
571 *Albers*, JuS 2008, S. 947.
572 *Pieroth/Schlink/Poscher/Kingreen*, Grundrechte Staatsrecht II, S. 72 Rn. 303.

Ungleichbehandlung mit mindestens gleicher Effektivität als Option denkbar wäre.[573] Wirklich passend ist das Kriterium der Erforderlichkeit daher nur, wenn die Ungleichbehandlung Auswirkungen auf Freiheitsgrundrechte haben, da dann deren Maßstäbe mit zu berücksichtigen sind.[574]

Wie auch bei der Verhältnismäßigkeitsprüfung im Rahmen der Freiheitsrechtsprüfung erfolgt auf der letzten Stufe eine Abwägung von Zweck und Mittel. Im Rahmen dieser *Angemessenheitsprüfung* wird die Intensität der Ungleichbehandlung der Bedeutung des Zwecks gegenübergestellt.[575] Bereits im Vorfeld wird festgestellt, ob ein strenger oder lockerer Rechtfertigungsmaßstab anzulegen ist. Je intensiver die Ungleichbehandlung und je strenger der Prüfungsmaßstab, desto strenger fällt auch die Angemessenheitsprüfung aus.[576] Es findet im Rahmen der Angemessenheit dann eine Güter- und Interessensabwägung statt, bei der die individuelle Zumutbarkeit der Benachteiligung im Vordergrund steht. Es geht also letztlich darum, wie schwer die Benachteiligung im Einzelnen tatsächlich wiegt und wie bedeutend der vom Gesetzgeber verfolgte Zweck ist.

aa) Legitimes Ziel

Bei der Frage nach dem legitimen Zweck, muss stets nach den, die Ungleichbehandlung rechtfertigenden, Gründen gefragt werden.[577] Legitime Zwecke der Ungleichbehandlung sind grundsätzlich alle, die nicht ausdrücklich verboten sind.[578] Dem Gesetzgeber kommt bei der Festlegung des legitimen Ziels also ein weiter Gestaltungsspielraum zu.[579]

Die Auswahl von Personen nach ihrer ethnischen Herkunft im Rahmen der Kontrollen des § 22 Abs. 1a BPolG dient dem Zweck der Effektivierung der

---

573 *Epping*, Grundrechte, S. 391 Rn. 808.
574 *Albers*, JuS 2008, S. 947.
575 *Epping*, Grundrechte, S. 392 Rn. 809.
576 Hierzu gibt es unterschiedliche Aufbauansätze, die sich jedoch inhaltlich nicht unterscheiden. Während Pieroth/Schlink/Poscher/Kingreen lediglich in legitimen Zweck und Angemessenheit gliedern, listet Epping die klassischen Prüfungspunkt Geeignetheit und Erforderlichkeit separat.
577 *Epping*, Grundrechte, S. 390 Rn. 804.
578 BVerfG, Beschluss v. 15.03.2000, E 102, 68 (69) = NJW 2000, 2370; *Pieroth/Schlink/Kingreen/Poscher*, Grundrechte Staatsrecht II, S. 120 Rn. 494.
579 *Grzeszick*, in: Maunz/Dürig, GG, Art. 20 Rn. 111.

Gesetzesausführung. § 22 Abs. 1a BPolG hat zum Ziel illegale Einwanderung und Einreise zu unterbinden oder zu verhindern. Vor dem Hintergrund der steigenden grenzüberschreitenden Kriminalität soll dabei über den Wortlaut der Norm hinaus insbesondere die organisierte Schleuserkriminalität bekämpft werden.[580]

Die Norm verfolgt für sich genommen ein legitimes Ziel. Denn weder Völkerrecht, noch Verfassungsrecht kennen eine kosmopolitische Freizügigkeit, vielmehr legen Staaten schon seit jeher die Rahmenbedingungen über Einwanderung und Einreise selbst fest.[581] Denn wenn sich ein Staat darüber definiert, ein Staatsgebiet zu haben, so muss dieses Staatsgebiet auch Grenzen haben.[582] Der Einzelne hat kein subjektives Recht auf Einreise, vielmehr ist das Recht, darüber zu entscheiden, wer einreisen darf, nichts anderes als eine Manifestation eines staatlich machtpolitischen Souveränitätsanspruchs.[583] Die Gründe und die Entscheidung, warum einzelnen Personen die Einreise gestattet und anderen verwehrt wird, sind ebenso Ausdruck staatlicher Souveränität.[584] Einer der beherrschenden Faktoren in der staatlichen Begrenzung von Einreise ist das Wirtschaftsgut Arbeit, bzw. bei deren Mangel die Absicherung durch soziale Leistungssysteme.[585] Der Grenzschutz stellt den ersten Filter für die Überprüfung der Zugangsberechtigung zum Arbeitsmarkt und der wirtschaftlichen Leistungsfähigkeit des Einzelnen dar.[586]

Der Gesetzesbegründung des § 22 Abs. 1a BPolG lässt sich entnehmen, dass der Gesetzgeber nach Wegfall der Grenzkontrollen und der damit verbunden Filterfunktion eine weitere flexible Befugnis zur Bekämpfung der ansteigenden organisierten, grenzüberscheitenden Kriminalität schaffen

---

580 BT-Drucksache 13/11159, S. 1.
581 *Dienelt*, in: Rennert/Bergmann/Dienelt, Ausländerrecht Kommentar, § 1 AufenthG, Rn. 4.
582 *Mrozek*, ZAR 2014, S. 393 (395).
583 Ausführlich hierzu *Mrozek*, ZAR 2014, S. 393 (394).
584 Ausnahme hierzu das völkergewohnheitsrechtliche Asyl, allerdings gewähren auch diese Regelungen keinen subjektiven Anspruch auf Asyl, sondern begründen lediglich staatliche Verpflichtungen.
585 Ausführlich hierzu *Mrozek*, ZAR 2014, S. 393 (394).
586 *Mrozek*, ZAR 2014, S. 393 (394).

wollte.[587] Insbesondere die wachsende Schleuserkriminalität und die damit verbundene illegale Einwanderung und Einreise über die Ostgrenzen soll durch die Kontrollen eingedämmt werden.[588] Durch die Verfolgung solcher aufenthaltsrechtlicher Straftaten soll gem. § 1 Abs. 1 AufenthG wiederum die Sicherung der Integrationsfähigkeit, sowie wirtschaftlicher und arbeitsmarktpolitischer Interessen erzielt werden. Auch die Tatsache, dass der Gesetzgeber den Tatbestand des illegalen Aufenthalts unter Strafe stellt,[589] spricht dafür, dass die Kontrolle der Einreise einen hohen Stellenwert im Bereich staatlichen Handelns hat. Das staatliche Bedürfnis danach Einreise und Einwanderung zu kontrollieren und grenzüberschreitende Kriminalität – insbesondere im Bereich der Schleuserbanden – einzudämmen, stellt somit ein legitimes Ziel dar.

Dieses Ziel der Norm soll wiederum durch die Auswahl von Kontrollpersonen auf Grund ihrer ethnischen Herkunft gefördert werden. Durch die Selektion von ausländisch aussehenden Personen soll die Wahrscheinlichkeit erhöht werden, Personen zu fassen, die illegal eingereist sind.

bb) Verhältnismäßigkeit[590]

(1) Geeignetheit

Diese Selektion nach ethnischer Herkunft im Rahmen der verdachts- und ereignisunabhängigen Befragungen nach § 22 Abs. 1a BPolG müsste ein geeignetes Mittel zur Erreichung des Zwecks darstellen.

Dies ist dann der Fall, wenn durch die vermehrte Kontrolle von ausländisch aussehenden Personen die Wahrscheinlichkeit erhöht wird, Personen zu fassen, die illegal eingereist sind.

In Anbetracht der miserablen Erfolgsquote der verdachts- und ereignisunabhängigen Kontrollen – nämlich einer „Trefferquote" von gerade einmal ein bis zwei Prozent – ist dies jedoch zweifelhaft.

---

587 BT-Drucksache 13/10790.
588 BT-Drucksache 13/10790.
589 vgl. § 95 AufenthG.
590 Der Aufbau orientiert sich hier an *Pieroth/Schlink/Kingreen/Poscher*, Grundrechte Staatsrecht II, S. 121 Rn. 496 ff., die die verfassungsrechtliche Rechtfertigung im Rahmen von Art 3 GG in legitimes Ziel und Verhältnismäßigkeit unterteilen. Unter diesem Punkt werden dann Geeignetheit, Erforderlichkeit und Angemessenheit geprüft.

(2) Erforderlichkeit

Die Befragung von vorwiegend ausländisch aussehenden Personen müsste zudem *erforderlich* sein, d.h. dass es kein milderes aber genauso geeignetes Mittel geben dürfte, um das gewünschte Ziel zu erreichen. Da es sich hier um eine gleichheitsrechtliche Problematik handelt, bestimmt sich der Mildegrad des alternativen Mittels nach der Intensität der Ungleichbehandlung. Es stellt sich also die Frage, ob eine treffsichere, weniger belastende Unterscheidung – also ein milderes Mittel mindestens gleicher Effektivität – in Betracht kommt.[591] Entscheidend ist hier also nicht, inwieweit der Eingriff in das Recht auf informationelle Selbstbestimmung den Betroffenen beeinträchtigt, sondern wie intensiv die spezifische Ungleichbehandlung durch die selektive Befragung wirkt.

Im Fall der verdachtsunabhängigen Kontrollen ließe sich eine Ungleichbehandlung komplett vermeiden, wenn statt der selektiven Befragungen Vollkontrollen durchgeführt würden. Wenn alle Passagiere befragt würden anstatt lediglich stichprobenartig einzelne – meist ausländisch aussehende – Personen, wäre eine Ungleichbehandlung vollständig ausgeschlossen. Es würde somit nicht nur die Intensität der Ungleichbehandlung verringert, sondern sogar eine solche völlig beseitigt. Zwar würde durch flächendeckende Befragungen in das Recht auf informationelle Selbstbestimmung eines noch größeren Personenkreises als bisher eingegriffen, jedoch würde dadurch das Risiko einer Ungleichbehandlung wegen der ethnischen Herkunft gleichzeitig völlig eliminiert. Die im Fall einer Totalbefragung (zusätzlich) angesprochenen Personen sind indes auch nicht schützenswerter als die Personen, die üblicherweise befragt werden, da es sich eben gerade um anlass- bzw. verdachtsunabhängige „Jedermannkontrollen" handelt, die nicht nach dem polizeirechtlichen Veranlasserprinzip funktionieren. Insoweit stellt eine Totalbefragung ein milderes Mittel im Vergleich zur selektiven stichprobenartigen Befragung nach § 22 Abs. 1a BPolG dar.

Allerdings ist höchst zweifelhaft, ob eine Totalkontrolle, beziehungsweise Befragungen sämtlicher Passagiere im gleichen Maße geeignet sind wie stichprobenartige, verdachtsunabhängige Befragungen. Zum einen wären solche Befragungen mit enormen Zeitaufwand verbunden, da – anders als

---

591 *Epping*, Grundrechte, S. 392 Rn. 808.

beispielsweise bei einer Fahrkartenkontrolle durch den Zugbegleiter, nicht nur das Vorzeigen des entsprechenden Tickets erforderlich ist – sondern tatsächlich ein kurzer mündlicher Austausch geführt werden muss, da es sich im Fall des § 22 Abs. 1a BPolG um eine Befragung – der ein Zeigen von Papieren folgen kann – handelt. Das Argument, dass die Bundespolizei auf Grund von begrenzten Kapazitäten auf Stichprobenkontrollen beschränkt sein muss, kann so nicht ohne Weiteres gelten. Zwar stimmt es durchaus, dass eine Befragung eines jeden Reisenden zeitintensiver ist als eine stichprobenartige Befragung, jedoch stellt dies kein tragfähiges Argument dar, da die Bundespolizei nicht auf die derzeit veranschlagte Anzahl an Beamten beschränkt ist, sondern – wenn dies wie hier erforderlich ist um der Aufgabe gerecht zu werden – schlicht mehr Kapazitäten geschaffen werden müssen.[592] Der Staat kann sich nicht durch den Verweis auf fehlende Ressourcen seiner Verantwortung gegenüber dem Einzelnen entziehen, dies hat das Bundesverfassungsgericht in der Geschichte seiner Rechtsprechung bereits mehrmals klargemacht.[593] Je intensiver die Grundrechtsgefährdung, desto mehr steht der Staat in der Pflicht entsprechende Schutzvorkehrungen zu treffen. Hier handelt es sich zudem nicht nur um einen Fall, in dem der Staat den Einzelnen vor Ungleichbehandlungen durch einen anderen Privaten schützen muss, sondern vielmehr ist es der Staat selbst, der vertreten durch den einzelnen Polizisten, aktiv in diskriminierender Art und Weise handelt.

Allerdings würde eine alle Passagiere umfassende, in allen grenzüberschreitenden Zügen durchgeführte Befragungspraxis den ursprünglich bestehenden Grenzkontrollen gleichkommen, welche gerade durch das Schengener Abkommen abgeschafft werden sollten.[594] Das VG Stuttgart hat in seiner Entscheidung vom 22.10.2015 bereits die Unvereinbarkeit des § 23 Abs. 1 Nr. 3 BPolG mit dem Schengener Grenzkodex festgestellt. Das Gericht erklärte, dass § 23 Abs. 1 Nr. 3 BPolG zu unbestimmt sei, da es

---

592 *Drohla*, ZAR 2012, S. 416.
593 Ebenda.
594 Zwar wurden diese im Jahr 2016 vorrübergehenden wieder eingeführt um der Flüchtlingssituation Herr zu werden, dies soll jedoch kein dauerhafter Zustand sein.

als einziges Tatbestandsmerkmal das Sich-Befinden im Grenzgebiet habe.[595] Ob lediglich stichprobenartige Kontrollen oder eine den Grenz(übertritts)kontrollen im Sinne von Art. 2 Nr. 9 bis 11 VO (EG) Nr. 562/2006 angenäherte Verwaltungspraxis etabliert würden, gehe aus der Vorschrift nicht hervor. Der § 23 Abs. 1 Nr. 3 BPolG entspreche daher nicht den vom EuGH aufgestellten Bestimmtheitserfordernissen hinsichtlich der Häufigkeit und Intensität der Kontrollen und sei somit mit dem Schengener Grenzkodex unvereinbar.[596] Bereits im den verbundenen Verfahren *Melki und Abdeli* hatte der EuGH sich in einem Vorabentscheidungsverfahren auf Anfrage des französischen Kassationshofs mit der Frage nach den Anforderungen an nationale Rechtsvorschriften im Bezug auf die Identitätskontrollen auseinandergesetzt.[597] Frankreich hatte eine mit § 23 Abs. 1 Nr. 3 BPolG vergleichbare Regelung, die Identitätskontrollen im Gebiet von 20 Kilometern zur Grenze erlaubt. Der EuGH kam zu dem Ergebnis, dass eine nationale Regelung, die unabhängig vom Verhalten von Personen im Grenzgebiet eine polizeiliche Überprüfung zulässt, mit Art. 20 und Art. 21 SGK unvereinbar ist, da die französische Regelung nicht gewährleistet, dass die tatsächliche Ausübung der Befugnis nicht die gleiche Wirkung wie Grenzübertrittskontrollen hat.[598] Somit scheidet eine Totalkontrolle als Alternativmittel aus, da eine solche schon aus Gründen der Unvereinbarkeit mit dem Schengener Grenzkodex ausgeschlossen ist.[599] Eine Kontrolle aller Fahrgäste ist somit keinesfalls gleich geeignet.

---

595 Anders sieht dies das OVG Rheinland-Pfalz, das davon ausgeht, dass § 22 Abs. 1a BPolG eine ausreichende normative Absicherung darstellt.
596 VG Stuttgart Urteil v. 22.10.2015 AZ 1 K 5060/13; so auch *Trennt*, DÖV 2012, S. 216; *Rachor*, in Lisken/Denninger, Hdbd PolizeiR, Kap. E Rn. 387 f.; *Wehr*, BPolG, § 23 Rn. 5.
597 EuGH Urteil vom 22.6.2010 C-188/10 Melki und C-189/10 Abdeli.
598 Zusammenfassend *Kempfler*, BayVBl 2012, S. 9, dieser kommt jedoch bzgl. Art. 13 Abs. 1 Nr. 5 PAG zu dem Ergebnis, dass das landesrechtliche Pendant zu § 23 Abs. 1 Nr. 3 BPolG nicht gegen den SGK verstößt und daher auch kein gesetzgeberischer Handlungsbedarf besteht.
599 A.A. OVG Rheinland-Pfalz, Urteil v. 21.04.2016, Az. 7 A 11108/14.OVG.

(3) Zumutbarkeit und Angemessenheit

Bedenklich erscheint in Hinblick auf die verdachts- und ereignisunabhängigen Personenkontrollen insbesondere die Angemessenheit und Zumutbarkeit.[600] Im Rahmen der Angemessenheit findet eine Abwägung statt. Dabei wird die Bedeutung des Zwecks der Intensität der Ungleichbehandlung gegenüber gestellt.[601] Zunächst muss daher die Bedeutung des Zwecks herausgearbeitet werden, um diesen sinnvoll ins Verhältnis zum Mittel setzen zu können. Die Gewichtigkeit des Zwecks muss am Maßstab der Verfassung ermittelt werden. Demnach sind Zwecke danach zu bewerten, ob der Staat damit grundrechtliche Schutzpflichten verfolgt, oder in Übereinstimmung mit den Staatsstruktur- und Staatszielbestimmungen aus Art. 20 Abs. 1, Art. 20a GG handelt.[602] Zum Teil wird auch zwischen internen und externen Zielen oder Zwecken unterschieden.[603] Interne Zwecke dienen danach dem Zweck bestehenden Unterschieden zwischen zwei Gruppen Rechnung zu tragen. Externe Zwecke sind alle sonstigen Gründe des Allgemeinwohls.[604] Im Fall der verdachts- und ereignisunabhängigen Personenkontrollen verfolgt der Gesetzgeber daher klar externe Zwecke, da im Vordergrund Interessen des Allgemeinwohls stehen.

Ziel der Ungleichbehandlung, d.h. der Kontrolle von ausländisch aussehenden Personen, ist es – wie zuvor bereits erwähnt – die Effektivierung der Gesetzesausführung. Diesem durchaus legitimen Ziel steht die Intensität der Ungleichbehandlung gegenüber. Während im ersten Schritt lediglich festgestellt wurde, *dass* ein legitimes Ziel verfolgt wird, kommt es in diesem Schritt darauf an, zu beurteilen welchen Stellenwert das verfolgte Ziel hat. Von höchster Wichtigkeit sind dabei klar solche Ziele, die Verfassungsrang besitzen. Dies ist etwa dann der Fall, wenn es um die Wahrung von Grundrechten anderer Beteiligter geht.

---

600 Diese Bedenken teilt auch *Krane*, Schleierfahndung, S. 258.
601 *Epping*, Grundrechte, S. 393 Rn. 809.
602 Ebenda.
603 Diese Unterscheidung treffen auch *Epping*, Grundrechte, S. 802 Rn. 802 und *Huster*; während Huster bei internen Zwecken eine Willkürprüfung und bei externen Zwecken eine Verhältnismäßigkeitsprüfung durchführen möchte, misst Epping der Unterscheidung kein derartiges Gewicht bei; ablehnend gegenüber einer solchen Trennung z.B. *Pietzcker*, in: HdbGR Bd V Einzelgrundrechte II, S. 903 § 25 Rn. 37.
604 *Epping*, Grundrechte, S. 390 Rn. 803.

Die Effektivierung der Gesetzesausführung bedeutet in diesem Fall konkret, durch Kontrolle von ausländisch aussehenden Personen die Wahrscheinlichkeit zu erhöhen, den eigentlichen Gesetzeszweck – nämlich die Verhinderung und Unterbindung illegaler Einreise – zu erfüllen. Grundsätzlich ist der möglichst effektiven Ausführung von Gesetzes ein hoher Stellenwert beizumessen.

Demgegenüber, auf der anderen Seite der Rechtsgüterabwägung, steht die Intensität der Diskriminierung. Schutz vor Diskriminierungen bedeutet auch immer Schutz von grund- und menschenrechtlich geschützten Gütern, so dass ein Rechtsgut der allerhöchsten Stufe betroffen ist. Bei der Selektion nach Hautfarbe geht es nicht lediglich um Gefühle oder Lästigkeiten des Alltags. Vielmehr haben die Kontrollen sowohl individuelle als auch gesamtgesellschaftlich schwere Folgen.[605] Auch ist es für die Intensität der Ungleichbehandlung nicht von Bedeutung, dass der Eingriff in das Recht auf informationelle Selbstbestimmung aus Art. 2 Abs.1 i. V. m. Art. 1 Abs.1 GG durch die polizeiliche Befragung vergleichsweise gering ist. In einem vollbesetzen Personenzug als einziger oder als einer von wenigen von der Polizei ausgewählt und dadurch den anderen Mitreisenden als vermeintlicher Rechtsbrecher wahrgenommen zu werden, ist nicht nur äußerst unangenehme, sondern bisweilen traumatisierend und demütigend. Zwar kann sich der Betroffene durch die Vorlage seines Personalausweises oder Aufenthaltstitels schnell wieder des Verdachts entledigen, jedoch wiegt der Pauschalverdacht, unter den der Betroffene auf Grund der Hauptfarbe gestellt wird, ungleich schwerer. Denn ohne dafür Anlass zu geben, wird der Betroffene öffentlich in ein schlechtes Licht gestellt und für Dritte ergibt sich das Bild eines potentiell kriminellen Zusammenhanges.[606] Anders als beispielsweise bei Verkehrskontrollen, wo die Anonymität gegenüber anderen Verkehrsteilnehmern weitestgehend gewahrt wird, nehmen Reisende in einem Zug einander wahr.[607] Für die meisten Betroffenen ist ein solches Kontrolliertwerden zudem kein Einzelfall, sondern vielmehr sammeln die meisten eine Vielzahl von Erfahrungen dieser Art. Die Erfahrung, dass

---

605 *Drohla*, ZAR 2012, S. 415.
606 Vgl. auch *Drohla*, ZAR 2012, S. 415, vgl. auch *Rachor*, Handbuch des Polizeirechts, Rn. 372.
607 *Rachor*, Handbuch des Polizeirechts, Rn. 372.

insbesondere die Polizei, die das staatliche Gewaltmonopol verkörpert, sich auf stereotypisches Denken verlässt und dementsprechend selektiert, führt zu einem Verlust von Vertrauen in das staatliche System. Stereotype, die bei anderen Mitreisenden vorhanden sind werden durch die selektiven Befragungen von phänotypisch Andersaussehender, bestätigt und verfestigt.[608]

Die Bedenken im Rahmen der Angemessenheit beziehen sich nicht auf die korrekt vorgenommene Kontrolle im Einzelfall, sondern vielmehr auf die gesetzgeberische Entscheidung, die Norm in der Art auszugestalten. § 22 Abs. 1a BPolG ist durch seine Konzeption als verdachtsunabhängige Befugnisnorm ein Einfallstor für unbewusste Vorurteile und Stereotypen. Zwar besteht auch im Rahmen von polizeilichen Befugnissen, die genauere Voraussetzungen normiert sind und sich nach dem polizeirechtlichen Störerbegriff richten, die Möglichkeit, dass *Implicit Bias* die Wahrnehmung des Polizisten beeinflusst, jedoch ist die Wahrscheinlichkeit durch die Ausgestaltung des § 22 Abs. 1a BPolG als pure Ermessensnorm ohne feste tatbestandliche Voraussetzungen überproportional hoch. Es fehlt an Tatbestandsmerkmalen, an Hand derer die Motivation des Polizisten überprüft werden kann.[609] Zwar leitet auch die nachträgliche gerichtliche Überprüfbarkeit keinen Schutz vor Diskriminierung, jedoch ist es bei einer tatbestandlich ausdifferenzierten Befugnisnorm deutlich schwieriger, Vorurteile sanktionslos in polizeiliches Handeln umzusetzen.[610] Alleine die zusätzliche gedankliche Anstrengung in Form der Subsumtion, die der Polizist im Vorfeld leisten muss, um festzustellen, ob die Tatbestandvoraussetzungen

---

608 Der Menschenrechtsausschuss der Vereinten Nationen 2009 führt in einem ähnlichen Fall, in dem es um die selektive Kontrolle einer schwarzen Spanierin auf dem Madrider Bahnhof ging, aus: „When the authorities carry out such checks, the physical or ethnic characteristics of the persons subjected thereto should not by themselves be deemed indicative of their possible illegal presence in the country. Nor should they be carried out in such a way as to target only persons with specific physical or ethnic characteristics. To act otherwise would not only negatively affect the dignity of the persons concerned, but would also contribute to the spread of xenophobic attitudes in the public at large and would run counter to an effective policy aimed at combating racial discrimination."
609 Dies bemängelt *Krane*, Schleierfahndung, S. 258.
610 *Krane*, Schleierfahndung, S. 258.

für ein polizeiliches Handeln gegeben sind, führen nachgewiesenermaßen dazu, dass *Implicit Bias* weniger stark durchdringt.[611]

Ein ausschlaggebender Punkt in der Abwägung ist auch, dass die verdachts- und ereignisunabhängigen Personenkontrollen nicht gerade ein Erfolgsmodell sind. Mit einer Erfolgsquote zwischen 1 bis 2 Prozent sind die Zahlen festgestellter Einreisen im Verhältnis zur großen Anzahl der Befragten verschwindend gering.[612] Im Jahr 2014 führte die Bundespolizei beispielsweise insgesamt 443.838 Kontrollen auf Grundlage von § 22 Abs. 1a BPolG durch. Lediglich in 10.109 Fällen wurde eine unerlaubte Einreise oder ein unerlaubter Aufenthalt festgestellt. Das ergibt eine Erfolgsquote von gerade einmal 2,28 Prozent.[613]

Grundsätzlich wird mit der Zielsetzung der Unterbindung und Verhinderung illegaler Migration und vor allem mit dem Ziel der Bekämpfung von Schleuserkriminalität als Teil grenzüberschreitender, organisierter Kriminalität ein wichtiges Anliegen verfolgt. Insbesondere im Bereich der Schleuserkriminalität werden menschenrechtliche Belange geschützt. Allerdings wiegt dies die intensive Ungleichbehandlung, die Betroffene durch die verdachts- und ereignisunabhängigen Personenkontrollen erfahren, nicht auf. Würden die verdachts- und ereignisunabhängigen Befragungen zumindest die gewünschten Ergebnisse produzieren, so könnte dies möglicherweise zu einer Rechtfertigbarkeit führen. Das Zusammenspiel aus Ineffektivität und Veranlagung zur Diskriminierung ist jedoch weder zumutbar, noch besteht ein angemessenes Verhältnis zwischen dem verfolgten Ziel und der damit verursachten Beeinträchtigung. Im Ergebnis ist die durch § 22 Abs. 1a BPolG verursachte Ungleichbehandlung nicht zu rechtfertigen, da die Intensität der Ungleichbehandlung schwerer wiegt als die Bedeutung des verfolgten Ziels.

IV. Ergebnis

Zusammenfassend ergibt die verfassungsrechtliche Überprüfung des § 22 Abs. 1a BPolG, dass die Norm nicht gegen Art. 3 Abs. 1, Abs. 3 GG verstößt. Weder diskriminiert § 22 Abs. 1a BPolG unmittelbar wegen der

---

611 S. Kapitel 3 IV.
612 OVG Rheinl.-Pfalz OVG Rheinland-Pfalz, Urteil v. 21.04.2016, Az 7 A 11108/14.OVG.
613 BT-Drucksache 18/4149, S. 5.

„Rasse" im Sinne von Art. 3 Abs. 3 GG, noch kann eine solche mittelbare Diskriminierung nach Art. 3 Abs. 1 GG nachgewiesen werden. Könnte jedoch eine solche mittelbare Diskriminierung durch zahlenmäßige Erhebungen nachgewiesen werden, so wäre eine solche nicht verfassungsrechtlich zu rechtfertigen. Denn die Schwere der Ungleichbehandlung aus Gründen der ethnischen Zugehörigkeit steht in keinem Verhältnis zum Ziel der Norm.

6. Kapitel: Lösungsansätze der Problematik um § 22 Abs. 1 a BPolG

I. Zusammenfassung der Situation um die Kontrollen des § 22 Abs. 1a BPolG

Wie die kognitionswissenschaftliche Auswertung der Rahmenbedingungen der Kontrollen des § 22 Abs. 1a BPolG gezeigt hat, ist eine Selektion von Passagieren auf Grund ihrer Hautfarbe durch die Konzeption der Norm mehr als nur wahrscheinlich.[614] Die verfassungsrechtliche Überprüfung der Norm am Maßstab des Art. 3 Abs. 3 GG ergibt jedoch, dass nach gängiger verfassungsrechtlicher Dogmatik kein Verstoß gegen den grundrechtlichen Gleichheitssatz vorliegt, da die Norm grundsätzlich verfassungskonform ausgelegt werden kann und eine mittelbare Diskriminierung mangels Statistiken nicht nachzuweisen ist. Allerdings stellt sich die Frage, ob nicht auch trotz mangelnder Verfassungswidrigkeit staatlicher Handlungsbedarf besteht.

Racial Profiling – sei es bewusst oder unbewusst – mag im Bereich der illegalen Migration durchaus gute Ergebnisse produzieren[615] und für die Aufgabenbestimmung des § 22 Abs. 1a BPolG förderlich sein, jedoch stellt sich die Frage, ob die gesellschaftlichen Folgen tatsächlich so vom Gesetzgeber gewünscht sein können.

Offenes und bewusstes *Racial Profiling* als Ermittlungsmethode wird bisher von den Gerichten wie auch von Regierungsseite entschieden abgelehnt,[616] so dass dieser Debatte – anders als in den USA – hierzulande kein großer Stellenwert beizumessen ist. *Racial Profiling* in Verbindung mit *Implicit Bias* und die sich daraus ergebenden Verhaltensweisen sind dagegen ein bisher nicht behandeltes Thema im gesellschaftlichen und gesetzgeberischen Diskurs. Das Wissen um diese kognitionswissenschaftlichen Erkenntnisse sollte

---

614 Vgl. oben.
615 Auch wenn dies in Hinblick auf die Erfolgsquote von 1–2 % äußerst fraglich erscheint.
616 VG Koblenz, Urteil v. 28.02.2012, Az. 5 K 1026/11.KO, OVG Rheinland-Pfalz, Urteil v. 21.04.2016, Az 7 A 11108/14.OVG.

dazu führen zu überdenken, ob die potentiellen Auswirkungen von *Implicit Racial Bias* hinzunehmen oder ob nicht doch Schritte notwendig sind, um die dadurch verursachte Benachteiligung zu korrigieren.

Von Seiten der Betroffenen und einschlägigen Menschenrechtsorganisationen wird schon seit langem die vollständige Abschaffung der verdachtsunabhängigen Kontrollen nach § 22 Abs. 1a BPolG gefordert, um jegliche Gefahr des *Racial Profiling* in diesem Zusammenhang zu vermeiden.[617] Ebenso mehren sich die Stimmen, die nach einem expliziten Verbot von *Racial Profiling* verlangen.

II. Lösungsansätze

Im Folgenden soll auf die möglichen Lösungsversuche des *Racial-Profiling-*Dilemmas eingegangen werden. Dabei steht die Konstellation des § 22 Abs. 1a BPolG im Vordergrund. Die Ansätze lassen sich jedoch auf zahlreiche andere Situationen übertragen, in denen eine Gefahr des Racial Profiling besteht.

1. Einfachgesetzliches Verbot von *Racial Profiling*

Eine mögliche Lösung, um *Racial Profiling* entgegenzuwirken, könnte die Einführung eines einfachgesetzlichen Verbots sein. Zwar verbietet bereits Art. 3 Abs. 3 GG jede ungerechtfertigte Benachteiligung auf Grund der „Rasse" einer Person, so dass sich bereits hier die Frage stellt, welchen Sinn ein weiteres explizites Verbot haben soll. Zum Teil wird jedoch vertreten, dass dies „als Warnschild"[618] nicht ausreiche. Zahlreiche amerikanische Bundesstaaten haben bereits den Weg des einfachgesetzlichen Verbots gewählt und gesetzliche Regeln geschaffen, die *Racial Profiling* als polizeiliches Instrument verbieten.[619] Dem Northeastern University Data Collection Resource Center zufolge waren im Jahr 2011 in 28 US-Bundesstaaten solche Gesetzte

---

617 Initiative schwarzer Menschen in Deutschland; Deutsches Institut für Menschenrechte; Amnesty International Positionspapier.
618 *Drohla,* ZAR 2012, S. 416.
619 Für eine Übersicht über die Regelungen der einzelnen Bundesstaaten: *Brooks/ Brock/Bolling-Williams,* Born Suspect, Stop-and-Frisk Abuses & the Continued Fight to End Racial Profiling in America, Apendix I.

in Kraft.[620] Zwar setzt dies ein klares Zeichen, dass eine Diskriminierung bestimmter Bevölkerungsgruppen auf Grund ihrer Hautfarbe gesellschaftlich missbilligt wird. Fraglich ist jedoch, inwieweit über diese Signalwirkung hinaus ein Verbot wirksam sein kann. Dies ist eine Frage, die sich nicht nur speziell im Bereich des *Racial Profiling* stellt, sondern das gesamte Antidiskriminierungsrecht betrifft.

Um gesellschaftlich missbilligte Vorgänge oder Ergebnisse zu korrigieren, wird seit jeher mit Verboten und Sanktionen gearbeitet. Diese Vorgehensweise zieht sich durch alle Lebensbereiche und Rechtsgebiete, angefangen von Vorschriften zu Geschwindigkeitsbegrenzungen im Straßenverkehr, Straftatbeständen wie Diebstahl und Betrug, bis hin zur § 242 BGB. Auch im Bereich des Antidiskriminierungsrechts sind Verbote die bevorzugte Vorgehensweise. Anstatt ein bestimmtes Ergebnis vorzuschreiben – wie es beispielsweise Quoten tun – wird das Verbot erteilt, ein bestimmtes Kriterium, wie etwa Geschlecht oder Alter, in den Entscheidungsprozess miteinzubeziehen.[621]

Die Sinnhaftigkeit eines solchen Vorgehens, vor allem im Bereich des Antidiskriminierungsrechts, ist jedoch fragwürdig. So mag ein Verbot vielleicht noch im Strafrecht seine Wirkung entfalten und die Strafbewährtheit beispielsweise des Diebstahls gelegentlich auch auf einige potentielle Täter abschreckend wirken. Es handelt sich dabei jedoch um offensichtlich geplante und – mehr oder minder durchdachte – bewusste Handlungsvorgänge. Mit anderen Worten: Es ist das „kluge" System II, das den Diebstahl ausführt. Beim Wegnehmen einer fremden Sache handelt es sich nicht um eine reflexartige Bewegung, sondern um eine bewusst ausgeführte Handlung.

Dagegen ist im Bereich des Antidiskriminierungsrechts vor allem unser schnelleres, emotionales und stereotypisierendes System I am Werk. Zwar gibt es zweifellos Konstellationen, in denen gezielt diskriminiert wird. Viel häufiger sind jedoch wohl die Fälle, in denen sich die betreffende Person selbst gar nicht darüber bewusst ist, durch welche Faktoren ihre Entscheidung

---

620 *Glaser/Spencer/Charbonneau*, Racial Bias and Public Policy, Policy Insights from the Behavioral and Brain Sciences, 2014, Vol. 1, S. 91.
621 *Alfinito Vieira/Graser*, Taming the Biased Black Box?, Oxford Journal of Legal Studies, 2014, S. 6.

beeinflusst wurde.[622] Und in genau diesen Fällen kann ein Verbot nur in sehr geringem Maße dabei helfen, das gewünschte Ziel zu erreichen, bzw. eine Diskriminierung zu vermeiden. Klassisches Antidiskriminierungsrecht, d.h. Anknüpfungsverbote bezogen auf bestimmte Merkmale, geht von einem zu vereinfachten Konzept unserer Entscheidungsprozesse aus.[623] Ein Verbot kann nur dort sinnvoll sein, wo auf bewusster Ebene Entscheidungen getroffen werden. Denn selbst wenn die betroffene Person auf ihren *Implicit Bias* aufmerksam gemacht wird, ist es nur in den wenigsten Fällen möglich, diesen völlig abzulegen. Im Fall von durch *Implicit Bias* beeinflussten Entscheidungen dienen Verbote daher letztlich nur als gut gemeintes Zeichen der gesellschaftlichen Missbilligung von Diskriminierung. Darüber hinaus kann man davon kaum einen Beitrag zur Lösung des Problems erwarten.

2. Die *Implicit Bias* Herangehensweise und ihre Vorteile

Sinnvoller als ein explizites einfachgesetzliches Verbot von *Racial Profiling* könnte daher eine andere Vorgehensweise sein, die auch die Überlegungen zum *Implicit Racial Bias* inkorporiert.

Die Gründe, warum die *Racial-Profiling*-Debatte nicht ohne das Thema *Implicit Bias* auskommen kann, sind vielfältig. Zum einen sprechen schlicht praktische und auch taktische Erwägungen dafür. Anders als explizite offene Stereotype und Vorurteile ist *Implicit Bias* ein Phänomen, an dem die gesamte Gesellschaft krankt.

Rassismus lässt sich auf vielerlei Arten definieren, hier wird jedoch das Verständnis zu Grunde gelegt, dass unter Rassismus und daraus resultierenden rassistischen Handeln, nur bewusste Denkmuster fallen. Diese ergibt sich zum einen daraus, dass der Begriff der „Rasse" in Art. 3 Abs. 3 GG gezielt gewählt wurde um ein Zeichen gegen die nationalsozialistische Gesinnung und die damit verbundene Weltanschauung zu setzen. Rassismus in diesem Zusammenhang setzt eine gewisse Überzeugung voraus, dass bestimmte „menschliche Rassen" anderen „Rassen" überlegen sind. Eine solche Überzeugung kann nur auf einer aktiven, bewussten Überlegung

---

622 Dies zeigen u.a. die Ausführung zum Thema Casuistry, vgl. S. 37.
623 *Alfinito Vieira/Graser*, Taming the Biased Black Box?, Oxford Journal of Legal Studies, 2014, S. 19.

stammen. Gerade dies fehlt aber im Zusammenhang mit *Implicit Racial Bias*, da – wie oben bereits diskutiert – eine Person mit unterbewussten Vorurteilen und Stereotypen diese auf bewusster Ebene häufig nicht aufweist.

Das Rassismus-Stigma entfällt bei der Diskussion über *Implicit Racial Bias*, da sich *Implicit Bias* generell unserer Kontrolle entzieht und unabhängig davon ist, ob wir aktiv rassistische Ansichten unterstützen oder auf bewusster Ebene Vorurteile gegenüber bestimmten Gruppierungen haben.

Bisher konnte kein sinnvoller Austausch zwischen den beiden klassischerweise involvierten Seiten – Exekutive und betroffene Bürger – zustande kommen, da sowohl die Bundesregierung als auch die Bundespolizei sich vehement gegen die Aussage wehren, dass im Rahmen des § 22 Abs. 1a BPolG *Racial Profiling* praktiziert wird.[624] Grundsätzlich gilt die Policy, dass es von Seiten der Bundespolizei nicht zu *Racial Profiling* kommt und somit weder Diskussions-, noch Handlungsbedarf besteht.

Diese Aussagen von offizieller Stelle der Bundespolizei und Bundesregierung sind durchaus nachvollziehbar, da sowohl in der Medienberichterstattung zum Thema als auch in den kleinen Anfragen der Linken und Grünen ein latenter Rassismusvorwurf gegenüber der Polizei mitschwingt.[625] Ginge die Polizei tatsächlich auf diese Art von *Racial-Profiling*-Vorwürfe ein, würde sie zugleich Rassismus innerhalb der eigenen Reihen eingestehen.

Die Situation in den USA zeigt, dass es in der *Racial-Profiling*-Debatte nicht immer notwendigerweise nur um Rassismus im klassischen Sinne gehen muss, da dieser häufig nicht der Auslöser für bestimmtes polizeiliches Verhalten ist. Häufiger liegen dem unbewusste *biases* zu Grunde. Zwar wird in den USA auch weiterhin über alltäglichen Rassismus, insbesondere im Verhältnis Afro-Amerikaner und weiße Amerikaner, diskutiert. Es lassen sich jedoch an vielen Stellen Ansätze dafür erkennen, dass die Diskussion sich auch vermehrt dem Thema *Implicit Bias* nähert. Es bietet sich daher an, die in den USA verfolgten Lösungsansätze genauer zu betrachten und auf ihre Sinnhaftigkeit und potentielle Übertragbarkeit auf die deutsche Situation zu untersuchen.

---

624 BT-Drucks.17/14569, S. 2.
625 Ebenda.

3. Lösungsversuche in den USA und ihre Übertragbarkeit auf Deutschland

Wie in Deutschland lässt sich auch in den USA *Racial Profiling* als verbotene Diskriminierung im Sinne des 14. Zusatzartikels nur selten nachweisen, da eine Verletzung der Equal Protection Clause „*discriminatory intent or purpose*", d.h. bewusstes und gezieltes Handeln, voraussetzt.[626] In den USA hat man daher vergleichsweise früh erkannt, dass ein Sich-Verlassen rein auf Mittel des Antidiskriminierungsrechts wenig erfolgversprechend ist.[627] Daher sind seit Jahren verschiedene Modelle im Einsatz, die unterschiedliche Lösungsansätze verfolgen um *Racial Profiling* einzudämmen. Zu diesen Modellen gehören zum einen die Erfassung ethnischer Daten der angehaltenen Personen bei bestimmten Polizeikontrollen, die Abschaffung von Normen mit unverhältnismäßig viel Ermessensspielraum/Beurteilungsspielraum und gezielte Trainingsprogramme für Polizisten. Im Folgenden soll ein Überblick über diese unterschiedlichen Mechanismen und Methoden gegeben werden, um dann zu analysieren, ob diese möglicherweise auch auf die Situation in Deutschland anwendbar sind.

a) Datenerhebung bezüglich Ethnie

Einer der wohl wichtigsten Schritte im Rahmen der Bekämpfung von *Racial Profiling* in den USA ist die Erhebung und Auswertung von *Police-Stop*-Daten.[628] Bei zahlreichen Polizeikontrollen müssen die kontrollierenden Polizisten die ethnischen Eckdaten der von ihnen kontrollierten Personen erfassen. Dann erfolgt eine Auswertung dieser Daten, um feststellen zu können, ob tatsächlich bestimmte Bevölkerungsgruppen überproportional kontrolliert werden.

Genau wie in Deutschland stellt sich auch in den USA das Problem, dass individuelle Erzählungen über Interaktionen zwischen Betroffenen und der Polizei zwar ein anschauliches Beispiel geben, jedoch nur bedingt

---

626 Arlington Heights v. Metro. Hous. Dev. Corp., 429 U.S. 252, 265 1977.
627 *Simmons*, Beginning to End Racial Profiling: Definitive Solutions to an Elusive Problem, Washington and Lee Journal of Civil Rights and Social Justice, 2011, Vol. 18, Nr. 1, S. 45.
628 *Glaser/Spencer/Charbonneau*, Racial Bias and Public Policy, Policy Insights from the Behavioral and Brain Sciences, 2014, Vol. 1, S. 88.

Rückschlüsse auf die allgemeine Situation – d.h. *Racial Profiling* als institutionelles oder strukturelles Problem – zulassen. Anhand von einzelnen Erfahrungsberichten lässt sich lediglich darüber spekulieren, wie diese speziellen Vorkommnisse im Verhältnis zum großen Ganzen stehen. Hinzukommt die Beweisproblematik, da es fast immer auf eine „Aussage-gegen-Aussage"-Situation hinausläuft. Im Bereich des *Racial Profiling* stellt sich nämlich die besondere Problematik, dass die Motive für das Handeln des Polizisten nicht äußerlich erkennbar sind, sondern lediglich – wohl häufig berechtige – Vermutungen des Betroffenen darüber existieren. Denn letztlich kann der Betroffene zwar behaupten, dass er auf Grund seiner ethnischen Herkunft beziehungsweise seines entsprechenden Aussehens kontrolliert wurde. Es wird dem betreffenden Polizisten jedoch zumeist nicht schwer fallen, einen zusätzlichen Grund zu finden, der – v.a. in Fällen, in denen der *standard of suspicion* gering ist – eine Kontrolle rechtfertigen würde.[629]

Alleine aus diesem Grund ist es sinnvoll, statistische Erhebungen darüber aufzustellen, wie häufig bestimmte Bevölkerungsgruppen wirklich „Opfer" bestimmter Kontrollen werden. Dadurch kann zum einen eine solide Basis für einen Dialog zwischen der Polizei und bestimmten Bevölkerungsgruppen geschaffen werden, und zugleich wird das Vertrauen dieser Bevölkerungsgruppen in die Polizei gestärkt. Indem die Polizei sich auf solche Erhebungen einlässt, zeigt sie, dass sie nichts zu verbergen hat, und gibt dadurch implizit zu verstehen, dass es keine Policy innerhalb der Polizei gibt, die gezielt eine Selektion von Minderheiten vorgibt.[630]

Die Erhebung von Daten kann daher zum einen als gutes Frühwarnsystem fungieren um beizeiten festzustellen, ob bestimmte polizeiliche Maßnahmen eine oder mehrere Gruppen überproportional treffen. Zum anderen können auch sinnvolle Rückschlüsse für effektivere Polizeiarbeit aus diesen Statistiken gezogen werden.

In den USA sind derzeit zahlreiche Datenerfassungsmodelle im Einsatz. Viele davon sind aus den oben genannten Gründen präventiv und auf freiwilliger Basis eingeführt worden, in anderen Fällen wurde den Polizeidirektionen durch

---

629 Standard in den Stop-and-Frisk Fällen?
630 *Ramirez/McDevitt/Farrell*, A Resource Guide on Racial Profiling Data Collection Systems, S. 19.

Gerichtsbeschluss oder Gesetz eine Pflicht zur Datenerhebung auferlegt.[631] Anders als in Deutschland, wo man im Wesentlichen nur zwischen Bundes- und Landespolizei unterscheidet, gibt es in den USA zahlreiche Unterkategorien der Polizei mit komplett unterschiedlichen Befugnissen.[632] Es lässt sich daher kaum eine allgemeine Aussage darüber treffen, wie „das Modell Datenerhebung" in den USA funktioniert. Vielmehr soll im Folgenden nur eine Auswahl einiger bekannter Modelle vorgestellt werden. Eine offizielle zentralisierte Stelle für die Sammlung und Auswertung solcher Daten gibt es bisher noch nicht. Jedoch haben sich verschiedene Stellen zusammengeschlossen, um sich untereinander auszutauschen. Das Center for Policing Equity etwa ist ein Konsortium, das sich aus amerikanischem polizeilichen Führungspersonal und Soziologen zusammensetzt, die daran arbeiten, eine nationale Datenbank für Polizeikontrollen zu schaffen, um sogenanntes *racially biased policing* besser zu verstehen und zu bekämpfen.[633]

Gemein ist allen Datenerhebungsformen, dass die Ethnie der kontrollierten Person festgehalten wird. Dabei kommt es nicht so sehr darauf an, welcher ethnischen Gruppe sich die kontrollierte Person zugehörig fühlt, sondern darauf, welcher Gruppe der entsprechende Polizeibeamte die Person zuordnet.[634] Denn letztlich sind es die Wahrnehmung des Polizisten und die damit verbundene stereotypische Assoziation, die ihn dazu motivieren, diese Person zu kontrollieren. Für die Statistik können weiter (geschätztes) Alter und Geschlecht der angehaltenen Person von Interesse sein.

In den 1990er Jahren sorgte eine Statistik über das Vorgehen der Maryland State Police für Aufsehen, aus der hervorging, dass – obwohl Afro-Amerikaner prozentual nur 17,5 % der Verkehrssünder ausmachten – 72,9 % der Autofahrer, die auf einem bestimmten Streckenabschnitt einer Straße angehalten und durchsucht wurden, schwarz waren. Diese

---

631 *Simmons*, Beginning to End Racial Profiling: Definitive Solutions to an Elusive Problem, Washington and Lee Journal of Civil Rights and Social Justice, 2011, Vol. 18, Nr. 1, S. 34 f.
632 Beispielsweise in Federal, State, County, Municpial und High Way Patrol.
633 *Glaser/Spencer/Charbonneau*, Racial Bias and Public Policy, Policy Insights from the Behavioral and Brain Sciences, 2014, Vol. 1, S. 91.
634 So auch Police Department San Jose und San Diego, vgl. *Ramirez/McDevitt/Farrell*, A Resource Guide on Racial Profiling Data Collection Systems, S. 20, S. 25.

Ergebnisse wurden im Fall Wilkins v. Maryland State Police vorgebracht und sorgten dafür, dass die Polizei ein Fehlverhalten eingestand und somit letztendlich ein Vergleich zwischen dem Betroffenen und der Polizei erzielt werden konnte. Die Maryland State Police erließ darauf eine Regelung, die ausdrücklich klarstellte, dass „Rasse" oder ethnische Herkunft keine Rolle für die Entscheidung spielen dürfen, eine Person anzuhalten. Die Sinnhaftigkeit dieser Regelung vor allem unter Berücksichtigung von *Implicit Bias* sei dabei dahingestellt.

Man sollte jedoch auch die Grenzen der Datenerhebung als Mittel gegen *Racial Profiling* im Blick behalten. Zwar können die aus der Auswertung der Daten gewonnen Erkenntnisse als gute Ausgangsposition für einen Dialog zwischen Bürger, Polizei und politischen Entscheidungsträgern dienen, vor amerikanischen Gerichten sind die Statistiken jedoch nur bedingt wertvoll.[635] Amerikanische Gerichte haben die Statistiken, die belegen, dass Minderheiten überproportional kontrolliert oder angehalten werden, bisher fast durchweg nicht als Beweis für eine bewusste und gewollte Diskriminierung im Sinne der *Equal Protection Clause* gelten lassen.[636]

Ein vieldiskutiertes Problem der Datenerhebung sind die sogenannten *Hit-Rate*-Statistiken oder *Trefferquoten*. Treffer sind in diesen Fällen die „erfolgreichen" Kontrollen, d.h. Personen, die eine Straftat begangen haben. Es geht also darum, wie das Verhältnis von durchgeführten Kontrollen zu Treffern ist. Im Fall der verdachts- und ereignisunabhängigen Kontrollen zählt beispielsweise jede Person als „Treffer", die illegal eingereist ist oder sich illegal in Deutschland aufhält. Auch die Bundespolizei veröffentlicht Statistiken, die die Trefferquoten zeigen. Hauptproblem dieser Hit-Rate-Statistiken ist, dass bereits die Vorauswahl, welche Personen kontrolliert werden und welche nicht, durch *Implicit Bias* beeinflusst ist. Um Diskriminierung nachzuweisen oder vorzubeugen, sind Hit-Rate-Statistiken daher ungeeignet. Letztlich kann durch Hit-Rate-Statistiken lediglich nachvollzogen werden, inwieweit die polizeiliche Einschätzung darüber, wen es sich lohnt zu kontrollieren, zutreffend ist.

---

635 Ausführlich hierzu *Simmons*, Beginning to End Racial Profiling: Definitive Solutions to an Elusive Problem, Washington and Lee Journal of Civil Rights and Social Justice, 2011, Vol. 18, Nr. 1, S. 37 ff.
636 Vgl. hierzu Kapitel 5.

Im Fall der verdachts- und ereignisunabhängigen Personenkontrollen nach § 22 Abs. 1a BPolG wäre daher eine solche Erhebung sinnvoll, bei der die Bundespolizei die Ethnie der kontrollierten Personen erfasst, um feststellen zu können, in welchem Umfang bestimmte ethnische Gruppierungen tatsächlich betroffen sind. Diese Statistiken könnten die erforderliche empirische Grundlage für eine verfassungsrechtliche Beurteilung des § 22 Abs. 1a BPolG schaffen.

b) Videoaufzeichnung durch sogenannte Body-Cams

Eine weitere Möglichkeit, um *Racial Profiling* langfristig einzudämmen, sind *Body-Cams*. Bei diesen Körperkameras handelt es sich um eine Miniatur-Videokamera, die mittels einer speziellen Weste an der Schulter von Polizeibeamten angebracht werden kann und es technisch ermöglicht, den Einsatz aufzuzeichnen.[637] Dabei handelt es sich nicht um einen speziell auf den Fall des *Racial Profiling* ausgelegten Ansatz. Vielmehr soll dies insgesamt für bessere Nachvollziehbarkeit und Transparenz bei Interaktionen zwischen Bürger und Polizei sorgen. Die am Körper getragenen Kameras haben in zweierlei Hinsicht positive Wirkung. Zum einen erleichtern die nachträgliche Nachvollziehbarkeit von Aufeinandertreffen zwischen Polizei und Bürgern in Fällen, in denen Streit über das Verhalten einer der beiden oder beider Seiten besteht. Zum anderen wirkt sich das Tragen der Kamera präventiv auf das Verhalten von Polizisten und Bürgern aus und führt dadurch dazu, dass beide Seiten sich um ein vorschriftsgemäßes Verhalten bemühen.

In Situationen, in denen später diskutiert wird, ob dem Polizisten tatsächlich *Racial Profiling* vorgeworfen, bringen die *Body-Cams* dahingehend Erleichterung, dass die Situation auch ex-post aus dem Blickwinkel des Polizisten betrachtet werden kann und auch die Verhaltensweise des Betroffenen nachvollzogen werden kann. In den USA werden Polizeieinsätze schon seit langem mit Kameras begleitet. Seit den Geschehnissen in Ferguson und Missouri werden Körperkameras jedoch noch vermehrt eingesetzt, um das Vertrauen der Bevölkerung in die Polizei durch Transparenz zu stärken.[638]

---

637 *Kipker/Gärtner*, NJW 2015, S. 296.
638 Vgl. hierzu die Mittteilung des Weißen Hauses, abrufbar unter: https://www.whitehouse.gov/the-press-office/2014/12/01/fact-sheet-strengthening-community-policing.

In Deutschland startete 2013 ein erfolgreiches Pilotprojekt in Hessen, welches nun im gesamten Bundesgebiet umgesetzt werden soll.[639] Zwar gibt es einige Einwände aus datenschutzrechtlicher Sicht. Insbesondere wird die Verletzung von Persönlichkeitsrechten auf beiden Seiten gerügt. Jedoch überwiegt wohl das Interesse sowohl des Polizisten als auch des Bürgers an einer möglichen Nachprüfung von Tathergängen.[640] Insbesondere verzeichnet die Frankfurter Polizei seit der Einführung der *Body-Cams* auch einen Rückgang von Übergriffen auf Polizisten um ca. 20%.[641]

c) Debiasing-*Training*

In Oakland, Kalifornien hat sich das Police Department mit der Universität Stanford zusammengetan, um gemeinsam ein *Debiasing*-Programm für Polizisten zu implementieren.[642] Nachdem die Polizei von Oakland in den vergangen Jahren mehrmals mit Vorwürfen unzulässiger Gewaltanwendung konfrontiert wurde, rüstete sie ihre 600-köpfige Belegschaft mit Body-Cams aus, um die Überprüfbarkeit der Vorwürfe zu erhöhen und Transparenz zu gewährleisten.[643] Die Aufzeichnungen werden ausgewertet und auf der Basis der Interaktionen dann ein *Debiasing*-Training entworfen. Dabei soll den Polizisten zunächst das Prinzip von *Implicit Bias* näher gebracht und ein Bewusstsein für unterbewusste Stereotype und Vorurteile geschaffen werden.

---

639 Vgl. hierzu etwa http://www.zeit.de/politik/deutschland/2016-03/bundes polizei-bodycam-kamera-aufklaerung-uebergriffe.
640 Ausführlich zur verfassungsrechtlichen Problematik um die Body-Cams *Kipker/Gärtner*, NJW 2015, S. 296.
641 http://www.faz.net/aktuell/rhein-main/weniger-angriffe-auf-polizisten-in-hes sen-13056692.html.
642 Kritisch dazu ein Artikel aus dem Forbes Magazin, der debiasing Training als neuen Business Trend im Silicon Valley darstellt, abrufbar unter: http://www. forbes.com/sites/ellenhuet/2015/11/02/rise-of-the-bias-busters-how-uncons cious-bias-became-silicon-valleys-newest-target/#63de3c37cb1f.
643 http://statescoop.com/stanford-university-interprets-film-from-oakland-body-cameras

Allerdings sind die Erfolgsaussichten des Trainings wohl gering. Denn bezeichnend an *Implicit Bias* ist gerade, dass dieser unbewusst und unkontrollierbar ist. Zu versuchen etwas abzutrainieren, das man selbst nicht beherrschen kann, ist daher nur begrenzt sinnvoll.[644]

Eine wirkliche Lösung, um *Implicit Bias* tatsächlich abzutrainieren, ist noch nicht gefunden. Stattdessen scheint es sinnvoller, die Rahmenbedingungen für potentiell von *Implicit Bias* beeinflusste Entscheidungen zu verändern.

4. Beweislastumkehr

Die bereits beschriebene Möglichkeit, durch proaktive Gesetzgebung *Racial Profiling* vorzubeugen, etwa durch Erlass eines expliziten Verbots eines solchen Vorgehens, findet ihre Grenzen darin, dass sich menschliches Handeln, welches durch *Implicit Bias* geleitet wird, nur bedingt steuern lässt. Verbote können nur dann ihren Zweck erfüllen, wenn die verbotene Handlung auch steuerbar ist. Sinnvoll können daher Verbote sein, die ein bestimmtes Ergebnis unter Strafe stellen. Wäre den Polizisten etwa vorgegeben, dass sie bei den Befragungen nach § 22 Abs. 1a BPolG keine fremdländisch aussehenden Personen kontrollieren dürfen, dann wäre ein solches Verbot leicht praktisch umsetzbar, da ein Verstoß unproblematisch feststellbar wäre. Verbietet man dagegen „*Racial Profiling*" oder eine Person auf Grund ihrer Hautfarbe zu kontrollieren, ist dies wenig vielversprechend. Denn wie bereits zuvor dargestellt, ist es eben nicht ohne Weiteres ex-post nachvollziehbar – weder für Außenstehende, noch für den einzelnen Polizisten – was die tatsächlichen Beweggründe für die Kontrolle waren.

Eine weitere Möglichkeit, juristisch das *Racial Profiling* Problem anzugehen, ist die Lösung über eine prozessuale Beweislastumkehr. Dies würde eine erhebliche Erleichterung für die Betroffenen darstellen und auch die Möglichkeit schaffen, eine Diskriminierung ohne Überwindung quasi unüberwindbarer Hürden nachzuweisen. Dabei handelt es sich um einen im Antidiskriminierungsrecht typischen Mechanismus, der üblicherweise einem

---

644 so sogar Greenwald als Begründer der implicit bias Forschung, abrufbar unter: http://www.forbes.com/sites/ellenhuet/2015/11/02/rise-of-the-bias-busters-how-unconscious-bias-became-silicon-valleys-newest-target/#1cb21c687cb1

Informationsungleichgewicht geschuldet ist.[645] Insbesondere in Situationen, in denen sich der Staat in Form der Polizei und der Bürger als Individuum gegenüberstehen, ist es fast unmöglich, eine Diskriminierung nachzuweisen. Das Hauptproblem im Fall der verdachts-und ereignisunabhängigen Personenkontrollen liegt dabei darin, dass im § 22 Abs. 1a BPolG keine personen- oder verhaltensbezogene Tatbestandsmerkmale vorhanden sind, die gerichtlich in dem Maße überprüft werden können, wie dies bei Normen der Fall ist, die einen konkreten Gefahrverdacht voraussetzen.[646] Denn grundsätzlich darf jedermann im Rahmen der Kontrollen des § 22 Abs. 1a BPolG befragt werden. Das Gericht überprüft lediglich, ob Ermessenfehler bei der Auswahl vorliegen. Ein solcher Ermessensfehler ist zwar klar gegeben, wenn der Polizist rein auf Basis eines verpönten Merkmales, d.h. in diesen Fällen insbesondere der Hautfarbe wegen, kontrolliert[647], jedoch ist es dem Betroffenen fast unmöglich nachzuweisen, dass dies der Fall ist.

Erste Ansätze für eine solche widerlegbare Vermutung bzw. Umverteilung der Beweislast lassen sich im Urteil des OVG Rheinland-Pfalz vom April 2016 erkennen.[648] Zum einen stellt das Gericht fest, dass auch dann ein Verstoß gegen Art. 3 Abs. 3 GG gegeben ist, wenn die Hautfarbe nicht das einzige die Auswahlentscheidung tragende Kriterium ist. Vielmehr reicht es aus, wenn ein Motivbündel vorliegt und die Hautfarbe einer der Gründe war, die zur Auswahl einer bestimmten Person geführt haben.[649] Im konkreten Fall vor dem OVG Rheinland-Pfalz hatte sich auch im Rahmen einer umfangreichen Beweisaufnahme die genaue Motivlage nicht feststellen lassen. Das Gericht gelangte jedoch zu dem Schluss, dass auf Grund der äußeren Umstände der Kontrolle und der teilweise unklaren Angaben der Zeugen sich nicht zweifelsfrei klären habe lassen, dass die Hautfarbe nicht

---

645 Bsp. Beweislastumkehr in § 22 AGG. Der Kläger muss anstatt vollumfänglich zu beweisen, dass eines der Merkmale aus § 1 AGG der Grund für die Benachteiligung war, nur Indizien beweisen, die eine Diskriminierung aus diesen Gründen vermuten lassen.
646 Die ortsbezogenen Tatbestandsmerkmale sind indes verwaltungsgerichtlich überprüfbar.
647 *Alter*, NVwZ 2015, S. 1569.
648 OVG Rheinl.-Pfalz, Urteil v. 21.04.2016, Az. 11108/14.OVG.
649 OVG Rheinl.-Pfalz, Urteil v. 21.04.2016, Az. 11108/14.OVG.

doch mitentscheidend für die Selektion der Betroffenen gewesen sei. Aus diesem Grund erklärte das Gericht die Maßnahme für rechtswidrig.

Die Entscheidung des OVG Rheinland-Pfalz ist insoweit in zwei Punkten bedeutungsvoll: Zum einen wird durch die Klarstellung, dass auch „Rasse" als Teil eines Motivbündels zu einem Verstoß gegen Art. 3 Abs. 3 GG führen kann, dem Umstand Rechnung getragen, dass sich diskriminierend auswirkende Entscheidungen vielschichtiger und komplexer sind, als es nach bisheriger Rechtsprechung angenommen wurde. Häufig ist sich der die Entscheidung Treffende selbst nicht darüber im Klaren, dass seine Entscheidung von Vorurteilen oder Stereotypen geleitet wird. Denn *Implicit Bias* lässt sich nicht durch Introspektive erkennen und ausschalten. Zum anderen erkennt das Gericht, dass es für den einzelnen Bürger in der Konstellation der verdachts- und ereignisunabhängigen Kontrollen fast unmöglich ist nachzuweisen, dass eine Diskriminierung *„wegen"* eines Merkmals nach Art. 3 Abs. 3 GG stattgefunden hat. Nicht ohne Grund kam es in den vorherigen Verfahren, bei denen Betroffene die Rechtswidrigkeit einer Befragung wegen eines Verstoßes gegen das Diskriminierungsverbot rügten, nie dazu, dass ein Gericht einen solchen Verstoß feststellen konnte oder gar auch nur Anlass dafür sah, sich mit der Thematik auseinander zusetzen.[650] Das OVG Rheinland-Pfalz betont jedoch, dass es sich gerade nicht um eine prozessuale Beweislastumkehr handelt. Die Bundespolizei müsse, wenn sie gestützt auf § 22 Abs. 1a BPolG Personen kontrolliert, grundsätzlich nicht darlegen und beweisen, dass ein Merkmal nach Art. 3 Abs. 3 S. 1 GG für die Auswahl nicht mittragendes bzw. mitentscheidendes Kriterium gewesen ist. Dies ergebe sich daraus, dass § 22 Abs. 1a BPolG dazu ermächtigt, im Rahmen des Normzwecks und des räumlichen Anwendungsbereichs jedermann einer anlasslosen Kontrolle zu unterziehen. Es bedürfe in Hinblick auf die – in erster Line – generalpräventive Wirkung des § 22 Abs. 1a BPolG zur Wahrung des Normzwecks keiner unterhalb einer Verdachts- oder Gefahrenschwelle liegenden Vorauswahl der zu kontrollierenden Personen. Bei Kontrollen, die rein nach dem Zufallsprinzip durchgeführt werden und bei denen auch Personen kontrolliert würden, die ein geschütztes Merkmal nach Art. 3 Abs. 3 GG aufweisen, besteht keine Darlegungs- und Beweislast

---

650 So sprachen weder das VG Koblenz in 1. Instanz, noch das VG Stuttgart oder das VG Koblenz 2012 Art. 3 Abs. 3 GG an.

bezüglich eines Nicht-Anknüpfens an ein verpöntes Merkmal. Ob jedoch tatsächlich eine stichprobenartige Jedermann-Kontrolle ohne vorherige Auswahl stattgefunden hat, unterliegt der gerichtlichen Kontrolle.

Anders liegt der Fall, wenn eine Vorauswahl auf Grund einer „gesteigerten Nähe zum Normzweck"[651] durch die Bundespolizei getroffen wurde. Normzweck ist in diesem Fall die Verhinderung und Unterbindung unerlaubter Einreise. Die vom OVG Rheinland-Pfalz umschriebene „Nähe zum Normzweck" wird sich im konkreten Fall zumeist durch ausländisches Aussehen manifestieren. Auch hier will das OVG Rheinland-Pfalz keine generelle Darlegungs- und Beweislast annehmen, sondern setzt für eine vorgeschaltete Auswahl eine „schlüssige, die Auswahlentscheidung tragende Begründung"[652] voraus. Lediglich wenn die eine zielgerichtete Auswahlentscheidung tragende Begründung sich als nicht belastbar, bzw. nicht nachvollziehbar erweise, solle etwas anderes gelten. Bei Ermessensentscheidungen komme es darauf an, dass die Entscheidungsfindung sich unbeeinflusst von Fehlern vollziehe, da sich allein am Ergebnis der Auswahlentscheidung die Rechtmäßigkeit regelmäßig nicht feststellen lasse. Das OVG Rheinland-Pfalz argumentiert, dass wenn die Fehlerfreiheit der Entscheidungs*findung* die Fehlerfreiheit des Entscheidungs*ergebnisses* gewährleisten solle, den Betroffenen nicht die Beweislast dafür treffen könne, dass festgestellte Fehler in der Entscheidungsfindung auch das Entscheidungsergebnis beeinflusst habe. Mithin obliege des daher in diesem Fall der Behörde, trotz eines Fehlers in der Entscheidungsfindung die Rechtmäßigkeit des Entscheidungsergebnisses zu beweisen. Übertragen auf die Kontrolle nach § 22 Abs. 1a BPolG soll daraus folgen, dass bei einer zielgerichteten Auswahlentscheidung, deren tragende Begründung (Entscheidungsfindung) sich bei gerichtlicher Kontrolle als fehlerhaft bzw. als zumindest nicht schlüssig erweist, die Behörde die Rechtmäßigkeit der Auswahlentscheidung (Entscheidungsergebnis) darlegen und gegebenenfalls auch beweisen muss. Bestehen in einer solchen Situation Anhaltspunkte dafür, dass ein Merkmal aus Art. 3 Abs. 3 GG als mitentscheidender Anknüpfungspunkt herangezogen worden sein könnte, trägt die Behörde die Darlegungs- und Beweislast dafür, dass keine gegen Art. 3 Abs. 3 GG verstoßende Auswahlentscheidung getroffen wurde.

---

651 OVG Rheinl.-Pfalz, Urteil v. 21.04.2016, Az. 11108/14.OVG.
652 OVG Rheinl.-Pfalz, Urteil v. 21.04.2016, Az. 11108/14.OVG.

Dem Gedanken, dass bei *stichprobenartigen* Jedermann-Kontrollen keine Beweislastumkehr zu Lasten der Bundespolizei stattfindet soll, ist zuzustimmen. Denn eine nach dem Zufallsprinzip stattfindende Stichprobenkontrolle birgt keine Gefahr für *Racial Profiling*. Beschließt die Bundespolizei etwa, vor Betreten des Zuges jede zehnte Person zu kontrollieren oder lediglich die Plätze, die nahe an den Ausgängen sind, so steht dies tatsächlich in keinerlei Verbindung zur Hautfarbe der dann kontrollierten Personen. Die Tatsache, dass keinerlei Vorauswahl stattfand, sondern dass es sich um eine auf dem Zufallsprinzip basierende Kontrolle handelte, ist zudem gerichtlich überprüfbar, so dass ein Vorschieben einer Zufallskontrolle, um eine Beweislastumkehr zu umgehen, ausgeschlossen ist.

Für den Fall, dass eine Vorauswahl stattfindet – und so ist es in den allermeisten Fällen[653] – muss jedoch unter bestimmten Umständen eine Beweislastumkehr gelten, insbesondere dann, wenn Indizien dafür vorliegen, dass eine Kontrolle auf Grund der Hautfarbe stattgefunden hat. Klassicherweise ist dies dann der Fall, wenn im einem Waggon, oder sogar einem ganzen Zug[654], lediglich ausländisch aussehende Menschen kontrolliert werden. Die Wahrscheinlichkeit, dass in einem Zug lediglich ausländisch aussehende Personen eines der typischerweise verdachtsbegründenden Merkmale oder eine solche Verhaltensweise *unabhängig* von ihrer Hautfarbe an den Tag gelegt haben, erscheint, insbesondere in Hinblick auf die demographische Zusammensetzung innerhalb eines durchschnittlichen deutschen Zuges, höchst gering. Der Ansatz des OVG Rheinland-Pfalz, eine schlüssige Begründung der Auswahlentscheidung zu verlangen und mangels einer solchen eine Beweislastumkehr gelten zu lassen, ist insoweit problematisch, als dass gerade solche Begründungen häufig durch ex-post Rationalisierungen beeinflusst werden.[655] Vor allem können Monate zwischen der Kontrolle und einem nachfolgenden Prozess liegen. Insbesondere bei Entscheidungen „aus

---

653 In keinem der Fälle, die bisher vor den Verwaltungsgerichten verhandelt wurden, handelte es sich um Zufallskontrollen. Vielmehr wurden immer Gründe dafür dargelegt, warum der Kläger ausgewählt wurde.
654 So geschehen im Fall des OVG Rheinl.-Pfalz, Urteil v. 21.04.2016, Az. 7 A 11107/14.OVG.
655 Vgl. hierzu Kapitel 3.

dem Bauch", lassen sich die genauen Umstände, die zu einer Kontrolle geführt haben, selten sinnvoll darstellen. Und gerade weil die Norm durch ihre Konzeption als verdachtsunabhängige Kontrollbefugnis so anfällig für *Racial Profiling* ist, sollte hier eine Beweislastumkehr unabhängig von einer vorherigen Begründung gelten, wenn nahe liegt, dass eine Kontrolle mit der Hautfarbe einer Person zu tun hat.

7. Kapitel: Zusammenfassung und Fazit

I. Zusammenfassung

Dem Verständnis folgend, dass unter *Racial Profiling* jedes polizeiliche Handeln auf Basis der „Rasse" oder ethnischen Zugehörigkeit einer Person anstelle von Verhalten oder anderen Merkmalen[656] zu verstehen ist, ist die Frage danach, ob eine solche Praxis in Deutschland stattfindet, zu bejahen. Bezeichnendes Exempel dafür sind die verdachts- und ereignisunabhängigen Personenkontrollen nach § 22 Abs. 1a BPolG.

Am Beispiel dieser Kontrollen wird deutlich, dass Diskriminierungen auf Grund der Hautfarbe nicht nur durch rassistische Motive zustande kommen, sondern dass unbewusste Stereotype und Vorurteile eine erhebliche Rolle bei unseren Entscheidungsprozessen spielen. § 22 Abs. 1a BPolG ist in seiner Ausgestaltung als anlassunabhängige Befugnisnorm ein Einfallstor für *Implicit Racial Bias*. Das Fehlen von festen Tatbestandsmerkmalen bzw. der Voraussetzung eines Gefahrverdachts führt dazu, dass die Bundespolizisten bei ihrer Auswahl der zu kontrollierenden Personen einen weiten Beurteilungsspielraum haben. Während die dahinterstehende Idee – nämlich auf die Erfahrung und den geschulten Blick von Polizisten zu vertrauen – grundsätzlich ein positiver Ansatz in Hinblick auf ein flexibles und problemorientiertes Polizeirecht ist, so hat der Gesetzgeber jedoch verkannt, welche Auswirkungen die Norm in der Praxis hat. Denn die mangelnde Konkretisierung durch Tatbestandsmerkmale führt dazu, dass der Polizist sich auf seine Erfahrungen und „sein Bauchgefühl" verlassen muss. Gerade die *Implicit-Bias*-Studien zeigen jedoch, wie anfällig für Stereotype und Vorurteile unsere intuitiven Entscheidungen sind, wenn es um Äußerlichkeiten geht. Zum einen lässt sich dieser Effekt in bekannten kognitionswissenschaftlichen Beispielen wie dem *Shooter-Bias*-Experiment im Extrem feststellen, zum anderen zeigen sich die Auswirkungen unseres *Implicit*

---

656 *Geisinger*, Rethinking Profiling: A Cognitive Model of Bias and Its Legal Implications, Oregon Law Review, Vol. 86, S. 657; *Harris*, Profiles in Injustice, S. 11; *Risse/Zeckhauser*, Racial Profiling, KSG Working Paper Series, 2003, RWP03-021, S. 136.

Bias jedoch eben auch in Situationen wie denen des § 22 Abs. 1a BPolG. Unser *Implicit Bias* beeinflusst in erheblichem Maße unsere Wahrnehmung. In der Situation der verdachtsunabhängigen Kontrollen hat dies zur Konsequenz, dass dunkelhäutige oder phänotypisch nicht deutsch aussehende Personen eher als verdächtig wahrgenommen und daher eher kontrolliert werden. Bestimmte Merkmale oder Verhaltensweisen werden unterschiedlich interpretiert, je nach dem welche Hautfarbe die betreffende Person hat. Dass dies nicht lediglich theoretische Erwägungen sind, zeigt der jüngste *Racial-Profiling*-Fall vor dem OVG Rheinland-Pfalz: Hier gab der kontrollierende Polizeibeamte an, dass der Grund dafür, dass er den Kläger und seine Familie im Zug angesprochen habe, der gewesen sei, dass sie sich in gutem Englisch unterhalten haben und gut gekleidet waren. Dies habe bei ihm den Eindruck erweckt, dass sie versuchen wollten, ihre illegale Einreise zu verschleiern. Ebenso sei ihm das Gepäck – eine Tüte mit Zeitschriften und Reiseproviant – verdächtig vorgekommen. Bei dem Kläger und seiner Frau sowie den beiden Kindern handelte es sich um dunkelhäutige deutsche Staatsbürger.

Die ethnische Herkunft und insbesondere die Hautfarbe spielen also bei den Kontrollen nach § 22 Abs. 1a BPolG durchaus eine Rolle. Wie dies aus verfassungsrechtlicher Perspektive zu werten ist, ist bisher ungeklärt. Bezüglich der einzelnen Maßnahme stellte das OVG Rheinland-Pfalz im April 2016 erstmalig fest, dass eine Kontrolle, bei der die Hautfarbe einer Person mitursächlich für die Kontrolle ist, gegen das Diskriminierungsverbot aus Art. 3 Abs. 3 GG verstößt. Eine solche Maßnahme kann in Hinblick auf die verschwindend geringe Erfolgsquote der Maßnahme auch nicht mit dem Argument verfassungsrechtlich gerechtfertigt werden, dass mit der Unterbindung und Verhinderung illegaler Einreise ein wichtiges Verfassungsziel verfolgt werde. Wie es jedoch um die Vereinbarkeit der Rechtsgrundlage mit dem Grundgesetz steht, ist noch nicht entschieden.

Da die Norm nicht explizit eine Rechtsfolge an die ethnische Herkunft einer Person anknüpft, sondern neutral formuliert ist, kommt eine unmittelbare Benachteiligung – und ein Verstoß gegen Art. 3 Abs. 3 GG – nicht in Frage. Adressat der Norm ist – wie sich aus dem Gesetzestext des § 22 Abs. 1a BPolG ergibt – jedermann. Weder nach dem Anknüpfungs- noch nach dem Begründungsmodell liegt eine Benachteiligung *„wegen"* eines Merkmals aus Art. 3 Abs. 3 GG vor. Hier stößt die bisher entwickelte verfassungsrechtliche Gleichheitsdogmatik an ihre Grenzen. Zugleich wird klar, dass diese Modelle die psychologische Wirklichkeit hinter den benachteiligend wirkenden Entscheidungen verkennen. Ein Ansatz, der von einem aktiven rationalen Diskriminierungsprozess ausgeht, sitzt einem Irrtum auf. Eine verfassungskonforme Auslegung des § 22 Abs. 1a BPolG ist daher grundsätzlich möglich.

Ebenso wenig ergibt sich eine Verfassungswidrigkeit der Norm aus dem Grundsatz des Verbots der mittelbaren Diskriminierung. Für eine solche fehlt es schlicht am Nachweis. Denn tatsächlich gibt es relativ wenige Beschwerden bei den Anti-Diskriminierungsstellen und auch wenn die Verfahren vor den Verwaltungsgerichten zunehmen, so sind es dennoch immer noch höchstens zehn Verfahren in der gesamten Bundesrepublik, die derzeit anhängig sind.[657] Auch die *Implicit-Bias*-Studien können den nötigen Nachweis für eine faktische Diskriminierung im Zusammenhang mit den verdachts- und ereignisunabhängigen Kontrollen nicht liefern. In den USA wurde bereits in einigen antidiskriminierungsrechtlichen Verfahren versucht, kognitionswissenschaftliche Studien als Nachweis für Diskriminierungen einzusetzen, letztlich scheiterten jedoch alle Fälle daran, dass die *Implicit-Bias*-Studien nicht hinreichend konkret waren. In Deutschland mangelt es bisher ohnehin an einschlägigen Studien.

Unabhängig von der Frage danach, ob eine Benachteiligung im Sinne des Art. 3 Abs. 1 GG oder ein Verstoß gegen Art. 3 Abs. 3 GG nachgewiesen werden kann, fällt die Prüfung der verfassungsrechtlichen Rechtfertigbarkeit einer Selektion basierend auf der ethnischen Herkunft einer Person negativ aus. Selbst wenn man von einer grundsätzlichen Rechtfertigungsmöglichkeit von Benachteiligungen wegen der „Rasse" einer Person ausgeht, ist in diesem konkreten Fall eine Rechtfertigung nicht möglich.

Die Auswahl der zu kontrollierenden Personen nach Hautfarbe dient der Effektivierung der Gesetzesausführung. Ziel des Gesetzes ist es illegale Einwanderung und Einreise zu verhindern und zu unterbinden. Durch die Kontrolle von vorwiegend ausländisch aussehenden Personen soll die Wahrscheinlichkeit erhöht werden, Personen zu fassen, die selbst illegal einreisen. Die Erfolgsquoten der verdachts- und ereignisunabhängigen Kontrollen

---

657 So die Auflistung in der Bundesregierung, BT-Drucks. 18/8037, S. 3 ff.

lassen jedoch schon an der Geeignetheit eines solchen Vorgehens zweifeln. Denn gerade einmal bei 2,28 Prozent der Befragungen wird eine unerlaubte Einreise oder ein unerlaubter Aufenthalt festgestellt. Jedenfalls scheitert eine verfassungsrechtliche Rechtfertigung jedoch bei der Frage nach der Angemessenheit, da die Intensität der Ungleichbehandlung außer Verhältnis zum dem damit verfolgten Zweck steht. Wenn gleich die Eingriffsintensität in das Recht auf informationelle Selbstbestimmung durch die polizeiliche Befragung relativ gering ist, so wiegt die Ungleichbehandlung weit schwerer. Der Betroffene wird auf Grund seiner ethnischen Zugehörigkeit unter einen Pauschalverdacht gestellt. Während zum Beispiel Verkehrskontrollen vergleichsweise anonym erfolgen, wird eine Befragung in einem Personenzug von den anderen Fahrgästen wahrgenommen. Dies hat sowohl individuell als auch gesamtgesellschaftlich schwere Folgen. Für den Betroffenen ist es demütigend vor den anderen Passagieren als einziger angesprochen zu werden und damit als Rechtsbrecher wahrgenommen zu werden und bei den beobachtenden anderen Passagieren verfestigen sich dadurch Stereotype und Vorurteile über ausländisch aussehende Personen.

II. Schlussbetrachtung

Wirft man einen Blick auf die sozialpsychologischen Studien, ist es überraschend, dass die Debatte über *Racial Profiling* in Deutschland nicht bereits viel weiter fortgeschritten ist und insbesondere, dass in weiten Teilen eine Praxis des *Racial Profiling* in Deutschland sogar gänzlich abgestritten wird. Denn die Studien zeigen, dass dort wo Menschen Entscheidungen über andere Menschen treffen, sich immer die Tür für Diskriminierungen öffnet. Hautfarbe, Geschlecht und andere Äußerlichkeiten lassen sich in einer Mehrzahl von Situationen nicht ausblenden. Dies führt dazu, dass hier unsere unterbewussten Stereotype und Vorurteile ein Einfallstor finden und unsere Entscheidungen beeinflussen. Diese Tatsache lässt sich nicht ändern, gestaltbar ist jedoch der Rahmen, in dem diese potentiell diskriminierenden Entscheidungen getroffen werden. Sich dies einzugestehen ist zwingende Voraussetzung für einen aufgeklärten Umgang mit dem Thema Diskriminierung.

Die vorliegende Arbeit zeigt auf, dass genau hier weiterhin Handlungsbedarf besteht. Erfreulich ist, dass auch das OVG Rheinland-Pfalz dies in seiner Entscheidung aus dem Jahr 2016 erkannt hat und einen ersten Schritt in Richtung eines praktisch sinnvollen Diskriminierungsschutzes unternommen hat. Die äußerst sorgfältige Prüfung des OVG Rheinland-Pfalz zeigt, dass die Thematik nun von gerichtlicher Seite mit der nötigen Gründlichkeit betrachtet wird. Die Entscheidung umfasst 53 Seiten und ist eine Grundsatzentscheidung in Sachen *Racial Profiling* in Deutschland. Denn zum ersten Mal hat sich ein Gericht tatsächlich intensiv mit einer Prüfung von Art. 3 Abs. 3 GG in Zusammenhang mit einer verdachtsunabhängigen Kontrolle nach § 22 Abs. 1a BPolG auseinandergesetzt. Insbesondere zeigen die Argumentation des OVG bezüglich der Unerheblichkeit von Motivbündeln bei der Selektion im Rahmen bei der verdachtsunabhängigen Kontrolle und die Einführung einer Beweislastumkehr unter bestimmten Voraussetzungen, dass sich das Verständnis von Art. 3 Abs. 3 GG im Wandel befindet. Selbstverständlich ist es damit nicht getan, vielmehr gibt es eine Vielzahl an Möglichkeiten aus unterschiedlichen Richtungen, die Problematik anzugehen, wie das letzte Kapitel dieser Arbeit aufzeigt.

Literaturverzeichnis

Adam, Sven: „Racial Profiling" bei Befragungen und Identitätsfeststellungen im Gefahrenabwehrrecht des Bundes, in: Vorgänge 2013, S. 65–70.

Adomeit, Klaus: Diskriminierung – Inflation eines Begriffs, in: NJW 2002, S. 1622–1623.

Albers, Marion: Gleichheit und Verhältnismäßigkeit, in: JuS 2008, S. 947.

Alter, Maximilian: Grenzziehung und Grenzüberschreitung: Zu lageabhängigen Personenkontrollen nach § 22 I a BPolG, in: NVwZ 2015, S. 1567–1570.

Amalfe, Christine: Implicit Bias Testimony Post-Dukes, New Jersey Law Journal 2016.

Antidiskriminierungsstelle des Bundes, Diskriminierung im Alltag, Heidelberg 2008.

Baer, Susanne: Recht gegen Fremdenfeindlichkeit und andere Ausgrenzungen – Notwendigkeit und Grenzen eines Gesetzes gegen Diskriminierung, in: ZRP 2001, S. 500–504.

Baer, Susanne: Würde oder Gleichheit? Baden-Baden 1995.

Bagenstos, Samuel R.: The Structural Turn and the Limits of Antidiscrimination Law, in: California Law Review 2006 Vol. 94 Nr. 1, S. 1–48.

Bagenstos, Samuel R.: Implicit Bias, "Science," and Antidiscrimination Law, in: Harvard Law and Policy Review 2007 (1), S. 477–493.

Bamberger, Heinz-Georg; Roth, Herbert (Hrsg.): Beck'scher Online Kommentar BGB, 39. Edition Stand 01.05.2016 (zitiert: *Bearbeiter*, in: Bamberger/Roth, Beck'scher OK BGB).

Banaji; Hardin; Rothman: Implicit Stereotyping in Personal Judgement, in: Journal of Personality and Social Psychology, 1993 Vol. 65 Nr. 2, S. 279.

Bergmann, Jan Michael; Renner, Günter (Hrsg.): Ausländerrecht Kommentar, 10. Auflage, München 2013 (zitiert: *Bearbeiter*, in: Bergmann/Renner, Ausländerrecht).

Blair, Irene V.: The Malleability of Automatic Stereotypes and Prejudice, in: Personality and Social Psychology Review 2002 Vol. 6 Nr. 3, S. 242–261.

Britz, Gabriele: Der allgemeine Gleichheitssatz in der Rechtsprechung des BVerfG. Anforderungen an die Rechtfertigungen von Ungleichbehandlungen durch Gesetz, in: NJW 2014, S. 346–351.

Kunig, Philip; von Münch, Ingo (Hrsg.): Grundgesetz-Kommentar. 6. Auflage, München:2012 (zitiert: *Bearbeiter*, in: v. Münch/Kunig, GG)

Carmen, Alejandro del: Racial profiling in America. Upper Saddle River, N.J 2008.

Castillon, Nicole: Dogmatik und Verfassungsmäßigkeit neuer Befugnisse zu verdachts- und anlassunabhängigen Polizeikontrollen, Frankfurt am Main 2003.

Correll, Joshua; Park, Bernadette; Judd, Chares M.: The Police Officer's Dilemma: Using Ethnicity to Disambiguate Potentially Threatening Individuals, in: Journal of Personality and Social Psychology 2002 (6), S. 1314–1329.

Correll, Joshua; Park, Bernadette; Judd, Chares M.; Sadler, Melody S.; Wittenbrink, Bernd: Across the Thin Blue Line: Police Officers and Racial Bias in the Decision to Shoot, in: Journal of Personality and Social Psychology 2007 (92), S. 1006–1023.

Cremer, Hendrik: „Racial Profiling"-Menschenrechtswidrige Personenkontrollen nach § 22 Abs. 1 a Bundespolizeigesetz. Empfehlungen an den Gesetzgeber, Gerichte und Polizei. Herausgegeben. v. Deutsches Institut für Menschenrechte, Berlin 2013.

Cunningham, William A.; Johnson, Marcia K.; Raye, Carol L.; Gatenby, J. Chris; Gore, John C.; Banaji, Mahzarin R.: Separable Neural Components in the Processing of Black and White Faces, in: Psycholgical Science 2004 Vol. 15 Nr. 12, S. 806–813.

Degner, Juliane; Meiser, Thorsten; Rothermund, Klaus: Kognitive und sozial-kognitive Determinanten: Stereotype und Vorurteile, in: Diskriminierung und Toleranz, Beelmann, Andreas; Jonas, Kai (Hrsg.) 1. Auflage, Wiesbaden 2009 (zitiert: *Degner/Meiser/Rothermund*, in: Diskriminierung und Toleranz).

Donders, Nicole C.; Correll, Joshua; Wittenbrink, Bernd: Danger stereotypes predict racially biased attentional allocation, in: Journal of Experimental Social Psychology 2008 Vol. 44, S. 1328–1333.

Dörr, Oliver; Grote, Rainer; Marauhn, Thilo (Hrsg.): EMRK/GG. Konkordanzkommentar zum europäischen und deutschen Grundrechtsschutz.

2. Auflage, Tübingen: 2013 (zitiert: *Bearbeiter*, in: Dörr/Grote/Marauhn, EMRK)

Dreier, Horst (Hrsg.): Grundgesetz Kommentar, Band 1 Präambel, Artikel 1–19, 3. Auflage, Tübingen 2013 (zitiert: *Bearbeiter*, in: Dreier, GG).

Drewes, Karl; Malmberg, Karl Magnus; Walter, Bernd: Bundespolizeigesetz, 5. Auflage, Stuttgart 2015 (zitiert: *Bearbeiter*, in: Drewes/Malmberg/ Walter).

Drohla, Jeannine: Hautfarbe als Auswahlkriterium für verdachtsunabhängige Polizeikontrollen? in: ZAR 2012, S. 411–417.

D'Souza, Dinesh: The end of racism. Principles for a multiracial society. New York 1995.

Duncan, Birt L.: Differential Social Perception and Attribution of Intergroup Violence: Testing the Lower Limits of Stereotyping Blacks, in: Journal of Personality and Social Psychology 1976 Vol. 34 Nr. 4.

Epping, Volker: Grundrechte, 6., Auflage, Berlin 2014.

Epping, Volker; Hillgruber, Christian: Beck'scher OK Grundgesetz, 29. Edition Stand 01.06.2016 (zitiert: *Bearbeiter*, in: Epping/Hillgruber, BeckOK GG).

Fallik, S.; Novak, K: The Decision to Search: Is Race or Ethnicity Important?, Journal of Contemporary Criminal Justice 2012, Vol. 28 Nr. 2, S. 146–165.

Feingold, Jonathan; Lorang, Karen: Defusing Implicit Bias, in: UCLA Law Review 2012 (59), S. 210–228.

Florack, Arnd; Scarbis, M.: When do Associations Matter? The Use of Automatic Associations toward Ethnic Groups in Person Judgements, in: Journal of Experimental Social Psychology 2001 (37), S. 518–524.

Frankenberg, Günter: Kritik des Bekämpfungsrechts, in: Kritische Justiz 2005, S. 370–386.

Fredrickson, Darin D.; Siljander, Raymond P.: Racial profiling. Eliminating the confusion between racial and criminal profiling and clarifying what constitutes unfair discrimination and persecution, Springfield 2002.

Gawronski: in: Ortner, Tuulia; Proyer, Renee; Kubinger, Klaus, Theorie und Praxis Objektiver Persönlichkeitstest, Bern 2006.

Geisinger, Alex: Rethinking Profiling: A Cognitive Model of Bias and Its Legal Implications, in: Oregon Law Review 2007 (86), S. 657–678.

Glaser, Jack: Suspect race. Causes and consequences of racial profiling, Oxford 2015.

Glaser, Jack; Spencer, Katherine; Charbonneau, Amanda: Racial Bias and Public Policy, Policy Insights from the Behavioral and Brain Sciences, 2014, Vol. 1, S. 88–94.

Gnüchtel, Ralph: Fahndung im Grenzgebiet, auf dem Gebiet der Bahnanlagen sowie auf Verkehrsflughäfen. Inhalte und Grenzen der §§ 22 Ia, 23 I Nr. 3, III BPolG, in: NVwZ 2013, S. 980–984.

Graf, Susanne: Verdachts – und ereignisunabhängige Personenkontrollen. Polizeirechtliche und verfassungsrechtliche Aspekte der Schleierfahndung. Berlin 2006.

Graser, Alexander; Alfinito Vieira, Ana Carolina: Taming the Biased Black Box? On the Potential Role of Behavioral Realism in Anti-Discrimination Policy, Oxford Journal of Legal Studies 2015 Vol. 35 Nr. 1, S. 121–152.

Greenwald, Anthony G.; Banaji, Mahzarin R.: Implicit Social Cognition: Attitudes, Self-Esteem, and Stereotypes, in: Psychological Review 1995 (102), S. 4–27.

Greenwald, Anthony G.; Krieger Hamilton, Linda: Implicit Bias: Scientific Foundations, in: California Law Review 2006 (94), S. 945–968.

Greenwald, Anthony G.; Poehlmann, Andrew; Uhlman, Eric Lewis; Banaji, Mahzarin R.: Understanding and Using the Implicit Association Test, Journal of Personality and Social Psychology, 2009, Vol. 97 Nr. 1, S. 17–41.

Gross, Samuel: The Rethoric of Racial Profiling, in: Richard L. Wiener, Brian H. Bornstein, Robert Schopp und Steven L. Willburn (Hrsg.): Social Conscious in Legal Decision Making. Psychological Perspective. New York 2007, S. 35–60 (zitiert: *Gross*, in: Social Conscious in Legal Decision Making).

Gumbhir, Vikas K.: But is it racial profiling? Policing, pretext stops, and the color of suspicion, New York 2007.

Harcourt, Bernard: Muslim Profiles Post 9/11: Is Racial Profiling an Effective Counterterrorist Measure and Does it violate the Right to be Free of Discrimination?, in: University of Chicago 2006 Public Law Working Paper Nr. 288.

Harris, David A.: Profiles in injustice. Why racial profiling cannot work, New York 2002.

Heesen, Dietrich; Hönle, Jürgen; Peilert, Andreas; Martens, Helgo: Bundespolizeigesetz. Verwaltungs-Vollstreckungsgesetz, Gesetz über den unmittelbaren Zwang; Kommentar. 5. Auflage, Hilden 2012 (zitiert: *Bearbeiter*, in: Heesen/Hönle/Peilert/Martens, Bundespolizeigesetz).

Herrnkind, Martin: Personenkontrollen und Schleierfahndung, in: Kritische Justiz 2000 (2), S. 188–208.

Herrnkind, Martin: „Schleierfahndung" – Der Polizeiverdacht als institutionalisierte Diskriminierung, in: Nils Leopold und Sebastian Schiek (Hrsg.): Innere Sicherheit als Gefahr. Berlin 2003, S. 251–267 (zitiert: *Herrnkind*, in: Innere Sicherheit als Gefahr).

Heumann, Milton; Cassak, Lance: Good Cop, Bad Cop. Racial profiling and competing views of justice, New York 2007.

Hodson, Gordon; Dovidio, John F.; Gaertner, Samuel L.: Processes in Racial Discrimination: Differential Weighting of Conflicting Information, in: Personality and Social Psychology Bulletin 2002 Vol. 28 Nr. 4, S. 460–471.

Hofmann, Andreas W.: Die Wirksamkeit einer Norm als verfassungsrechtlicher Geltungsgrund, in: NJW 2014, S. 442–446.

Hugenberg, Kurt; v. Bodenhausen, Galen.: Ambiguity in Social Categorization. The Role of Prejudice and Facial Affect in Race Categorization, in: Psychological Science 2004 Vol. 15 Nr. 5, S. 342–345.

Huth, Joachim: Rechtsprobleme der präventiven Rasterfahndung, Würzburg 2008.

Isensee, Josef; Kirchhof, Paul (Hrsg.): Handbuch des Staatsrechts der Bundesrepublik, Band VIII, Grundrechte. Wirtschaft, Verfahren, Gleichheit. 3., Auflage, Heidelberg 2010 (zitiert: *Bearbeiter*, in: HStrR Bd. VIII).

Isensee, Josef; Kirchhof, Paul (Hrsg.): Handbuch des Staatsrechts der Bundesrepublik, Band V, Rechtsquellen, Organisation, Finanzen 3., Auflage, Heidelberg 2007 (zitiert: *Bearbeiter*, in: HStrR Bd. VIII).

Jolls, Christine; Sunstein, Cass R.: The Law of Implicit Bias, in: California Law Review 2006 Vol. 94, S. 969–996.

Kahneman, Daniel: Thinking, fast and slow. 1. Auflage, New York 2011.

Kang, Jerry: The Trojan Horse of Race, in: Harvard Law Review 2005, Vol. 118, Nr. 5, S. 1489–1593.

Kang, Jerry; Bennett, Mark; Carbado, Devon; Casey Pam; Dasgupta, Nilanjana; Faigman, David et al.: Implicit Bias in the Courtroom, in: UCLA Law Review 2012 (59), S. 1124–1186.

Kang, Jerry; Dasgupta, Nilanjana; Yogeeswaran, Kumar; Blasi, Gary: Are Ideal Litigators White? Measuring the Myth of Colorblindness, in: Journal of Empirical Legal Studies 2010 Vol. 7 Nr. 4, S. 886–915.

Kant, Martina: Verdachtsunabhängige Kontrollen. MigrantInnen im Netz der Schleierfahndung, in: Bürgerrechte & Polizei 2000, S. 29–35.

Kaufmann, Mareile: Ethnic profiling and counter-terrorism. Examples of European practice and possible repercussions. Berlin, London 2010.

Kempfler, Klaus Friedrich: Zur Europarechtskonformität der Befugnisnorm zu sogenannten „Schleierfahndung" gem. Art. 13 I Nr. 5 PAG, in: BayVBl 2012, S. 9–12.

Kempny, Simon; Reimer, Philipp: Die Gleichheitssätze. Versuch einer übergreifenden dogmatischen Beschreibung ihres Tatbestands und ihrer Rechtsfolgen. Tübingen 2012.

Kipker, Dennis-Kenji; Gärtner, Hauke: Verfassungsrechtliche Anforderungen an den Einsatz polizeilicher „Body-Cams", in: NJW 2015, S. 296–301.

Koch, Katharina; Nguyen, Alexander: Schutz vor mittelbarer Diskriminierung – Gleiches Recht für alle? in: EuR 2010, S. 364–378.

Krane, Christian: „Schleierfahndung". Rechtliche Anforderungen an die Gefahrenabwehr durch ereignisunabhängige Personenkontrollen, Stuttgart 2003 (zitiert: *Krane*, Schleierfahndung).

Krane, Christian: Rechtliche und ethische Probleme bei ereignisunabhängigen Personenkontrollen, in: DPolBl 2004, S. 32–34.

Krieger Hamilton, Linda; Fiske, Susan T.: Behavioral Realism in Employment Discrimination Law: Implicit Bias and Disparate Treatment, in: California Law Review 2006 (94), S. 997–1062.

Lane, Kirstin; Kang, Jerry; Banaji, Mahzarin R.: Implicit Social Cognition and Law, in: Annual Review of Law and Social Science 2007 (3), S. 427–451.

Levinson, Justin D.; Smith, Robert J.: Implicit racial bias across the law. Cambridge, New York 2012.

Lisken, Hans: Verdachts- und ereignisunabhängige Personenkontrollen zur Bekämpfung der grenzüberschreitenden Kriminalität? in: NVwZ 1998, S. 22–26.

Lisken, Hans; Denninger, Erhard: Handbuch des Polizeirechts. Gefahrenabwehr, Strafverfolgung, Rechtsschutz, 5. Auflage, München 2012 (zitiert: *Bearbeiter*, in: Handbuch des Polizeirechts).

Locke, Vance; Johnston, Lucy: Stereotyping and Prejudice: A Social Cognitive Approach, in: Understanding Prejudice, Racism and Social Conflict, Augoustinos, Martha; Reynolds Katherine J. (Hrsg.), New York 2001 (zitiert: *Locke/Johnston*, in: Understanding Prejudice, Racism and Social Conflict).

Machado, Gabriel D. L: Verhältnismäßigkeitsprinzip vs. Willkürverbot: der Streit um den allgemeinen Gleichheitssatz. 1. Auflage, Berlin 2015.

v. Mangoldt, Herrmann; Klein, Friedrich; Starck, Christian; Kommentar zum Grundgesetz Bd. 1: Präambel, Art. 1–19. 7. Auflage, München 2015 (zitiert: Bearbeiter, in: v. Mangoldt/Klein/Starck, GG).

Manssen, Gerrit: Staatsrecht II, 13. Auflage, München 2016.

Maunz, Theodor; Dürig, Günter: Grundgesetz-Kommentar, Loseblatt, 76. EL Stand Dezember 2015 (zitiert: *Bearbeiter*, in: Maunz/Dürig, GG)

Maunz, Theodor; Schmidt-Bleibtreu, Bruno; Klein, Franz; Bethge, Herbert: Bundesverfassungsgerichtsgesetz, Loseblatt-Kommentar, 48. Ergänzungslieferung Stand 2016 (zitiert: *Bearbeiter*, in: Bundesverfassungsgerichtsgesetz).

McCarthy, R.A.; Warrington, E.K.: Visual associative agnosia: a clinicoanatomical study of a single case, in: Journal of Neurology, Neurosurgery and Psychology, 1986, Vol. 49, S. 1233–1240.

Martin, Karin; Glaser, Jack: Racial Profiling, Counterpoint, in: Gans, Judith; Replogle, Elaine; Tichenor, Daniel J (Hrsg.): Debates on U.S. Immigration, 2012. (zitiert: *Martin/Glaser*, in: Debates on U.S. Immigration).

Meyer, Stephan: Strukturelle Vollzugsdefizite als Gleichheitsverstoß, in: DÖV 2005, S. 551–559.

Michael, Lothar; Morlok, Martin: Grundrechte. 5. Aufl. 2016 Baden-Baden.

Milej, Tomasz: Verfassungsmäßigkeit der Unterscheidung der Staatsangehörigkeit im Bereich der gewährenden Staatstätigkeit, in: NVwZ 2013, S. 687–692.

Miller, Joel; Gounev, Philip; Pap, András L.; Wagman, Dani; Balogi, Anna; Bezlov, Tihomir et al.: Racism and Police Stops. Adapting US and British Debates to Continental Europe, in: European Journal of Criminology 2008 Vol. 5, Nr. 2, S. 162–191.

Moeckli, Daniel: Human rights and non-discrimination in the 'War on terror'. Oxford, New York 2008.

Möllers, Christoph: Polizeikontrollen ohne Gefahrverdacht. Ratio und rechtliche Grenzen der neuen Vorsorgebefugnisse, in: NVwZ 2000, S. 382–387.

Mzorek, Anna: Zwischen „Raum der Freiheit", „Raum der Sicherheit" und „Raum des Rechts" – der Mechanismus des supranationalen Grenzschutzes an den europäischen Außengrenzen, in: ZAR 2014, S. 393–400.

Pampel, Fred C.: Racial Profiling, New York 2004.

Park, Byungwoog: Wandel des klassischen Polizeirechts zum neuen Sicherheitsrecht. Eine Untersuchung am Beispiel der Entscheidung über sogenannte Online-Durchsuchungen, Berlin 2013.

Park, Bernadette; Rothbart, Myron: Perception of Out-Group Homogeneity and Levels of Social Categorization: Memory for the Subordinate Attributes of In-Group and Out-Group Members, in: Journal of Personality and Social Psychology, 1982, Vol. 42, Nr. 6, S. 1051–1061.

Payandeh, Mehrdad: Rechtlicher Schutz vor rassistische Diskriminierung, in: JuS 2015, S. 695–701.

Payne, B. Keith: Prejudice and Perception: The Role of Automatic and Controlled Process in Misperceiving a Weapon, in: Journal of Personality and Social Psychology 2001 Vol. 81 Nr. 2, S. 181–192.

Payne, B. Keith; Lambert, Alan J.; Jacoby, Larry L.: Best laid plans: Effects of goals on accessiblity bias and cognitive control in race-based misperceptions of weapons, in: Journal of Experimental Social Psychology 2002 (38), S. 384–396.

Petersen, Lars-Eric: Stereotype, Vorurteile und soziale Diskriminierung. Theorien, Befunde und Interventionen. 1. Auflage, Weinheim 2008.

Phelps, Elizabeth; O'Connor KJ; Cunningham, William A.; Funayama, E. S.; Gatenby, J. Chris; Gore, John C.; Banaji, Mahzarin R.: Performance on Indirect Measures of Race Evaluation Predicts Amygdala Activation, in: Journal of Cognitive Neuroscience 2000 (12), S. 729–738.

Pieroth, Bodo; Schlink, Bernhard; Poscher, Ralf; Kingreen, Thorsten: Grundrechte Staatsrecht II, 31. Auflage, Heidelberg 2015.

Proske, Matthias: Ethnische Diskriminierung durch die Polizei. Eine kritische Relektüre geläufiger Selbstbeschreibungen, in: Krim. Journal 1998 (30), S. 162–188.

Ramirez, Deborah; Hoopes, Jennifer; Quinlan, Tara Lei: Defining Racial Profiling in a Post-September 11 World, in: American Criminal Law Review, 2003 Vol. 4. S. 1204.

Ramirez, Deborah; McDevitt, Jack; Farrell, Amy: A Resource Guide on Racial Profiling Data Collection System, U.S. Department of Justice, Washington, DC 2000.

Rädler, Peter: Verfahrensmodelle zum Schutz vor Rassendiskriminierung. Rechtsvergleichende Untersuchung zum Verfassungsauftrag in Art. 3 Abs. 3 GG. Berlin, New York 1999.

Bergmann, Jan; Dienelt, Klaus: Ausländerrecht Kommentar, 11. Auflage, München 2016 (zitiert: *Bearbeiter*, in: Bergmann/Dienelt, Ausländerrecht)

Rice, Stephen K.; White, Michael D.: Race, ethnicity, and policing. New and essential readings. New York 2010.

Richardson, L. Song: Arrest Efficiency and the Fourth Amendment, in: Minnesota Law Review 2011 (95), S. 2035–2098.

Richardson, L. Song: Police Efficiency and the Fourth Amendment, in: Indiana Law Journal 2012 (87), S. 1143–1182.

Riegner, Michael; Schnitzer, Jasmin: Fortgeschrittenenklausur – Öffentliches Recht: Verwaltungsprozessrecht und Polizeirecht – Racial Profiling, in: JuS 2014, S. 1003–1009.

Risse, Mathias; Zeckenhauser, Richard J.: Racial Profiling, KSG Working Paper Series, 2003.

Rudovsky, David: Law Enforcement by Stereotypes and Serendipity: Racial Profiling and Stops and Searches without Cause, in: University of Pennsylvania Journal of Constitutional Law 2001 Vol. 28 Nr. 2, S. 296–366.

Russell-Brown, Katheryn: The color of crime, 2. Auflage, New York 2009.

Sachs, Michael: Schlechterstellung teilzeitbeschäftigter Beamter als mittelbare Diskriminierung, in: JuS 2008, S. 1014–1015.

Sachs, Michael: Grundgesetz. Kommentar. 7. Auflage, München 2014 (zitiert: *Bearbeiter*, in: Sachs, GG).

Sacksofsky, Ute: Mittelbare Diskriminierung und das Allgemeine Gleichbehandlungsgesetz. Herausgegeben von der Antidiskriminierungsstelle des Bundes, 2010.

Sager, H. Andrew; Schofield, Janet Ward: Racial and Behavioral Cues in Black and White Children's Perceptions of Ambiguously Aggressive Acts, in: Journal of Personality and Social Psychology 1980 Vol. 39 Nr. 4, S. 590–598.

Sarine, L. Elisabeth: Regulating the Social Pollution of Systematic Discrimination caused by Implicit Bias, in: California Law Review 2012 (100), S. 1359–1394.

Schenke, Wolf-Rüdiger; Graulich, Kurt; Ruthig, Josef: Sicherheitsrecht des Bundes. [BPolG, BKAG, ATDG, BVerfSchG, BNDG, VereinsG] Beck'scher Kurz-Kommentar, 1. Auflage, München 2014 (zitiert: *Bearbeiter*, in: Schenke/Graulich/Ruthig, Sicherheitsrecht des Bundes).

Schlicht, Günter: Racial Profiling bei der Polizei in Deutschland – Bildungsbedarf? Beratungsresistenz? In: ZEP 2013, S. 32–37.

Schmidt-Bleibtreu, Bruno; Hofmann, Hans; Henneke, Hans-Günther: Kommentar zum Grundgesetz, 13. Auflage, Köln 2014 (zitiert: *Bearbeiter*, in: Schmidt-Bleibtreu/Hofmann/Henneke, GG Kommentar).

Schütte, Matthias: Befugnis des Bundesgrenzschutzes zu lageabhängigen Personenkontrollen, in: ZRP 2002, S. 393–399.

Schutter, Olivier de; Ringelheim, Julie: Ethnic Profiling: A Rising Challenge for European Human Rights Law, in: The Modern Law Review 2008 (71), S. 358–384.

Simmons, Kami: Beginning to End Racial Profiling: Definitive Solutions to an Elusive Problem, in: Washington and Lee Journal of Civil Rights and Social Justice, 2011, Vol. 18, Nr. 1 S. 25–54.

Somek, Alexander: Rationalität und Diskriminierung. Zur Bindung der Gesetzgebung an das Gleichheitsrecht, Wien 2001.

Stanley, Damian; Phelps, Elizabeth; Banaji, Mahzarin R.: The Neural Basis of Implicit Attitudes, in: Current Directions in Psychological Science 2008 Vol. 17 Nr. 2, S. 164–170.

Stern, Klaus; Becker, Florian: Grundrechte-Kommentar. Die Grundrechte des Grundgesetzes mit ihren europäischen Bezügen. 2. Auflage, Köln 2015 (zitiert: *Bearbeiter*, in: Stern/Becker, GG).

Stopp, Alexander H.: Die Behandlung ethnischer Minderheiten als Gleichheitsproblem, 1. Auflage, Baden-Baden 1994.

Streibel, Angela: Rassendiskriminierung als Eingriff in das allgemeine Persönlichkeitsrecht, Frankfurt a.M., New York 2010.

Stroop, J. Ridley: Studies of interference in serial verbal reactions, in: Journal of Experimental Psychology 1935 Vol. 18, S. 643–662.

Thompson, Anthony C.: Stopping the Usual Suspects: Race and the Fourth Amendment, in: New York University Law Review 1999 (74), S. 956–1013.

Thomsen, Frej Klem: The Art of the Unseen: Three Challenges for Racial Profiling, Journal of Ehtics 2012 Vol. 15 S. 89–117.

Tischbirek, Alexander; Wihl, Tim: Verfassungswidrigkeit des Racial Profiling. Zugleich ein Beitrag zur Systematik des Art. 3 GG, in: JZ 2013, S. 219–224.

Trawalter, Sophie; Todd, Andrew R.; Baird, Abigail A.; Richardson, Jennfier A.: Attending to Threat: Race-Based Patterns of Selective Attention, in: Journal of Experimental Social Psychology 2008 (44), S. 1322–1327.

Trennt, Matthias: Die (Un-)Vereinbarkeit der Ermächtigungsgrundlagen zur Schleierfahndung mit dem Schengener Grenzkodex, in: DÖV 2012, S. 216–224.

Tversky, Amos; Kahnemann, Daniel: Judgment under Uncertainty: Heuristics and Biases, Sciences, New Series 1974, Vol. 185, Nr. 4157, S. 1124.

Uhlmann, Eric Luis; Cohen, Geoffrey L.: Constructed Criteria. Redefining Merit to Jusitfy Discrimination, in: Psychological Science 2005 Vol. 16 Nr. 6, S. 474–480.

Waechter, Kay: Die „Schleierfahndung" als Instrument der indirekten Verhaltenssteuerung durch Abschreckung und Verunsicherung, in: DÖV 1999, S. 138–147.

Wagner, Marc: Allegorie des „racial profiling". Die Hautfarbe als polizeiliches Kontrollkriterium, in: DÖV 2013, S. 113–116.

Watzenberg, Anja: Der homo oeconomicus und seine Vorurteile. Eine Analyse des zivilrechtlichen Benachteiligungsverbots, Berlin 2014.

Wehr, Matthias: Bundespolizeigesetz, 2. Auflage, Baden-Baden 2015.

Weitzer, Ronald John; Tuch, Steven A.: Race and policing in America. Conflict and reform, New York 2006.

Wendt, Rudolf; Höfling, Wolfram; Karpen, Urlich; Oldiges, Martin (Hg.) (1996): Staat, Wirtschaft, Steuern. Festschrift für Karl Heinrich Friauf zum 65. Geburtstag. Heidelberg (zitiert: *Bearbeiter*, in: FS Friauf).

Wexler, Maurice; Bogard, Kate; Totten, Julie; Damrell, Lauri: Implicit Bias and Employment Law: A Voyage into the Unknown, in: Daily Labor Report 2013 (41), S. 1–7.

Withrow, Brian L.: Racial profiling. From rhetoric to reason, 1. Auflage, Upper Saddle River 2006.

Wittenbrink, Bernd; Judd, Charles M.; Park, Bernadette: Evidence of Racial Prejudice at the Implicit Level and Its Relationship with Questionnaire Measures, in: Journal of Personality and Social Psychology 1997 Vol. 72 Nr. 2, S. 262–274.

www.ingramcontent.com/pod-product-compliance
Lightning Source LLC
LaVergne TN
LVHW010325070526
838199LV00065B/5663